COMMENTAIRE

SUR

LES COMMISSIONNAIRES

ET SUR

LES ACHATS ET VENTES.

COMMENTAIRE

SUR LES

COMMISSIONNAIRES

ET SUR

LES ACHATS ET VENTES,

PAR MESSIEURS

EUGÈNE PERSIL,
Avocat à la Cour royale de Paris.

ÉDOUARD CROISSANT,
Procureur du Roi à Châlons-sur-Marne.

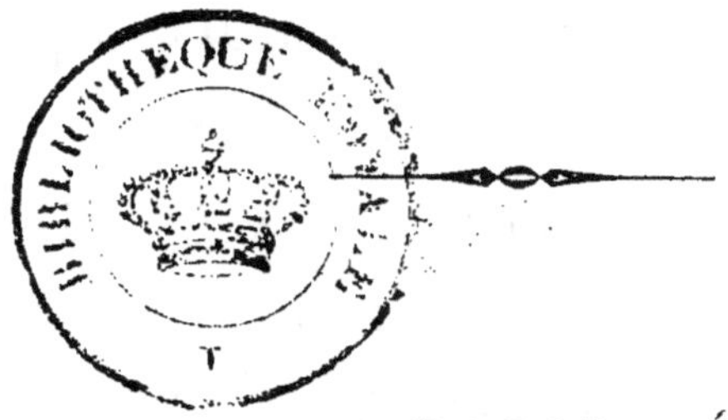

PARIS,

JOUBERT, LIBRAIRE-ÉDITEUR,
RUE DES GRÈS, N° 14.

1836.

AVERTISSEMENT.

Des auteurs distingués ont écrit sur le Code de commerce. Leurs ouvrages remarquables ont suffi pendant long-temps. Mais depuis, les entreprises commerciales se sont multipliées ; des contestations nouvelles ont fait surgir des questions imprévues ; les tribunaux n'ont pas toujours été d'accord sur leur solution.

Tout le monde sent le besoin de régulariser cette foule de décisions qui, émanées de diverses Cours royales, ont échappé à la censure de la Cour de cassation. Il faut mettre en saillie les richesses que renferment les répertoires : il faut, autant que possible, ramener à l'unité la jurisprudence des tribunaux ; et, pour atteindre ce but, il est nécessaire de préparer, par des discussions de principes, les jugemens des magistrats.

Des jurisconsultes, pénétrés de cette nécessité, ont déjà publié des traités sur des matières spéciales. M. Mollot a écrit un ouvrage utile sur les agens de change; MM. Malpeyre et Jourdain ont fait sur les sociétés de commerce un livre destiné à un succès de longue durée. Plusieurs avocats rassemblent en ce moment les matériaux indispensables sur les faillites ; et quand la nouvelle loi sera adoptée par les Chambres, ils se mettront courageusement à l'œuvre pour livrer leurs travaux au public.

Après MM. Pardessus et Vincens, je ne connais personne qui ait pensé à commenter tout le Code de commerce; à faire un ouvrage de longue haleine sur ces matières nouvelles, difficiles, qui méritent et attendent des explications étendues. M. Frémery n'a pas eu pour but d'expliquer le Code de commerce : s'il parle des questions qu'il peut soulever, ce n'est que par accident; cet auteur s'occupe des usages commerciaux, remonte à leur source, fait connaître leur cause. Son intention ne saurait être douteuse, quand on a lu son épigraphe : *Non nova, sed oblita.*

J'ai songé à me charger de cette tâche difficile, à continuer l'œuvre des jurisconsultes qui
m'ont précédé, à la prendre au point où ils l'ont
laissée. La jurisprudence a marché depuis les
dernières éditions de MM. Pardessus et Vincens; il fallait un supplément à leurs ouvrages.
Les nouveaux développemens donnés au commerce ont amené des questions que ces auteurs n'avaient pas pu prévoir; je les ai traitées.
Les Cours ont modifié leurs premiers arrêts;
j'ai approuvé ou combattu ces modifications
avec une entière liberté de pensée.

En risquant cette entreprise périlleuse, je
n'ai jamais eu la prétention de servir d'autorité
aux jurisconsultes. Mon intention a été simplement d'appeler la discussion sur des questions
importantes, de fournir des renseignemens sur
des matières que j'ai étudiées avec soin. Après
moi viendront des auteurs dont le raisonnement
puissant tirera toutes les conséquences des principes posés par le législateur. Ils sauront rédiger un corps de doctrine complet, et imposer
leurs opinions. A eux donc le mérite du savoir,
de la discussion; je ne le leur contesterai pas.

Chacun doit apporter son contingent de forces pour l'utilité générale. A défaut de talent, mûri par l'expérience, je fournis mon travail. Je ne réclame que le mérite d'avoir ouvert la route pour mener à fin une œuvre utile.

J'ai senti souvent le besoin d'un collaborateur. Je me suis adressé, pour le *Commentaire sur les Commissionnaires*, à M. Édouard Croissant, procureur du Roi à Châlons-sur-Marne, mon parent et mon meilleur ami. Il n'est pas besoin de faire ici son éloge ; il sera sans aucun doute fait par tous ceux qui daigneront lire son travail. Il a consenti à m'aider de ses lumières, et à rédiger la première partie de l'ouvrage jusqu'à l'article 100. Tout le reste m'appartient.

Les commentaires sur les autres matières n'émaneront que de moi ; j'aurai le courage de lutter contre les difficultés qui se présenteront. Puissent les lecteurs ne pas m'accuser de témérité !

EUGÈNE PERSIL.

COMMENTAIRE

SUR

LES COMMISSIONNAIRES.

SECTION PREMIÈRE.

DES COMMISSIONNAIRES

EN GÉNÉRAL.

Art. 91. Le commissionnaire est celui qui agit en son propre nom, ou sous un nom social, pour le compte d'un commettant.

1. L'existence des commissionnaires résulte de la nature même des opérations commerciales. La trop grande multiplicité des affaires confiées à un seul homme aurait nui à leur prompte expédition. Il n'aurait pu, à la fois, acheter au loin, à des cours favorables, des marchandises de toute nature, les expédier de toutes parts au gré des commandes, faire des recouvremens sur des places étran-

gères, et s'occuper de tout ce qui a rapport aux opérations de change. Tant d'affaires auraient nécessairement nui à leur célérité, et la lenteur est funeste au commerce. Si les personnes avec lesquelles il eût traité, suivant les règles de la plus commune prudence, avaient voulu, avant de s'engager, prendre des renseignemens sur sa position, quel nouveau retard ne s'en serait pas suivi ; retard de plus en plus préjudiciable aux intérêts des uns et des autres. Ces inconvéniens ont fait sentir la nécessité d'établir des agens qui eussent pouvoir de faire, pour le compte des négocians, les affaires que ceux-ci ne pouvaient faire eux-mêmes, ni aussi avantageusement, ni avec autant de célérité. De là l'établissement des commissionnaires, qui, pour le plus de succès des commissions à eux confiées, et pour éviter à ceux avec qui ils traitaient des recherches sur la position des commettans, ont eu le droit d'agir en leur nom personnel, mais seulement pour le compte de ces derniers. De cette manière, on a obvié aux inconvéniens qui viennent d'être signalés ; et, comme on ne voit ordinairement figurer dans les transactions que le commissionnaire, et que le commettant n'y paraît jamais, on a assuré une nouvelle chance de succès aux opérations commerciales, dont la réussite dépend quelquefois du secret avec lequel elles ont été entreprises.

2. Le but dans lequel ont été créés les commissionnaires, laisse déjà facilement apercevoir quelle est la nature de leurs pouvoirs. Mais tout à l'heure, nous nous en occuperons d'une manière plus spéciale ; auparavant, il faut examiner par qui la commission peut être donnée et reçue ; si c'est par une ou plusieurs personnes ; en quoi

elle diffère du mandat civil ; à quel signe on la reconnaît ; comment on peut la conférer, et comment on peut la prouver.

3. La commission fait naître entre le commissionnaire et le commettant des obligations réciproques ; son exécution les oblige également vis-à-vis des tiers avec lesquels le premier traite pour le compte du second. Il faut dès lors que celui qui reçoit le pouvoir, et celui qui le confère, soient tous deux capables de contracter. La commission peut être donnée et reçue par toutes personnes, excepté par les incapables. A cet égard, les règles du droit civil, articles 1125 et suivans, reçoivent ici leur application. L'article 1990 porte que les femmes et les mineurs émancipés peuvent être choisis pour mandataires, et que le mandant n'a d'action contre le mandataire mineur que d'après les règles générales relatives aux obligations des mineurs, et contre la femme mariée, qui a accepté le mandat sans autorisation de son mari, que d'après les règles établies au titre du contrat de mariage et des droits respectifs des époux.

Mais une exception doit être apportée à cet article, en ce qui concerne les mineurs émancipés. L'art. 487 répute majeur pour les faits relatifs à son commerce, le mineur émancipé commerçant ; et, d'après l'art. 1308, ce même mineur n'est pas restituable contre les engagemens qu'il a pris à raison de son commerce. La seule formalité à remplir pour qu'il soit réputé majeur, est celle prescrite par l'art. 2 du Code de commerce ; alors il est assimilé aux majeurs ; sa position comme commerçant est la même ; il oblige les autres envers lui, tout comme il s'oblige envers eux; les actions qui le concernent rentrent dans le droit commun; il ne peut plus invoquer la loi exceptionnelle qui protége les mineurs.

Il doit donc être excepté de l'art. 1990. Quant aux autres qui ne sont pas commerçans, leur position est prévue par ce même article, ainsi que celle des femmes mariées.

Les mineurs même non émancipés peuvent être aussi choisis pour commissionnaires; mais quant à l'exécution de leurs engagemens vis-à-vis des tiers ou du commettant, on doit se reporter aux règles générales qui régissent les mineurs.

4. La commission peut être donnée par une ou plusieurs personnes intéressées à une même entreprise, ou par une société (art. 2002 du Code civil); elle peut être également remplie par une ou plusieurs personnes (art. 1995 du même Code). L'art. 91 permet au commissionnaire d'agir en son propre nom ou sous un nom social. Dès lors, la commission peut être faite par une société.

5. Mais la loi reconnaît trois espèces de sociétés :

La société en nom collectif;

La société en commandite;

La société anonyme.

Les deux premières existent sous une raison sociale. La société anonyme seule n'est qualifiée que par la désignation de l'objet de son entreprise. L'art. 91, en permettant au commissionnaire d'agir sous un nom social, n'aurait-il eu en vue que les sociétés en commandite et en nom collectif, à l'exclusion de la société anonyme qui n'a pas de raison sociale ?

Nous ne le pensons pas ; et la faveur accordée à toutes les opérations de commerce, nous porte à croire qu'il n'en a pu être ainsi. On ne voit pas par quel motif des personnes qui se réunissent pour faire la commission ne pourraient contracter à cet égard une société anonyme, tandis qu'elles auraient le droit de choisir celles en nom collectif ou en commandite, dont les effets, quant au but qu'elles se proposeraient, seraient absolument les mêmes. D'ailleurs, les parties sont libres de contracter comme bon leur semble, et de choisir pour constater leurs engagemens, telle forme de contrat qu'elles croient devoir adopter, pourvu que leurs conventions n'aient rien de contraire aux lois qui intéressent l'ordre public et les bonnes mœurs. D'autre part, les prohibitions sont de droit étroit, et on ne saurait en créer là où le législateur ne les a pas créées lui-même. Or, en disant que le commissionnaire agissait en son propre nom ou sous un nom social, on ne peut certes pas soutenir qu'il n'a voulu autoriser pour les commissionnaires que deux sortes de sociétés, puisqu'il n'a nullement prohibé la troisième, et qu'il a gardé un silence complet à son égard.

Ce serait mal raisonner que de tirer la conséquence qu'il a eu en vue par là une exclusion, puisqu'on ne la trouve écrite nulle part, et qu'elle ne résulte pas même des termes dans lesquels est conçu l'art. 91, d'où l'on voudrait tirer cette induction. Le législateur n'a pu vouloir, sous ce rapport, restreindre les facilités d'une entreprise commerciale, et en disant que le commissionnaire agit sous un nom social, il n'a dû avoir d'autre pensée que d'établir un fait, celui de la création de sociétés ayant

pour objet toutes les opérations confiées aux commissionnaires. Seulement, il est à croire qu'il n'a pas parlé
en termes formels de la société anonyme, parce qu'elle
convient peu aux commissionnaires. La commission concerne ordinairement quelques intérêts privés, quelques
associations particulières d'une étendue restreinte, auxquelles les sociétés en nom collectif ou en commandite
conviennent bien mieux qu'une société anonyme, qui
comprend des capitaux immenses et un nombre illimité
d'actionnaires. Cette raison explique encore le silence du
législateur au sujet de cette dernière société; silence qui
est loin d'être une exclusion. Nous pensons donc qu'une
société anonyme, pour faire la commission, établie conformément aux lois qui ont réglé les conditions de son
existence, serait parfaitement régulière, et ne pourrait
être dissoute par le motif mal fondé que l'art. 91 l'a pro-
hibée, sinon d'une manière formelle, du moins implicite-
ment. Mais nous reconnaissons, d'une autre part, qu'elle
convient peu aux commissionnaires, dont les entreprises
commerciales ne peuvent être que rarement en rapport
avec l'étendue et l'importance des opérations qui font
supposer la société anonyme.

6. La commission, en terme de droit commercial, est
un pouvoir donné à une personne d'agir en son nom pour
le compte d'un autre. Dans le droit civil, ce pouvoir s'appelle mandat; dans le commerce, il est désigné sous le
nom de commission. La commission est aussi un véritable mandat, semblable, sous une foule de rapports, au
mandat civil avec lequel il existe cependant quelques différences essentielles. Ainsi, le mandat est gratuit (art. 1986

du Code civil), s'il n'y a de convention contraire ; la commission ne l'est jamais, et il n'est pas besoin de stipulations expresses pour assurer un intérêt à celui qui en est chargé. Dans le premier cas, le principe est que le pouvoir est gratuit ; l'intérêt est l'exception. Dans le second, c'est tout le contraire : l'intérêt du mandat est le principe ; il faut une convention précise pour qu'il soit désintéressé.

Le mandataire agit pour le mandant et au nom de celui-ci (art. 1984 du Code civil) ; le commissionnaire agit en son nom personnel pour le compte de son commettant. Le premier ne s'oblige jamais personnellement, n'agissant que pour le compte et au nom d'autrui ; c'est le mandant qui est seul engagé par les opérations de son mandataire.

Le second s'oblige directement envers ceux qui font des affaires avec lui. C'est contre lui que se dirigent toutes les actions relatives aux engagemens contractés pour le compte de son commettant, et non pas contre le commettant lui-même.

7. Sous ce dernier rapport, la position du commissionnaire est bien moins favorable que celle du mandataire, mais la raison de différence est sensible : le ministère du premier est intéressé, celui du second est gratuit ; il est juste que l'un soit tenu à une responsabilité plus sévère que l'autre.

Et d'ailleurs, le commissionnaire, agissant en son nom personnel, et ne faisant presque jamais connaître le nom du commettant pour le compte duquel il agit, il est naturel qu'il réponde de ses propres actions, et que celui avec lequel il a traité s'adresse directement à lui plutôt qu'à un commettant, qu'il n'a pas connu dans l'origine, dont la solvabilité ne lui a pas été garantie. (Arrêt du 19 décembre 1821.)

8. Mais si, dans l'intérêt des tiers, le commissionnaire reste obligé personnellement, il n'en est plus de même vis-à-vis du commettant. Au regard de celui-ci, il redevient mandataire, et sa position est réglée par les principes du mandat dont nous nous occuperons tout à l'heure.

9. Nous ne donnons ici que les différences générales qui existent entre le mandat et la commission; car il en est une foule d'autres résultant de la nature même des pouvoirs du commissionnaire qu'il serait impossible de réunir dans ce paragraphe sans confondre tous les articles du Code que nous examinerons séparément; mais elles seront relevées en temps et lieu, dans le cours de cet ouvrage, toutes les fois qu'elles se présenteront.

10. Il ne faut pas confondre la commission avec le courtage : la loi a établi entre eux de trop grandes différences pour s'y tromper jamais. Ainsi les courtiers exercent un office public; l'arrêté du 29 germinal an 9 les assujétit à un cautionnement; le gouvernement seul a le droit de les établir; une peine sévère est prononcée contre ceux qui usurperaient leurs fonctions; ils agissent comme intermédiaires (art. 74 du Code de commerce) entre deux commerçans; ils annoncent à l'un les propositions d'un autre, sans avoir à rendre à personne aucun compte de leurs opérations; ils ont caractère pour constater les conventions qui se sont ainsi formées par leur ministère. Il résulte de là, qu'ils doivent résider dans le

même lieu que ceux pour qui ils s'entremettent, et qu'ils font à la fois les affaires de deux personnes dont ils sont réputés les préposés.

Les commissionnaires sont de simples particuliers, sans aucun caractère public, exerçant des fonctions qui peuvent être remplies par toute personne; sans qualité pour constater leurs opérations, qui ne sont soumises à aucunes conditions, agissant loin du commettant dans le domicile duquel ils ne peuvent résider; ne pouvant, comme les courtiers, se charger d'une affaire qui concerne des intérêts opposés, et obligés de rendre compte à leurs commettans de tout ce qu'ils ont fait pour eux.

Ces différences sont trop marquées, pour que jamais on puisse confondre les uns et les autres, et pour que sur ce point il y ait la moindre difficulté.

11. Nous en dirons autant de l'agent de change dont les fonctions, revêtues d'un caractère public, ne peuvent pas davantage être confondues avec celles des commissionnaires. Il faut aussi distinguer entre les commissionnaires et les commis. Dans ce que font ces derniers, ils ne s'obligent jamais personnellement; ils engagent toujours, au contraire, la responsabilité de ceux pour qui ils agissent, et ceux qui ont contracté avec eux sont, par cela même, obligés, à leur tour, envers leurs maîtres pour tout ce que les commis ont fait dans leur intérêt et dans la limite de leurs pouvoirs. Il n'est personne qui ne connaisse les commis-voyageurs et qui ne sache que lorsqu'ils ont vendu pour leurs maîtres quelques marchandises, ceux-ci sont obligés de les livrer, et les acheteurs tenus de les recevoir et d'en payer le prix convenu. Il en est de même de tous les

autres commis, qu'ils aillent offrir au loin la marchandise
de leurs maîtres, ou qu'ils soient préposés dans les magasins pour attendre les acheteurs, leurs fonctions sont
les mêmes, ainsi que les obligations réciproques qui résul-
tent des affaires qu'ils font pour le compte de ceux qui les
en ont chargés.

Mais, dans toutes leurs opérations, ils ne sont que de
simples préposés qui restent en dehors de tous les engagemens qu'ils font contracter à leurs maîtres et aux tiers
avec qui ils traitent. Leur responsabilité n'est engagée en
rien ; la loi ne les soumet à aucune garantie, du moins
quant à l'exécution de ces mêmes engagemens. D'après
cela, il est facile de sentir toute la différence qui existe
entre eux et les commissionnaires, et dès lors il suffira
de vérifier leurs pouvoirs pour empêcher toute confusion
entre les uns et les autres.

12. Nous avons dit que la commission, à la différence
du mandat, n'était jamais gratuite, et que, pour assurer
un salaire au commissionnaire, il n'était pas besoin de
stipulations expresses. Ce salaire s'appelle droit de commission ; il se perçoit ordinairement sur les avances et les
recettes, et sa fixation dépend de la convention des parties. Il est d'un demi ou d'un pour cent, suivant qu'il a
été convenu ; il peut même s'élever plus haut, si la nature
des opérations le comporte ainsi.

13. L'intérêt, qui est également dû, court à dater du
jour des avances faites ou des recettes opérées. Il est juste
aussi que l'intérêt du droit même de commission soit
payé au commissionnaire. S'il n'y a pas sur ce point de
convention arrêtée, il est raisonnable de le faire courir à

dater du jour de la commission accomplie ; car, tant que le commissionnaire ne s'est pas acquitté entièrement de ce dont il est chargé, le droit n'est pas dû ; il ne peut réclamer son salaire à son commettant qu'après avoir rempli toutes les obligations qui lui étaient imposées.

14. Le droit de commission se règle d'après la nature de l'engagement du commissionnaire. Suivant qu'il répond ou qu'il ne répond pas des débiteurs, le droit varie ; car, dans le premier cas, il est double de l'autre.

15. C'est ce qui a fait distinguer deux sortes de commissions : celle appelée commission simple, et celle connue sous le nom de commission du croire.

16. Quand le commissionnaire ne répond pas des débiteurs, il n'est engagé que par la commission simple.

17. Il en répond, au contraire, quand il reçoit le salaire de la commission du croire.

18. *Quid*, si en l'absence de toute convention et de preuve établissant le mode de commission que les parties ont entendu adopter, le commissionnaire, afin d'éviter de répondre des débiteurs, prétend qu'il n'a agi qu'en vertu de la commission simple ?

La seule règle à suivre en pareil cas, est celle tracée par l'usage des lieux ; lui seul, dit M. Pardessus, peut déterminer quelle est celle des deux responsabilités que le commissionnaire doit supporter. Dans certains lieux, en effet, le commettant supporte tous les risques ; dans d'autres, ce sont les commissionnaires qui en répondent, et on doit, en l'absence de convention sur ce point, penser que les parties, en contractant, ont eu l'intention de se conformer à l'usage des lieux dans lesquels leur engagement s'est formé.

19. Cependant, quelque juste que soit cette règle, il ne faut pas la considérer comme devant être d'une application générale. La conduite du commissionnaire, les circonstances dans lesquelles il a agi, peuvent et doivent y apporter souvent des modifications. Nous pensons qu'il devrait être déclaré responsable des débiteurs, encore bien que, d'après l'usage des lieux, il en fût autrement, s'il avait, sans l'ordre de son commettant, vendu des marchandises à crédit, s'il avait accordé des termes plus éloignés que ceux qu'on accorde habituellement aux acheteurs; si l'on reconnaissait dans son fait quelque fraude ou quelque faute grave, ou enfin si, par une imprudence inexcusable, il avait vendu à des acheteurs d'une insolvabilité notoire.

20. Lorsqu'un acheteur, qui a terme, anticipe son paiement et reçoit l'escompte qui est accordé par les usages du commerce, le commissionnaire, qui a donné cet escompte, peut-il en faire la déduction à son commettant? Il ne faut pas oublier, pour résoudre cette question, qu'il s'agit ici de la commission du croire, que le commissionnaire répond des débiteurs, et que pour courir les risques auxquels il se soumet, il a reçu un droit de commission double de ce qu'il eût été, s'il n'avait reçu que la commission simple.

Cette question paraît n'avoir pas été encore portée devant les tribunaux, et, dans les recueils de jurisprudence, on ne trouve rien qui y ait rapport; l'usage seul l'a résolue affirmativement. Nous allons examiner s'il est conforme aux principes de droit.

Ceux qui pensent que le commissionnaire, qui perçoit la commission du croire, peut déduire à son commettant le prix de l'escompte qu'il a accordé à l'acheteur, raisonnent ainsi. En répondant des acheteurs, le commissionnaire reçoit une rétribution double, en raison des risques auxquels il s'expose; c'est une prime qui lui est accordée en retour de la garantie promise à son commettant. Le paiement anticipé qu'il reçoit fait cesser pour lui toute espèce de risques; la prime qui lui a été offerte n'a plus d'objet, car l'effet doit cesser avec la cause qui le produit; dès lors, il doit ou conserver à sa charge l'escompte au moyen duquel tous les risques ont cessé, ou consentir à la réduction d'une prime qui était pour lui l'équivalent d'une garantie dont il n'a pas couru les chances.

Nous ne pensons pas qu'il en puisse être ainsi; car nous ne pouvons voir, suivant cette opinion, un double emploi de la prime avec l'escompte au profit du commissionnaire. Quel est en effet le but du commettant qui paie la double prime? C'est de ne pas courir les chances de l'insolvabilité de ses débiteurs, et de les faire supporter par un autre. Le commissionnaire qui s'engage à ce risque reçoit en équivalent la prime de la commission du croire. Dès lors, le paiement à recouvrer devient son affaire personnelle; c'est à lui à faire rentrer, ainsi qu'il avisera, les fonds qui sont dus par les acheteurs, et, par conséquent, à faire en sorte de souffrir de leur insolvabilité le moins que possible. Le commettant reste ainsi étranger à cette affaire : que les débiteurs paient ou qu'ils ne paient pas, peu lui importe, pourvu que le commissionnaire lui remette les fonds au terme stipulé avec lui ; il n'a à s'occuper ni des moyens, ni des chances de recouvrement ; c'est contre le commissionnaire de son choix qu'il poursuivra la rentrée de sa créance, et c'est pour avoir cette garantie qu'il a payé la double prime. Mais le commissionnaire qui l'a promise, et qui supporte tout le poids de la responsabilité, devra nécessairement tâcher d'en diminuer les chances, en pressant les paiemens, en accordant des termes peu éloignés, et même, s'il le peut, en faisant ses ventes au comptant. Dira-t-on alors, s'il a réussi de cette manière, qu'il n'a couru aucun risque et qu'il doit restituer la prime qui en était la récompense ? Mais on lui ferait donc supporter une peine en récompense de son adresse, et son salaire lui serait enlevé parce qu'il aurait su rendre sa condition meilleure ! Lorsqu'il a reçu la commission, on ne lui a pas ordonné de vendre d'une manière plutôt que d'une autre. On l'a chargé de vendre en répondant des débiteurs ; on a stipulé cette garantie ; il l'a promise, et il a dû la rendre aussi légère que possible. Mais, avant d'y parvenir, il était soumis à la responsabilité la plus étendue ; il avait des risques à courir ; s'il a été assez adroit ou assez heureux pour les éviter, c'est à lui seul que doit profiter cette chance favorable ; il doit conserver la double prime.

Observons en passant que le commissionnaire ne connaissait pas les acheteurs ; car, s'il les avait connus à l'avance, et si, avant de vendre, il avait été assuré de recevoir au comptant, il n'en serait plus de même. Ce que nous venons de dire ne s'appliquerait plus à lui ; cela est trop évident pour avoir besoin de démonstration.

Reste le paiement dont il doit compte à son commettant ; paiement qui n'est pas entier, puisqu'il est diminué par l'escompte. Celui-ci souffrira-t-il cette déduction ? Il faut distinguer : ou il acceptera le paiement, ou il se refusera à le recevoir.

Dans le premier cas, c'est-à-dire, s'il accepte le paiement, nul doute qu'il devra supporter l'escompte ; car, ne devant toucher ce qui est lui dû qu'à un terme plus ou moins éloigné, la déduction qui est faite n'est pour lui que l'équivalent de la jouissance anticipée des fonds qu'il consent à recevoir.

Lorsque, dit M. Pardessus, dont nous partageons entièrement l'opinion à cet égard, lorsque le commissionnaire paie à son commettant le prix qui n'était exigible qu'à terme, il fait un nouveau traité avec lui, par lequel il procure à ce commettant la jouissance anticipée de ses fonds, moyennant une remise que celui-ci est maître de refuser, s'il veut attendre le temps de l'échéance. Il n'y a donc pas double emploi.

Mais dans le second cas, c'est-à-dire, si le commettant refuse de recevoir son paiement, nul doute alors que l'escompte doit rester à la charge du commissionnaire ; car celui-ci s'est engagé, en recevant la commission du croire, à faire toucher à son commettant, au terme fixé, la totalité de ce qui lui est dû, et c'est pour cela qu'il a répondu des débiteurs ; mais si le commettant veut attendre l'époque de l'échance et ne recevoir ses fonds qu'à ce moment, il en a le droit, et dès lors le paiement intégral sans escompte devra lui être effectué.

Le commissionnaire sera lié par les termes de la convention; et s'il a reçu par anticipation et moyennant escompte des fonds qui ne devaient être que plus tard comptés à son commettant, il devra les conserver entre ses mains jusqu'à l'époque du paiement, et supporter l'escompte.

Les usages du commerce sont conformes à cette opinion, et il nous paraît juste qu'il en soit ainsi; car, dans l'une ou dans l'autre hypothèse que nous venons d'examiner, nous ne voyons pas qu'il y ait double emploi de la prime et de l'escompte. Dans la première, la prime est le prix du risque; l'escompte est l'équivalent du paiement par anticipation des fonds que le commettant consent à recevoir. Il est déduit par suite d'un traité entre lui et le commissionnaire.

Dans la seconde, l'escompte reste à la charge du commissionnaire, qui ne perçoit que la prime, si le commettant refuse de recevoir ses fonds avant le terme stipulé par la convention.

21. La loi répute acte de commerce toute entreprise de commission (art. 632 du Code de commerce) : s'ensuit-il qu'une personne non commerçante, qui accepterait une commission pour une chose déterminée, ne ferait pas, en l'exécutant, un acte de commerce ? Non, sans doute; la solution de cette question dépend de la manière dont la commission aura été remplie. En général, ce ne sont que des commerçans qui sont commissionnaires. Mais toute personne peut l'être également. Si l'opération, qui est

confiée à un non-commerçant, renferme le caractère des actes commerciaux, il sera comme les commerçans eux-mêmes, justiciable des tribunaux de commerce. Quoiqu'il ne s'agisse que d'un acte isolé, ce n'en serait pas moins un acte de commerce qui entraînerait la juridiction consulaire. Suivant donc que le fait, résultant de l'exécution de la commission, renferme ou ne renferme pas les caractères d'un acte de commerce tel que l'art. 632 du Code l'a entendu, *le tribunal de commerce* ou *le tribunal civil* sera appelé à en connaître. La conséquence à tirer de cette distinction, qui repose sur la loi elle-même, c'est que, dans certains cas, tout individu non commerçant peut se charger d'une commission, sans faire en cela un acte de commerce; et que, dans d'autres cas, la manière dont il agit le fera assimiler aux commerçans eux-mêmes, et le rendra justiciable des tribunaux de commerce.

22. La commission peut, comme le mandat, être donnée par acte public, par acte sous seing privé, par lettre et même verbalement.

Qu'on ait recours à l'un ou à l'autre de ces modes, les effets sont les mêmes; une commission verbale produit un lien de droit aussi fort que si elle était donnée par acte authentique. Seulement, il sera plus difficile de la prouver; elle peut, par cela même que rien ne la constate, donner lieu à quelque discussion sérieuse. Il s'agit donc de savoir comment la loi permet de la prouver.

23. L'expérience a démontré et démontre tous les jours quels inconvéniens entraîne la preuve testimoniale; aussi n'est-elle permise en matière civile que dans des cas très-

limités. Mais la faveur attachée aux entreprises commerciales, la manière dont les conventions se forment, la confiance qui y préside ordinairement et qui porte les parties contractantes à ne pas recourir, pour constater leurs engagemens, aux moyens ordinaires indiqués par la loi, ont déterminé le législateur à étendre la preuve testimoniale et à la permettre à l'égard des opérations les plus importantes du commerce. L'art. 109 l'indique comme moyen de constater les achats et les ventes. (Voir l'art. 109 du Code de commerce.)

24. Il est aussi des cas dans lesquels on est réputé avoir donné un pouvoir, lorsque, dans la réalité, il n'y a eu sur ce point aucune convention, aucun contrat. Alors, pour prouver les engagemens qui peuvent résulter de part et d'autre, il faut recourir aux principes généraux du droit.

La loi, ff. 60, § *de Reg. jus.*, porte que celui qui est instruit de ce qu'un autre fait pour lui, en son nom, et qui ne s'y oppose pas, est réputé lui avoir donné un mandat : *semper qui non prohibet pro se intervenire, mandare creditur.*

L'étendue du mot *intervenire*, qui s'applique d'une manière générale à toute espèce d'affaires, indique que cette règle concerne tous les cas dans lesquels une commission, un mandat, peuvent être donnés; en un mot, toutes les opérations commerciales, de quelque nature qu'elles soient, du moment que celui pour qui elles ont été entreprises les a connues et ne les a pas empêchées, produisent une obligation contre lui. Dès lors, toutes les règles concernant le mandat lui sont applicables; il est lié par son silence, par son approbation tacite, comme s'il y avait eu un contrat renfermant ses conventions. Que l'affaire obtienne, ou non, un heureux résultat, il en devra supporter toutes les chances favorables ou contraires. *Si passus sim aliquem pro me fide jubere, vel aliàs intervenire mandati teneor* (loi 6, ff. § 2, *mandati*). La loi romaine renferme plusieurs exemples qu'il est bon de citer ici pour servir d'analogie à tous les cas qui peuvent se présenter sur cette matière.

« *Qui patitur ab alio mandari ut sibi credatur, man-* » *dare intelligitur* » (loi 18, ff. *mandati*). Pierre charge Paul de chercher de l'argent pour le faire prêter à Jacques; celui-ci en est instruit, il ne s'y oppose pas; il est obligé comme s'il avait lui-même donné la commission.

Un fils de famille écrit à son père qu'il a emprunté de l'argent, en disant qu'il y était autorisé par son ordre, et il le prie de rembourser la somme prêtée. Si le père ne proteste de suite contre la lettre de son fils, il est censé approuver tout ce qu'il a fait. *Si filius familias, absente patre, quasi ex mandato ejus pecuniam acceperit, cavisset, et ad patrem litteras emisit, ut eam pecuniam in provinciâ solveret, debet pater, si actum filii sui improbat, continuo testationem interponere contrariæ voluntatis.* (Loi 16, ff. *de Senatus consulto macedoniano.*)

Ce second exemple est différent du premier, en ce que une lettre a été écrite, qui n'a point été improuvée, et qui, par cela même, a obligé à tout son contenu; tandis que dans le premier, aucun écrit n'existe de part ni d'autre, et que seulement l'obligé ne s'est point opposé à l'affaire qu'on faisait pour lui sans son ordre, mais dont il a eu connaissance.

25. En général, quand on a reçu une lettre et qu'on n'a pas de suite manifesté son improbation, on est censé ratifier les opérations indiquées dans la lettre, tout comme si on les avait formellement commandées.

26. De ce qui précède, il faut conclure que le contrat de commission peut être tacite, sans qu'il soit besoin d'aucune convention expresse entre les parties; que les obligations qui en naissent sont les mêmes que s'il existait un contrat; que ce contrat est censé exister, après le silence gardé par celui qui a eu connaissance de ce qu'on faisait pour lui, et qui ne s'y est point opposé, ou qui n'a pas de suite répondu à la lettre par laquelle on l'avertissait de l'affaire entreprise pour son compte; silence qui dès lors équivaut à une approbation, et établit entre les parties un lien de droit aussi étroit que s'il y avait un contrat contenant leurs volontés. Celui qui a fait l'opération de commerce est tenu à toutes les obligations imposées au commissionnaire; il en a aussi tous les droits; et celui pour le compte de qui elle a été faite, doit à son tour remplir toutes les obligations d'un commettant, et jouit des droits qui lui appartiennent.

Pothier traite cette question dans le même sens, dans son livre du Mandat, n° 29. Voir aussi M. Merlin, Questions de droit, v^{is} *compte courant*.

27. L'acceptation d'une commission peut être expresse; elle peut aussi être tacite, et résulter de l'exécution qui lui a été donnée par le commissionnaire. Il ne peut y avoir de difficulté au sujet de l'acceptation expresse; les termes positifs dans lesquels elle est conçue ne peuvent donner lieu à aucune discussion. Mais il n'en est pas de même de

l'acceptation tacite. Elle peut, dès lors que rien ne la justifie d'une manière ostensible, être parfois révoquée en doute, et donner lieu à quelques difficultés.

En général, l'exécution emporte acceptation. Si je charge Pierre d'une commission, et que, sans me répondre, sans me faire part de sa volonté, Pierre l'exécute, il est bien évident qu'il accepte le pouvoir que je lui ai donné, et qu'il est tenu de toutes les obligations d'un commissionnaire. Mais il peut arriver que, pour se soustraire à la responsabilité qui pèse sur lui, il prétende n'avoir point agi comme commissionnaire, mais bien comme un simple mandataire purement officieux, sans condition d'aucun salaire, mais bien gratuitement. Il s'agit alors de savoir à quel signe on reconnaîtra la vérité. On sent à l'avance que la solution d'une telle question doit être presque toujours subordonnée aux faits; car c'est de la manière dont une affaire a été faite, qu'on en tirera la conséquence que le fondé de pouvoir a agi ou comme mandataire officieux, ou comme commissionnaire intéressé. Lorsqu'il y aura doute, on le lèvera par l'application des principes généraux du droit. En règle générale, celui qui entreprend pour un autre une opération de commerce, est présumé agir en vertu d'une commission plutôt que d'un mandat. La commission s'applique essentiellement aux entreprises commerciales. Presque toutes les affaires du ressort du commerce se font par commission. Il y a donc, d'après les usages du commerce, présomption qu'on a agi par commission et non pas en vertu d'un mandat. La nature même de la commission le fait penser ainsi.

La commission tient du mandat et du louage d'industrie ; elle est de plein droit salariée : c'est un contrat commutatif et à titre onéreux ; il faut une convention expresse pour qu'elle soit gratuite, et dès lors, celui qui a fait une affaire pour le compte d'un autre, est de plein droit réputé n'avoir agi que sous la condition d'un salaire. Il faut, pour que cette présomption soit détruite, qu'il apparaisse bien clairement par ses actes qu'il n'a réellement été qu'un simple mandataire, autrement les principes sur la commission lui sont applicables ; il reste personnellement obligé vis-à-vis des tiers avec lesquels il a traité.

D'ailleurs, les engagemens qu'il a pu contracter pour le compte d'un autre, ne lui donnent pas *ipso facto* la qualité de fondé de pouvoir ; et si celui avec qui il a traité n'a pas agi avec lui comme vis-à-vis d'un mandataire, c'est-à-dire, s'il n'a rien fait pour avoir la preuve de la procuration ; s'il n'a pris aucun renseignement sur la position commerciale de celui qui l'a donnée, ainsi qu'il est prudent et d'usage de le faire ; si, en un mot, il n'a vu que le fondé de pouvoir, sans s'occuper d'aucun mandant, c'est encore une nouvelle présomption que celui-ci est un véritable commissionnaire, et que le pouvoir, en vertu duquel il a agi, est une véritable commission, et non point un mandat.

28. Le commerçant qui reçoit une commission et qui ne l'accepte pas, doit en donner de suite avis à celui qui la lui a adressée. Un silence trop prolongé entraînerait contre lui les conséquences les plus graves. Il pourrait être considéré comme ayant accepté, et se verrait de la sorte exposé à des dommages-intérêts. L'usage, dans le

commerce est de répondre sans délai aux lettres qu'on a reçues; il devra donc faire connaître son refus sans le moindre retard. Les inconvéniens attachés à l'inexécution d'une commission non acceptée, doivent être pour lui un motif de plus de répondre aussi promptement que possible. Si des marchandises lui avaient été envoyées, il doit, en attendant, veiller avec soin à leur conservation, et les faire déposer en lieu sûr. La bonne foi, dit M. Pardessus, lui commande d'agir ainsi, sans quoi il s'exposerait à des dommages-intérêts.

29. M. Dalloz pense qu'il est des cas où le commissionnaire, lors même qu'il ne voudrait pas se charger de la commission, est obligé de la remplir; si, par exemple, le moindre retard pouvait causer un préjudice au commettant; si l'opération devait être faite avant que celui-ci eût le temps de connaître le refus du commissionnaire et d'en choisir un autre. Il ne fait exception que pour le cas où l'exécution de la commission exposerait le commissionnaire à des risques.

Nous ne partageons pas cette opinion, et nous ne voyons pas par quel motif l'urgence d'une commission peut forcer de la remplir celui qui ne veut pas s'en charger. Le seul fait de recevoir une commission ne donne pas naissance à l'obligation de s'y conformer. La commission est un contrat qui n'est parfait que par la volonté des deux parties contractantes, volonté manifestée, ou expresssément ou tacitement. Or, quand l'une des deux parties refuse de consentir, il n'y a pas de contrat, conséquemment pas d'obligation possible, pas de commission. S'il y avait un commencement quelconque d'exécution, nous comprenons qu'il pourrait en être autrement. Mais lorsqu'il y a refus positif, volonté bien prononcée de ne se charger de rien de ce qui fait l'objet de la commission, nous ne pensons pas qu'on puisse être contraint de la remplir. Mais, dira-t-on, elle est urgente; son inexécution compromet les intérêts du commettant; avant qu'il ait eu le temps de connaître le refus du commissionnaire et d'en choisir un autre, l'opération sera faite, il souffrira davantage encore.

Cette raison ne nous paraît pas concluante; car en quoi l'urgence de la commission est-elle une contrainte d'exécution pour celui qui la refuse? La nécessité alléguée en faveur du commettant ne change pas la position de celui qui ne veut pas être commissionnaire; elle ne peut le forcer de faire ce qu'il ne veut pas faire. Il est si vrai qu'il n'est lié par aucune obligation, que dans le cas où il y aurait des risques à courir, il pourrait librement refuser la commission. On se demande alors sur quoi repose cette distinction, et d'après quelles règles de droit elle peut exister. Car, s'il en était ainsi, il faudrait en dire autant de la vente, de l'échange, et de tout autre contrat. Par cela seul qu'un commerçant, pressé de faire une livraison, aurait proposé à un autre de lui vendre les marchandises dont il a besoin, il s'ensuivrait que celui-ci serait obligé de les livrer, d'après cette considération qu'en ne le faisant pas, il exposerait l'autre à des pertes considérables. Cela ne peut être ainsi; la loi et l'équité s'y opposent.

D'ailleurs, la conséquence de l'opinion contraire donnerait lieu à une grave injustice. Si, par cela seul qu'on a reçu une commission pressante, on est obligé de la remplir, celui qui ne s'y conformera pas, sera exposé à des dommages-intérêts. Il aura manqué à une de ses obligations, son inaction aura porté préjudice à son commettant; il devra en répondre, et on devra lui appliquer les dispositions de l'art. 1142 du Code civil.

Or, c'est ici qu'est l'injustice, car cet article suppose l'existence d'une obligation, et on ne saurait l'appliquer à celui qui n'en a contracté aucune. Si, cependant, il se trouve obligé par le seul envoi d'une commission qu'il a refusée, il se verra soumis à une action en dommages-intérêts, pour cause d'inexécution de son obligation. Ce résultat est évidemment trop inique pour qu'il en puisse être ainsi, et nous croyons que le commerçant, à qui une commission est adressée, est parfaitement libre de la refuser ou de l'accepter. S'il l'accepte, le contrat est parfait; il est soumis à tous les devoirs d'un commissionnaire; s'il la refuse, il n'a contracté aucune obligation; il est dégagé de tous devoirs, il n'est lié par aucun contrat. C'est à celui qui a envoyé tardivement la commission, à subir les conséquences de sa lenteur, ou à supporter les inconvéniens de la précipitation avec laquelle il a adressé une commission si pressante, que celui qu'il en avait chargé, n'a pas voulu la recevoir. Quels que soient, d'ailleurs, les motifs qui l'ont déterminé dans son refus, il n'en doit compte à personne; il a agi ainsi qu'il avait droit de le faire. Si le retard dans l'exécution a porté préjudice au commettant, si l'opération a été faite avant que celui-ci ait pu connaître le refus du commissionnaire, et en choisir un autre, c'est lui qui s'y est pris tardive-

ment, c'est lui seul qui doit encourir la responsabilité de
son propre fait.

3o. Ce que nous venons de dire s'applique, à plus
forte raison, à celui qui aurait des risques à courir en exécutant la commission. Ce serait là un motif de plus à son
refus, refus dont il est maître, et qui ne peut jamais tourner contre lui.

3i. Nous avons vu par qui la commission peut être
donnée, et par qui elle peut être reçue, comment on peut
la conférer, comment on l'accepte, et de quelle manière
on la prouve. Il nous reste, pour compléter ce que nous
avons à dire sur l'article 9i du Code de commerce, à
examiner quelles sont les opérations de commerce qui
peuvent être confiées à un commissionnaire, jusqu'où
peuvent s'étendre les pouvoirs qui lui sont conférés, et
comment finit la commission.

52. Toute affaire de commerce, de quelque nature
qu'elle soit, peut être faite par commission. Le mot agir
dont se sert la loi, s'applique à toute espèce d'entreprise,
aux achats, aux ventes, aux opérations de change, à la
négociation de tous effets de commerce, à leur recouvrement, à l'envoi de marchandises ou à leur réception;
en un mot, à toute affaire de commerce, sans exception.

33. Quant à l'étendue des pouvoirs conférés au
commissionnaire, elle est restreinte par la volonté
du commettant, en ce sens qu'on ne peut aller au-delà,
ni agir contrairement à ses ordres. Du reste, en ce qui
concerne la négociation des affaires, le mode d'acheter
on de vendre, les moyens à employer pour faire des
expéditions; en un mot, la manière d'exécuter la commis-

sion, le commissionnaire est libre d'agir ainsi qu'il l'entend : sur ce point, il n'a aucun ordre à recevoir. Comme il n'est question que de faire ce dont il est chargé, c'est à lui à choisir le mode le plus expéditif et le plus avantageux; il ne reçoit aucun ordre à cet égard, il exécute à ses risques et périls. Nous verrons ci-après ce qui arrive quand il ne fait pas ou quand il fait mal la commission dont il est chargé; car nous aurons bientôt à examiner quels sont les devoirs et les droits du commissionnaire.

34. De même que le mandat, la commission finit par la révocation du commissionnaire, par la renonciation de celui-ci à la commission, par la mort naturelle ou civile, l'interdiction ou la déconfiture soit du commettant, soit du commissionnaire. (Art. 2003 du Code civil.)

Cette règle de droit civil regarde aussi le contrat de commission; mais elle peut, dans son application, donner lieu à quelques difficultés dont nous allons parler.

35. La commission finit par la révocation du commettant. Une fois que le commissionnaire en est régulièrement averti, il doit cesser l'exécution même commencée de la commission. Ce qu'il ferait postérieurement au contre-ordre reçu, resterait à ses risques et périls. Et en effet, il n'agit qu'en vertu des pouvoirs qui lui sont conférés, et que le commettant est libre de retirer quand bon lui semble. Tout ce qu'il fait en dehors de ces pouvoirs est comme non avenu au regard du commettant. Il doit donc s'arrêter au moment même où la révocation lui est connue, autrement il s'exposerait à voir demeurer à ses risques et périls les résultats d'une opération qu'il aurait faite contrairement au vœu de son commettant. C'est ce qu'a dé-

cidé un arrêt de la Cour de cassation, du 24 décembre 1807. (Dalloz, t. 2 , p. 2 , page 744.) Il s'agissait, dans l'espèce, d'une expédition de marchandises confiées à un commissionnaire, et contre-mandées le surlendemain. Le commissionnaire avait, nonobstant le contre-ordre reçu, fait l'expédition, et le tribunal de commerce, sur la demande du commettant, l'avait mise aux risques et périls du premier, qui avait agi après la révocation de ses pouvoirs. La Cour suprême a reconnu, en droit, que le mandant pouvait révoquer le mandat quand bon lui semblait, et, en fait, qu'un mandataire ne pouvait aucunement consommer l'exécution du mandat, au mépris des nouveaux ordres reçus du mandant.

36. Lorsqu'un commettant révoque les pouvoirs de son commissionnaire, il doit l'indemniser de toutes les dépenses qu'il a pu faire en vertu des pouvoirs qu'il a reçus, et jusqu'au moment de leur révocation. Il doit, de plus, remplir tous les engagemens que le commissionnaire a contractés avec des tiers, en exécution et pour l'accomplissement du mandat non encore révoqué. Ainsi, par exemple, si un commissionnaire a été chargé d'acheter certaines marchandises pour le compte de son commettant, et si, avant un contre-ordre reçu, il a fait l'acquisition demandée, le commettant devra tenir, vis-à-vis du vendeur, l'engagement pris par son commissionnaire, d'acquitter le prix d'acquisition, et payer à celui-ci les frais de commission qui lui sont dus pour l'opération par lui faite en vertu de pouvoirs réguliers.

37. Les tiers qui ont traité avec le commissionnaire, dans l'ignorance de la révocation de ses pouvoirs,

ne peuvent souffrir de cette révocation; les actes qu'ils ont passés sont valables, et le commettant se verrait contraint de ratifier l'œuvre de son commissionnaire, sauf à le poursuivre en dommages-intérêts, pour avoir agi malgré la révocation de ses pouvoirs. Aussi, est-il prudent qu'il notifie la révocation aux tiers, avec lesquels le commissionnaire pourrait traiter, parce que, de cette manière, ils n'auraient pas de bonne foi à alléguer, et, par conséquent, ne pourraient plus invoquer le bénéfice de l'art. 2005 du Code civil. Cette révocation est faite par un simple acte, aux termes du décret du 15 juin 1812, bulletin n° 8025. Elle peut être faite sur la même feuille que la commission; elle peut aussi avoir lieu par la constitution d'un nouveau commissionnaire, et elle annule les pouvoirs du premier, à dater du jour où elle lui est notifiée. (Art. 2006.)

38. Le commissionnaire peut aussi renoncer lui-même à la commission qu'il a acceptée; car personne ne peut être contraint à faire une chose malgré sa volonté, *nemo invité potest cogi ad factum.* Mais cette renonciation ne saurait nuire aux intérêts du commettant, qui aurait contre son commissionnaire l'action en dommages-intérêts, pour cause d'inexécution de ses obligations, si, en renonçant à continuer le mandat, celui-ci lui faisait éprouver quelque préjudice. Si, par exemple, il avait été chargé d'acheter, pour son commettant, des marchandises que celui-ci eût promis de livrer à une époque déterminée, et si, après avoir accepté la commission, il tardait à la remplir, puis y renonçait ensuite, et laissait échapper l'occasion favorable de faire l'opération qui lui était confiée,

il serait tenu, non-seulement de garantir son commettant
de l'action que pourrait intenter contre lui celui à qui il
devait faire la fourniture de marchandises, mais encore il
pourrait être tenu de l'indemniser du préjudice que lui
ferait éprouver l'inexécution de la commission.

Ainsi, c'est à ses risques et périls que le commissionnaire peut renoncer à la commission qu'il avait acceptée
d'abord. Cette renonciation est libre de sa part, sauf l'action en dommages-intérêts qui peut être intentée contre
lui, lorsqu'il porte préjudice aux intérêts de son commettant, à moins qu'en exécutant la commission, il n'é-
prouve lui-même un préjudice considérable, *nam nemini
suum officium debet esse damnosum*. (Art. 2007 du Code
civil.)

39. Il en est autrement, si le mauvais état des affaires
du commettant fait craindre au commissionnaire de n'ê-
tre pas remboursé de tous les frais que peut entraîner
l'exécution de la commission. La loi a prévu ce cas lorsqu'elle a dit que le mandat finissait par la déconfiture du
mandant, et le motif d'une telle disposition est trop frap-
pant pour avoir besoin d'aucune explication.

40. Le commissionnaire à qui le commettant ne fournirait
pas les fonds qu'il devait lui envoyer, soit pour achat de
marchandises, soit pour toute autre cause, et vis-à-vis
duquel, en un mot, le commettant ne remplirait pas les
obligations qu'il avait consenties, pourrait ne pas accomplir la commission qui lui a été donnée, sans craindre
d'y être forcé par l'action en dommages-intérêts, car l'i-
nexécution des engagemens d'une partie, délie l'autre
partie de ses obligations. Le commettant ne devrait, en

ce cas, s'en prendre qu'à lui de n'avoir pas mis le commissionnaire en mesure de faire ce qui lui était confié, ou de lui avoir, le premier, donné l'exemple de l'inaccomplissement du traité.

41. Quant à la mort naturelle ou civile, soit du commettant, soit du commissionnaire, il n'est pas besoin de dire qu'elle met fin à la commission. Les héritiers du défunt doivent en donner de suite connaissance à l'un ou à l'autre; un retard trop prolongé pourrait faire naître des difficultés sérieuses que la prudence doit toujours porter à éviter. Ils doivent aussi, en attendant, veiller à ce que les circonstances exigent pour l'intérêt de chacun (article 2010). Quant aux droits respectifs du commettant et du commissionnaire, leur succession doit les acquitter, et rembourser tous les frais et indemnités, comme si c'étaient les parties elles-mêmes.

42. Quoique la mort du commettant mette fin au contrat de commission, toutefois, si le commissionnaire l'ignore, ce qu'il a fait est valide, et s'il a traité avec des tiers qui l'ignorent également et qui sont de bonne foi, leurs engagemens devront être exécutés. (Art. 2008 et 2009 du Code civil.)

S'ils avaient connu la mort du commettant, les actes faits par eux pourraient être considérés comme nuls; et si le commissionnaire lui-même en avait été instruit, toutes les opérations par lui faites pourraient être laissées à sa charge, à partir du jour où le décès lui a été connu. Il n'y a qu'une exception à ce principe, c'est que malgré la mort du commettant, le commissionnaire est tenu d'achever la chose commencée au décès du commettant , s'il y a péril en la demeure.

Art. 92. Les devoirs et les droits du commissionnaire qui agit au nom d'un commettant, sont déterminés par le Code civil, liv. 3, tit. 13.

1. Les principes du droit civil sont, comme on le voit dans cet article, maintenus par le Code de commerce ; c'est donc avec les règles énoncées aux art. 1984 et suivans du Code civil , que nous allons déterminer les devoirs et les droits des commissionnaires. Nous avons eu déjà l'occasion de les appliquer à ce qui a été dit ; mais en ce moment , cette application va être plus constante encore, puisque c'est dans la loi civile que nous allons trouver les seules règles qui régissent cette matière.

2. Nous examinerons quelle est la position du commissionnaire ,

Au regard du commettant ,

Au regard des tiers;

Quelle est celle du commettant vis-à-vis du commissionnaire;

Et enfin quelle et celle des tiers vis-à-vis du commissionnaire.

3. Le mandataire est tenu d'accomplir le mandat , tant qu'il en demeure chargé , et répond des dommages-intérêts qui pourraient résulter de son inexécution. Il est tenu de même d'achever la chose commencée au *décès* du mandant , s'il y a péril en la demeure. (Art. 1991 du Code civil.)

Ce seul article suffirait, à la simple lecture, pour faire apprécier les devoirs d'un commissionnaire, dans l'exécution du pouvoir qui lui est confié. La sanction qui est attachée à l'accomplissement de son mandat, prouve avec quel soin il doit le remplir. Et en effet, il doit opérer comme le commettant lui-même, comme s'il faisait sa propre affaire, avec tout le zèle, avec toute l'activité qu'un homme apporte à ses propres intérêts.

Agissant pour un autre, et devant rendre compte de ses opérations, il doit accomplir fidèlement son mandat, de la même manière que s'il opérait pour lui-même. Nous allons voir ce qu'il doit faire dans les cas où il est chargé de vendre, d'acheter pour son commettant, ou de faire pour lui des affaires de change ; car ce sont là les opérations qui peuvent être confiées à un commissionnaire.

4. Lorsqu'un commissionnaire est chargé de vendre des marchandises qui lui sont adressées à cet effet, il doit, à compter de l'instant qu'il les reçoit, prendre tous les soins que commande l'intérêt de leur conservation.

Tant que les marchandises ne sont pas encore arrivées, il n'est tenu à aucune garantie ; c'est aux risques du commettant qu'elles voyagent ; mais une fois rendues à leur destination, la responsabilité du commissionnaire commence. S'il garde le silence lorsqu'elles arrivent, s'il ne prend pas le soin de faire constater les avaries que le voyage leur a fait éprouver, il est présumé les avoir reçues en bon état, et alors il répond de toutes les détériorations, à moins qu'il ne justifie qu'elles ont eu lieu avant la réception. Mais comme cette preuve pourrait être parfois difficile à faire, et qu'ainsi il serait tenu à une garantie dont les causes ne seraient pas de son fait, le commission-naire doit, à la réception des marchandises, faire consta-ter leur état, et s'assurer si elles ont éprouvé quelques avaries. Ce moyen de prudence est même indiqué dans toutes les lettres de voiture. Les art. 105, 106 et 108 du Code de commerce déterminent les règles à suivre quant au mode de faire constater l'état des marchandises, quant aux paiemens à effectuer aux voituriers et quant aux dé-lais dans lesquels les actions résultant de l'avarie des mar-chandises peuvent s'exercer.

5. Nous avons dit que la responsabilité du commission-naire commençait du moment que les marchandises étaient parvenues à leur destination; à cet égard, il est un vérita-ble dépositaire; les mêmes devoirs lui sont imposés, la même responsabilité pèse sur lui. Les principes du Code civil, art. 1927 et suivans, lui deviennent applicables.

Ainsi, il doit apporter dans la garde de la chose qui lui est donnée pour vendre, les mêmes soins qu'il apporte dans la garde des choses qui lui appartiennent. Il n'est jamais tenu des accidens de force majeure, à moins qu'il ne se soit mis en retard de vendre à l'époque qui lui était fixée par le contrat de commission. Il ne peut se servir de la chose qui lui est confiée sans la permission expresse de son commettant. Il ne doit point chercher à connaître quelles sont les marchandises qui lui ont été envoyées, si elles lui ont été confiées dans une malle ou sous une en-veloppe cachetée. Cette règle s'applique plutôt au com-missionnaire de transport qu'au commissionnaire chargé de vendre, car celui-ci a besoin de connaître la nature et la qualité de la marchandise qu'on lui confie, afin de faire des ventes plus avantageuses. Il doit rendre identiquement la marchandise même qu'il a reçue; il n'est tenu de la rendre que dans l'état où elle se trouve, au moment de la vente, à moins que les détériorations survenues ne soient son propre fait, auquel cas elles restent à sa charge. Si la marchandise a péri par force majeure, et si le commissionnaire a reçu un prix ou quelque chose à sa place, il doit restituer au commettant ce qu'il a reçu en échange.

6. L'héritier du commissionnaire qui a vendu de bonne foi la marchandise dont il ignorait la destination, n'est tenu que de rendre au commettant le prix qu'il a reçu ou de lui céder son action contre l'acheteur, s'il n'a pas touché le prix.

7. Si la marchandise n'a pas été vendue, le commissionnaire ne doit la restituer qu'à celui qui la lui a confiée, ou à celui au nom duquel l'expédition a été faite, ou à celui qui a été indiqué pour la recevoir.

8. Il ne peut pas exiger de celui qui a fait l'expédition, la preuve qu'il était propriétaire de la marchandise expédiée. Néanmoins, s'il découvre qu'elle a été volée, et quel en est le véritable propriétaire, il doit lui dénoncer l'expédition qui en a été faite, avec sommation de la réclamer dans un délai déterminé et suffisant. Si celui auquel la dénonciation a été faite, néglige de la réclamer, le commissionnaire pourra la vendre, et, si la vente n'a pas lieu, il sera valablement déchargé par la remise qu'il en fera à celui duquel il l'a reçue.

9. En cas de mort naturelle ou civile du commettant, la marchandise expédiée ne pourra être rendue qu'à son héritier, et s'il y en a plusieurs, à chacun d'eux pour

leur part et portion. Si elle est indivisible, les héritiers devront s'accorder entr'eux pour la recevoir.

10. Si le commettant a changé d'état, par exemple, si la femme, libre au moment de l'expédition par elle faite des marchandises, s'est mariée depuis et se trouve soumise à la puissance maritale; si le majeur qui a fait l'expédition est interdit, le prix de la marchandise vendue, et, si la vente n'a pas eu lieu, la marchandise elle-même ne pourront être remis qu'à celui qui a l'administration des droits et des biens de l'expéditeur.

11. Si l'expédition a été faite par un tuteur, par un mari ou par un administrateur, dans l'une de ces qualités, la marchandise non vendue ne pourra être remise qu'à la personne que ce tuteur, ce mari ou cet administrateur représentaient, si leur gestion ou leur administration est finie.

12. Si le contrat de commission désigne le lieu dans lequel la marchandise non vendue sera retournée, le commissionnaire est tenu d'exécuter cette volonté du commettant. S'il y a des frais de transport, ils sont à la charge de celui-ci.

13. Si la commission ne désigne pas le lieu de la remise, elle sera faite au lieu même où les marchandises ont été expédiées.

14. La marchandise expédiée devra être remise au commettant aussitôt qu'il la réclame, lors même que la commission aurait fixé un délai déterminé pour la restitution au cas où la vente n'aurait pas eu lieu; à moins qu'il n'existe, entre les mains du commissionnaire, une saisie-arrêt ou une opposition à la remise et au déplace-

ment de la marchandise. Le commissionnaire infidèle n'est point admis au bénéfice de cession.

15. Les obligations du commissionnaire cessent, s'il vient à découvrir et à prouver qu'il est lui-même propriétaire de la marchandise expédiée.

16. Quant au commettant, il est tenu de rembourser au commissionnaire les dépenses qu'il a faites pour la conservation de la marchandise, et de l'indemniser de toutes les pertes qu'elle a pu lui occasionner.

Le commissionnaire peut la retenir jusqu'à l'entier paiement de ce qui lui est dû, lorsqu'elle n'est pas vendue; et il peut en retenir le prix, lorsque la vente a eu lieu.

17. Telles sont les règles du droit civil relatives au dépôt, et qui sont applicables au commissionnaire : il doit s'y conformer, car il répond non-seulement du dol, mais encore des fautes qu'il commet dans sa gestion. Et il faut remarquer que la responsabilité du dépositaire, aussi bien que celle du mandataire, est beaucoup plus étroite lorsque l'un et l'autre agissent moyennant salaire. (Art. 1928 et 1992 du Code civil.) Or, le commissionnaire se trouvant toujours dans ce dernier cas, doit observer de telles règles avec plus de soin, s'il ne veut pas se soumettre à une garantie sévère.

18. Conserver la chose qui lui est confiée, la placer en lieu sûr pour la mettre à l'abri de tout sinistre, éviter attentivement toutes les causes d'avaries, en un mot apporter, pour la maintenir en bon état, les mêmes soins que si c'était sa propre chose, telle est l'obligation qui lui est imposée en ce qui concerne les objets confiés...

Maintenant il nous reste à voir ce qu'il doit faire pour les vendre.

En règle générale, il doit se conformer à la commission qu'il a reçue, et ne jamais aller au-delà ; si le mode de vente est réglé, si l'époque à laquelle elle doit avoir lieu est déterminée, il agira d'après les instructions qu'il a reçues à cet égard, et en les suivant, il est certain d'éviter toute difficulté.

19. Mais il est des cas où la convention n'est pas clairement établie, où le commissionnaire se trouve placé dans une position qui le force à ne pas suivre les instructions de son commettant. Si, par exemple, on lui a déterminé une époque pour la vente, et que la marchandise vienne à se détériorer à tel point qu'en ne la vendant pas de suite elle puisse périr ou en totalité, ou en partie, il doit sur-le-champ faire constater son état, et, après avoir obtenu l'autorisation du juge, vendre du mieux qu'il lui sera possible. Si une partie seulement de la marchandise est avariée, il ne doit pas vendre le tout, s'il en reste encore assez pour en faire plus tard et à l'époque qui a été déterminée, une vente avantageuse. Mais si ce qui reste en bon état n'était pas assez considérable pour cela, il faudrait vendre le tout à la fois.

20. Le commissionnaire doit en donner promptement avis au commettant, et nous pensons que si la distance des lieux permettait une réponse assez prompte, il serait prudent, à moins toutefois d'un péril imminent, d'attendre ses ordres. Le commissionnaire ne doit, pour une telle vente, se conduire qu'avec une extrême circonspection, puisqu'il s'agit, pour lui, de ne pas se conformer à

la commission qui lui a été donnée, et qu'il doit lui importer de pouvoir justifier toutes les circonstances graves dans lesquelles il s'est trouvé.

21. Si la marchandise a péri par la faute du commissionnaire, nous avons déjà dit qu'il devait garantir son commettant de toutes les pertes que son incurie lui faisait supporter; mais comment réglera-t-on l'indemnité qui sera due?

22. Si le prix de vente a été fixé par le commettant, et s'il a été convenu que le commissionnaire ne pourrait vendre à un prix inférieur, il devra payer le prix déterminé par la convention. Dans le cas où le commettant ne se serait pas prononcé sur ce point, il faudra suivre les règles du droit commun, et le cours de l'époque à laquelle la vente devait avoir lieu. Comme le commettant a dû nécessairement vouloir vendre au prix le plus élevé, il s'ensuit que le commissionnaire devra lui rembourser le prix que le plus haut cours aura déterminé.

23. Si le commettant a prescrit une époque pour la vente, et que, au lieu de se conformer à sa volonté, le commissionnaire, sans raison valable, laisse passer cette époque, et vende ensuite à un prix inférieur à celui qu'il aurait obtenu, s'il n'eût pas été en retard, il devra encore, dans ce cas, rembourser à son commettant la différence de son prix de vente avec celui de l'époque qu'il a laissé passer sans agir.

24. Il en sera de même s'il vend à un prix inférieur à celui fixé par la commission; bien entendu toutefois que c'est dans le cas seulement où il y a faute de sa part, et où il ne peut invoquer en sa faveur aucuns motifs d'ur-

gence. Le commettant n'a rien à dire si on lui paie le prix qu'il a fixé, et il ne serait pas admis à réclamer sa marchandise, parce qu'alors l'indemnité que lui rend le commissionnaire est pour lui l'équivalent du prix qu'il avait entendu obtenir.

25. La marchandise est-elle vendue à un prix plus élevé que celui convenu, le commissionnaire ne doit rien retenir, et c'est ici le lieu de rappeler qu'au regard de son commettant, il n'est que mandataire. En cette qualité, il fait les affaires dont il est chargé par lui, et il est tenu de lui rendre compte de tout ce qu'il a reçu en vertu de sa commission. (Art. 1993 du Code civil.)

26. Quand la commission porte que la vente se fera au comptant, le commissionnaire ne peut vendre à crédit. S'il le fait, il n'en doit pas moins le prix à l'instant même de la vente, et sans que pour cela le commettant soit tenu de respecter les délais accordés.

27. On sait qu'en vendant à crédit, le prix de vente est toujours plus élevé que lorsqu'elle a lieu au comptant. Si le commissionnaire, en donnant des crédits, contrairement aux ordres qu'il a reçus, vend à un prix supérieur à celui qui lui a été désigné, devra-t-il, si le commettant veut être payé de suite, lui donner l'excédant, qui n'est que la condition du délai accordé?

La négative d'une telle question ne saurait être douteuse sans doute, d'après ce qui vient d'être dit; on pourrait soutenir que le commissionnaire n'était pas chargé de vendre à crédit; qu'en sa qualité de mandataire du commettant, il doit lui restituer le prix intégral de la marchandise qu'on lui a donnée à vendre, et qu'ainsi il ne

doit rien retenir sur le prix de vente. Mais il y a une raison d'équité qui doit ici faire repousser ce raisonnement :
l'excédant du prix déterminé par le commettant est, pour
le commissionnaire, l'indemnité du risque qu'il court en
accordant un crédit; c'est de plus l'équivalent des intérêts
de la somme qu'il ne doit toucher que dans un délai plus
ou moins long : or, il serait souverainement injuste que
le commettant reçût de suite, après la vente à crédit, un
prix supérieur à celui qu'il aurait touché si elle eût été
faite au comptant, lorsqu'il ne court aucuns risques,
lorsque surtout il touche les fonds sans le moindre retard, et qu'il peut sur-le-champ les replacer dans le commerce pour en tirer de nouveaux bénéfices. D'ailleurs,
cet excédant du prix, n'étant que la condition du crédit,
ne doit pas lui appartenir, puisque lui-même ne veut pas
ratifier l'engagement de son commissionnaire, et il ne
doit pas pouvoir profiter d'un fait auquel il refuse son
assentiment.

Mais nous pensons qu'il pourrait ratifier la vente à crédit, et dès lors en recevoir le prix intégral. La justice,
dans ce second cas, ne serait plus blessée, comme elle le
serait dans le premier.

28. Le commissionnaire qui vend à crédit et qui, suivant le contrat de commission, ne répond pas des acheteurs, serait coupable s'il accordait des délais plus longs
que ceux qu'on accorde d'ordinaire dans le commerce, ou
s'il s'adressait à des acheteurs peu solvables, encore bien
qu'il leur eût vendu plus cher qu'à d'autres. Les circonstances d'une telle vente pourraient le faire condamner à
une garantie sévère, s'il en résultait la preuve que, pour

avoir un droit de commission plus fort, il n'a vendu à un prix élevé qu'en s'adressant à des acheteurs peu solvables, qui sont toujours disposés à acheter plus cher que les autres, ou en leur accordant des crédits beaucoup trop prolongés. S'il répond des débiteurs, il est libre de faire ce que bon lui semble, parce qu'alors il agit à ses risques et périls; lui seul doit souffrir des mauvaises ventes qu'il a faites.

29. Le commissionnaire doit faire rentrer avec soin les fonds qui proviennent de la vente dont il a été chargé; il doit poursuivre les débiteurs retardataires, en un mot assurer à son commettant les paiemens sur lesquels il a compté aux époques convenues. Si le commissionnaire négligeait de le faire, et si les débiteurs devenaient insolvables, il serait garant des suites de sa négligence, et devrait répondre à son commettant du préjudice qu'il eût pu éviter en faisant les diligences convenables avant l'in solvabilité des débiteurs.

30. Il peut arriver que le commissionnaire soit responsable du prix que les acheteurs sont en retard de payer, si, de sa correspondance et surtout du taux élevé de la commission qui lui est donnée, il résulte qu'il a dû prendre sur lui cette responsabilité.

On voit, par l'exposé de cette question qui est puisé dans le texte d'un arrêt de la Cour de Bruxelles, du 7 octobre 1818, qu'il n'y a pas eu de convention faite entre le commettant et le commissionnaire au sujet de la responsabilité de celui-ci; en d'autres termes, que rien ne prouve qu'il ait été question entre les parties de la commission du croire. C'est par des raisons tirées de la conduite même du commissionnaire que cette commission a été reconnue exister. Dans l'espèce, un commettant avait remis à un commissionnaire des marchandises à vendre. Celui-ci, après plusieurs années, fut assigné en paiement de tout ce qui était encore dû; mais, au lieu de payer ce qui lui était réclamé, il fit des offres d'une partie seulement, et allégua que plusieurs acheteurs étaient en retard de payer. En vain se défendit-il en soutenant qu'il ne pouvait devenir débiteur des objets vendus par lui, que ce serait le traiter comme acheteur, qu'il avait fait les ventes à des personnes solvables et nommées, avec le delai d'usage, et qu'ainsi il ne devait pas être responsable de leur retard. Le tribunal décida que de sa correspondance il résultait que le commissionnaire s'était reconnu débiteur de toutes les expéditions à lui faites par le commettant, et même responsable du prix des ventes; que cela se confirmait par le propre fait du commissionnaire, en vendant les marchandises en détail et en son nom; que la commission excessive de 7 1|2 et 5 1|2 pour 100 devait encore faire présumer cette responsabilité; et, en conséquence, il le déclara responsable de toutes les ventes qu'il avait faites pour son commettant.

Le commissionnaire interjeta appel; mais la Cour confirma le jugement du tribunal par le motif qu'il résultait des plaidoyers des parties et de l'ensemble des faits et circonstances de la cause, que l'appelant avait vendu en son nom, et qu'il s'était rendu responsable envers l'intimé du produit de la vente. (Arrêt du 7 octobre 1818, Cour de Bruxelles. Dalloz, tome 2, partie 2ᵉ, pag. 748.)

Cet arrêt, qui nous paraît fort sévère, mais rendu dans

les vrais principes du droit, n'est qu'une preuve de plus des soins que les commissionnaires doivent apporter aux ventes dont ils sont chargés, et surtout aux recouvre-mens des fonds dus, puisqu'ils peuvent être responsables du prix de ces ventes, même sans qu'il existe aucune convention sur ce point.

31. Il ne nous reste plus qu'un mot à dire sur les obligations du commissionnaire qui est chargé de vendre ; c'est que s'il n'a pu remplir sa commission, soit parce que les prix étaient trop inférieurs à celui qu'on lui avait fixé, soit par toute autre cause indépendante de sa volonté, il doit retourner à son commettant les marchandises qu'il n'a pas vendues, en ayant soin de le prévenir à l'avance. Pour éviter les difficultés qui pourraient survenir, il devra toujours, s'il est prudent, informer son commettant du cours des marchandises, pour qu'il connaisse la véritable situation des affaires, et maintenir ou modifier les ordres donnés au commissionnaire. De la sorte, celui-ci ne courra aucuns risques ; quel que soit le résultat de ses opérations, s'il a agi de bonne foi, s'il n'a laissé ignorer à son commettant aucune des circonstances heureuses ou défavorables qui sont survenues, celui-ci n'aura rien à lui reprocher, et aucune responsabilité autre que celle à laquelle il s'est soumis ne pèsera sur lui.

32. Nous dirons, pour le commissionnaire chargé d'a-cheter, ce que nous avons dit pour le commissionnaire chargé de vendre ; c'est qu'il doit se conformer rigoureusement à ce qui lui est prescrit par sa commission. Le prix, l'espèce, la qualité et la quantité des marchandises doivent être pour lui l'objet d'une sérieuse attention ; car,

c'est surtout ici que la reponsabilité deviendrait pesante.

33. Le commississionnaire ne doit pas dépasser le prix qui lui a été assigné, autrement, il peut être contraint de garder les marchandises pour son compte. Il n'aurait qu'un moyen de forcer le commettant de les recevoir, ce serait de supporter l'excédant du prix convenu, et de ne lui réclamer que le prix qu'il avait déterminé dans la commission.

34. Si les marchandises sont de mauvaise qualité, ou ne sont pas de la même espèce que celle que le commissionnaire était chargé d'acheter, le commettant peut encore les lui laisser pour son compte, et se refuser à les recevoir.

35. Si la quantité des marchandises achetées dépasse celle qui a été déterminée, le commettant ne peut être forcé de les recevoir, et le commissionnaire se verrait encore forcé de conserver ce qu'il aurait acheté de trop, contrairement aux ordres reçus.

36. Ainsi, comme on le voit dans ces différens cas, le commissionnaire est soumis à une grande responsabilité, et il ne pourrait s'y soustraire, dès lors qu'il serait prouvé qu'il n'a pas, à la lettre, exécuté sa commission.

Un arrêt de la Cour de Bordeaux, du 5 fructidor an 8, décide que le commissionnaire qui, dans l'achat de marchandises fait pour son commettant, ne s'est pas conformé au mandat qui lui avait été donné, peut être forcé de les garder pour son compte.

Il s'agissait, dans l'espèce, d'une commande de vins de Bordeaux. Ceux qui avaient été achetés n'étaient pas de la qualité exprimée en la commission ; le commissionnaire fut condamné à les garder, et à rembourser à son commettant le prix de la facture de ces vins et accessoires, avec les intérêts légitimes. (Dalloz, t. 2, p. 2, page 750.)

37. *Quid*, lorsque des marchandises, expédiées par un commissionnaire à son commettant, ne se trouvent pas conformes à la commission, si celui-ci les refuse, lors même qu'il n'a pas fait dresser procès-verbal de cette différence, avant de payer les frais de voiture, et au moment de la réception des marchandises ?

Dans l'espèce, des draperies avaient été expédiées par un commissionnaire à son commettant, qui, à leur réception, acquitta le prix de voiture, sans aucune vérification. Ce n'est qu'en ouvrant les ballots, qu'il reconnut que les marchandises expédiées n'étaient pas conformes à la commission. En conséquence, il écrivit à son commissionnaire qu'il laissait à sa disposition la partie de l'envoi qui n'était pas telle que la commission voulait qu'elle fût. Le commissionnaire assigna le commettant pour le forcer de garder les marchandises; et c'est alors seulement que ce dernier les fit vérifier par experts, nommés par le président du tribunal. Les défauts des marchandises furent constatés.

Le tribunal jugea que le procès-verbal n'était pas valable, parce qu'il était fait tardivement. Devant la Cour, le commettant fit plaider que, dans le Code de commerce, il n'y avait que l'art. 106 qui parlât de la formalité d'une vérification par experts, et que ce même article ne s'appliquait qu'aux contestations entre le voiturier et celui à qui la marchandise est adressée, mais nullement aux difficultés qui s'élèvent entre un commissionnaire et son commettant ; que, dans le premier cas, il s'agissait d'avarie, dont les marchandises expédiées portaient extérieurement les indices, tandis que, dans l'espèce, le vice de la commission était inhérent à la chose elle-même, et que, dès lors, comme il fallait, pour le reconnaître, la déballer, on ne pouvait exiger la rédaction subite d'un procès-verbal.

Le commissionnaire soutenait que l'art. 106 est conçu en termes généraux, et qu'il s'appliquait à tous les cas ; qu'un procès-verbal était toujours nécessaire, lorsque l'expédition était refusée, et que ce procès-verbal devait être fait au moment même de l'arrivée, avant le paiement de la voiture et avant la réception des objets.

« La Cour, attendu que les pièces expédiées n'étaient » pas conformes à la commission, met ce dont est appel au néant. » (Arrêt, 9 avril 1823, Cour de Lyon. Dalloz, t. 2, page 750.)

Un arrêt de la Cour de Bruxelles, à la date du 20 juin 1819, a été rendu dans d'autres espèces, qui concernent bien directement la matière. Nous n'en donnerons pas ici l'analyse, à cause de la longueur ; nous nous bornerons à en citer le texte assez développé, qui vient à l'appui de ce que nous avons dit jusqu'alors sur les commissionnaires chargés d'acheter, et qui fait connaître bien mieux encore leurs devoirs. Voici le texte de cet arrêt :

« Lorsqu'un commissionnaire, dans une ville maritime, » a été chargé d'acheter des marchandises et de convenir » du fret à des prix déterminés, à condition que l'expédi-» tion serait faite de suite, le commettant ne peut en re-» fuser la réception, à cause de leur départ et arrivée pos-

» térieurement à d'autres navires, si les retards ne peuvent
» être imputés au commissionnaire.

» Lorsqu'un commettant a donné l'ordre à son commis-
» sionnaire d'acheter des marchandises à un prix déter-
» miné, et de convenir des frais de transport à un prix dé-
» terminé, si le commissionnaire dépasse le prix fixé pour
» le transport, le mandat n'est pas, par cela seul, comme
» non avenu, en telle sorte que le commettant ne peut se
» refuser à recevoir les marchandises, sauf au commission-
» naire à supporter l'excédant de la limite du prix du trans-
» port.

» Le commissionnaire, qui a acheté des marchandises
» à un prix plus bas que celui fixé par son commettant,
» mais qui a dépassé le prix déterminé pour le transport,
» n'est pas fondé à établir une compensation entre les deux
» opérations; il est passible de l'excédant du prix de trans-
» port. »

38. Ainsi, l'on voit par ces nouveaux exemples, combien sont étroites les obligations des commissionnaires
chargés d'acheter, et quelles conséquences peut avoir pour
eux l'inaccomplissement de leur commission, ou la négligence et le retard à faire ce dont ils ont reçu l'ordre. Tout
ce qui leur est imposé se résume dans cette phrase, qui doit
ne jamais être oubliée : Suivre, en tous points, l'intention
de leurs commettans; et, à défaut d'intention bien manifestée, faire ce qu'ils feraient pour eux-mêmes, s'ils
étaient soigneux de leurs intérêts.

39. *Quid*, si un commissionnaire adresse à son commettant des marchandises qu'il possède, et qui sont de
même espèce et qualité que celles qu'il a reçu la commis-

sion d'acheter. Évidemment, il peut le faire; car peu importe d'où proviennent les marchandises, pourvu qu'elles soient telles que le commettant les demande; mais nous pensons qu'en bonne justice, les droits de commission devraient, dans ce cas, être entièrement supprimés, puisque ces droits ne lui sont accordés que pour les soins et les démarches que lui occasionne l'acquisition dont il est chargé, et surtout pour les risques auxquels il s'expose en agissant en son nom. Or, il ne court plus aucun risque, il n'a plus de démarches à faire, il n'a plus de soins à prendre, lorsqu'il envoie à son commettant des marchandises qui lui appartiennent, qui sont déposées dans ses magasins, et qu'il n'est pas obligé de chercher ailleurs. Il n'est plus, à proprement parler, un commissionnaire; il devient un véritable vendeur, et, comme tel, il est juste qu'il ne reçoive pas un droit qui ne lui est réellement pas dû.

40. Lorsque la marchandise est achetée, le commissionnaire en est responsable, de même que s'il était dépositaire. Il doit subir les conséquences de toutes ses fautes; mais si la marchandise périt par cas fortuit, le sinistre ne devra pas être mis à sa charge. Bien entendu, toutefois, qu'il n'y aura pas de retard de son côté; car, s'il était mis en demeure de l'expédier, ou s'il avait dépassé les délais convenus pour l'expédition, il devrait répondre d'un sinistre que son exactitude eût pu empêcher.

41. Une fois la marchandise expédiée, elle voyage aux frais de celui à qui elle appartient, à moins qu'il n'y ait convention contraire. (Art. 100 du Code de commerce.)

42. Le commissionnaire peut acheter au-dessous du

prix qui lui a été désigné; mais alors il doit compte à son commettant des fonds qui restent entre ses mains. Nous avons déjà donné le motif de cette obligation. C'est que, bien qu'il agisse en son nom pour le compte d'un autre, il redevient ensuite, au regard de celui-ci, simple mandataire; et dès lors, il doit lui rendre tout ce qu'il a reçu en vertu du mandat, de même que les sommes qu'il n'a pas employées. A dater du jour qu'il est mis en demeure, il doit les intérêts de celles dont il est réliquataire. (Art. 1696 du Code civil.)

43. Pour qu'il ait y mise en demeure, il n'est pas besoin d'un acte signifié par huissier : la correspondance des parties peut l'établir suffisamment, et on sent facilement pourquoi. En matière commerciale, les lettres sont de véritables titres; un mandat est donné par lettre; il engage comme si c'était un acte sous seing privé ou authentique; une réclamation, par lettre, des sommes restées entre les mains d'un mandataire, doit donc être aussi pour lui une mise en demeure suffisante. (Arrêt de rejet du 15 mars 1821.)

44. Si, au lieu d'employer l'argent qu'il a reçu pour acheter des marchandises, le commissionnaire s'en servait pour ses besoins personnels, non-seulement il serait tenu envers le commettant de restituer le capital, les intérêts (art. 1996), et de lui donner des dommages-intérêts, mais encore il encourrait les peines correctionnelles résultant de l'abus de confiance, et il pourrait, en cas de faillite, être considéré comme banqueroutier frauduleux, et puni comme tel. Les peines sévères qui lui seront infligées le rendront circonspect dans sa gestion; elles sont

de nature à le contenir, s'il était poussé par la mauvaise foi à faire usage des sommes qui lui sont confiées pour acheter des marchandises.

La loi le punit d'un emprisonnement de deux mois à deux ans, et d'une amende égale au quart des restitutions et dommages-intérêts dus aux parties lésées, mais qui, en tout cas, ne peut être moindre de 25 fr. (Voir les art. 406 et 408 du Code pénal, et l'arrêt de cassation du 18 novembre 1813.)

45. Les intérêts des sommes qu'un mandataire a reçues et employées à son usage, se prescrivent-ils par cinq ans, aux termes de l'art. 2277 du Code civil?

Nous ne le pensons pas, et la raison en est sensible. D'abord, les sommes perçues par le mandataire ne peuvent être assimilées à celles qui sont payables par année, ou à des termes périodiques plus courts, ni à des intérêts de sommes prêtées, puisque ce n'est pas le mandataire qui en est le débiteur. Conséquemment l'art. 2277 ne saurait recevoir son application. En second lieu, le mandataire doit tenir compte à son mandant de tout ce qu'il a reçu en vertu du mandat. (Arrêt de cassation du 21 mai 1822. Sirey, 22, 2, 416.)

46. Nous venons de voir quelles étaient, au regard du commettant, les obligations imposées au commissionnaire chargé de vendre et d'acheter. Celles qu'il doit remplir vis-à-vis des tiers, sont beaucoup moins étendues, et de courtes explications suffiront sur ce point.

47. Une fois la marchandise vendue, le commission-naire doit la livrer aux époques déterminées; il est responsable de tout retard qui proviendrait de son fait, et

pourrait être, suivant les circonstances, condamné, envers l'acheteur, à des dommages-intérêts proportionnés au retard dont il a souffert. Il doit veiller à ce que la marchandise vendue arrive en bon état; car, bien qu'elle voyage aux risques et périls de celui à qui elle appartient, l'acheteur aurait encore un recours contre lui (art. 100), s'il était établi qu'il n'a pas pris, lors du chargement, tous les soins que la prudence lui commandait. Ainsi, livrer aux époques convenues les marchandises, et veiller à leur bonne expédition, telles sont, vis-à-vis du tiers acheteur, les obligations du commissionnaire chargé de vendre. Quant à celui qui est chargé d'acheter, il doit payer exactement le prix de ses acquisitions : c'est à cela que se bornent ses devoirs. Tout retard dans le paiement donnerait lieu, contre lui, à des poursuites de la part du vendeur, et même l'exposerait, si ce paiement avait dû être fait au moment de la livraison, à se voir refuser la marchandise vendue; ce qui, d'un autre côté, rendrait sa position plus difficile encore, puisque son commettant pourrait exiger et obtiendrait, sans aucun doute, des dommages-intérêts, résultant de l'inexécution de la commission.

48. Il en serait autrement, si le commettant avait négligé de lui envoyer les fonds promis pour faire l'acquisition convenue; alors, il devrait indemniser le commissionnaire des poursuites dont il serait l'objet de la part du vendeur; et même il pourrait se refuser à faire l'acquisition, sans courir aucun risque, puisque l'inaccomplissement des obligations de l'un eût délié l'autre des siennes, et eût été pour le commissionnaire une raison valable de ne pas

acheter pour un commettant qui ne lui envoyait pas les fonds promis.

49. Le commissionnaire doit rendre un compte fidèle de sa gestion, et faire raison, à son commettant, de tout ce qu'il a reçu en vertu de sa procuration, quand même ce qu'il aurait reçu n'eût point été dû au commettant. (Art. 1993.)

Il n'a, en effet, géré qu'au lieu et place du commettant; tout ce qu'il a reçu, en vertu de la commission, ne lui a été donné que parce qu'il le représentait; il doit donc lui rendre tout ce qu'il a touché, même ce qui ne lui était pas dû. Comme celui-ci est censé avoir agi lui-même par son mandataire, la réclamation de ce qui aurait été payé sans être dû, pourra lui être faite; mais elle pourrait aussi être dirigée contre le mandataire, surtout s'il avait encore entre ses mains les sommes indûment perçues.

50. Le commissionnaire répond de celui qu'il s'est substitué dans la gestion : 1° quand il n'a pas reçu le pouvoir de se substituer quelqu'un; 2° quand ce pouvoir lui a été conféré sans désignation d'une personne, et que celle dont il a fait choix était notoirement incapable ou insolvable. Dans tous les cas, le commettant peut agir contre la personne que le commissionnaire s'est substituée. (Art. 1994.)

51. Cet article a un rapport intime avec l'art 1992, dont il est le complément. En effet, le mandataire répond des fautes et du dol qu'il commet dans sa gestion; or, quand il s'est substitué quelqu'un, sans en avoir reçu le pouvoir, il doit être garant de son propre fait; et s'il choisit un insolvable ou un incapable, il y a faute grave; il

doit encore en répondre. Tout fait quelconque de l'homme, qui cause à autrui un dommage, oblige celui par la faute duquel il est arrivé à le réparer. (Art. 1582.) Quant à la personne substituée, le commettant peut agir directement contre elle, puisque sa gestion lui a causé un préjudice qu'elle doit être tenue de réparer.

52. La responsabilité du commissionnaire a un terme; d'abord, elle cesse lorsqu'il s'est tenu rigoureusement dans les termes de son mandat, lorsqu'il a exécuté complètement la mission dont il était chargé. Sur ce point, il ne peut pas exister de difficulté, quand il reste constant que le commissionnaire s'est conformé à la lettre et à l'esprit de la convention. Si des contestations s'élèvent, elles portent sur les faits, et elles disparaissent en présence des explications données et prouvées par les parties.

53. Mais il peut arriver que la responsabilité du commissionnaire ne demeure pas engagée, malgré son défaut de fidélité dans l'exécution de son mandat. Ainsi, la ratification de sa gestion par le propriétaire, délivre le commissionnaire de toute garantie, et le met à l'abri de tout recours. La ratification peut être expresse ou tacite.

Elle est expresse, quand le mandant approuve formellement la conduite du commissionnaire. En présence d'une approbation expresse, littérale, il ne saurait exister de doute.

Elle est tacite, lorsque, sans être exprimée d'une manière formelle, elle résulte de faits qui ne permettent pas de la nier. Ainsi, par exemple, lorsqu'un commissionnaire a acheté au-dessus du prix qui lui était fixé, lorsqu'il a acheté plus de marchandises qu'il n'avait été chargé de le faire, si le commettant paie le prix de l'achat, s'il reçoit toutes les marchandises et les acquitte, il est évident que de tels faits feront induire son adhésion, qui équivaudra à une ratification expresse.

54. Lorsque le commissionnaire a excédé les bornes de son mandat, si le commettant a écrit à un tiers une lettre par laquelle il approuve ses actes, cette lettre sera-t-elle pour le commissionnaire une suffisante ratification ? Nous ne le pensons pas ; d'abord, parce que cette lettre ne concerne pas le commissionnaire ; elle est à son égard *res inter alios acta*, elle est adressée à un tiers, et ne saurait lier son auteur vis-à-vis de celui qu'elle ne concerne pas. En second lieu, il est de principe qu'une lettre écrite à un tiers, est réputée confidentielle, et que l'inviolabilité des secrets qu'elle renferme s'oppose à ce que des personnes étrangères puissent s'en prévaloir.

C'est ce qui a été décidé par la Cour de cassation, le 4 avril 1821. (Sircy, 1, 22, p. 35.)

55. A quoi peut s'étendre une ratification donnée en termes généraux ?

Nous pensons qu'elle s'étend à tous les actes du commissionnaire, même à ceux pour lesquels il était sans pouvoir. Et, en effet, les expressions générales d'une adhésion s'appliquent à tous les actes du commissionnaire, sans restriction, car la généralité des termes n'en permet aucune. Quand, par exemple, le commettant aura dit qu'il approuvait *tout* ce qui avait été fait par son commissionnaire, il est bien évident que sa ratification devra s'étendre à toutes les opérations de celui-ci. Qu'il ait vendu au-dessous du prix fixé, qu'il ait accordé des crédits qu'il n'était pas autorisé à consentir; qu'il ait acheté plus cher qu'il ne lui avait été prescrit, que les marchandises achetées ne soient pas de la même espèce, de la même qualité, de la même quantité que celles exprimées en la commission, peu importe; dès lors que le commettant approuve tout, sa ratification embrasse toutes les opérations de son mandataire, soit qu'elles aient eu lieu dans les termes de ses pouvoirs, soit qu'elles les aient dépassés. (Arrêt de cassation du 26 décembre 1815.)

56. Art. 1999. Le mandant doit rembourser au mandataire les avances et frais que celui-ci a faits pour l'exécution du mandat, et lui payer ses salaires lorsqu'il en a été promis. S'il n'y a aucune faute imputable au mandataire, le mandant ne peut se dispenser de faire ces remboursement et paiement, lors même que l'affaire n'aurait pas réussi, ni faire réduire le montant des frais et avances, sous le prétexte qu'ils pouvaient être moindres.

Puisque le commissionnaire agit pour le compte d'un commettant dont il fait l'affaire personnelle, il est de toute justice que celui-ci lui rembourse les dépenses que cette affaire lui aura occasionées. Ainsi, les frais faits afin de conserver la marchandise que le commettant lui a expédiée pour la vendre, ceux de la location des magasins destinés à la recevoir, les avances sur le prix des acquisitions dont il était chargé, les frais faits pour conserver les marchandises achetées, et tous autres de même nature, doivent être intégralement remboursés; c'est le commettant qui en profite; c'est par lui qu'ils ont été faits; c'est à sa charge qu'ils demeurent. Quant aux salaires promis, ils doivent être payés également par lui , puisqu'ils sont le prix de la commission , prix qui a été convenu entre les parties , et qui est dû par le commettant aussitôt que l'affaire faite pour son compte est terminée.

57. Nous verrons tout à l'heure, en examinant l'art. 95, la différence entre cet article et celui dont nous nous occupons, au sujet du privilége que la loi commerciale accorde aux commissionnaires, pour le paiement de ce qui leur est dû.

58. Tout ceci ne saurait faire la moindre difficulté; mais la seconde partie de l'art. 1999 nous semble en présenter davantage dans ses rapports avec le contrat de commission.

59. Lorsque l'affaire n'a pas réussi, et s'il n'y a aucune faute imputable au commissionnaire, le commettant ne pourra se dispenser de rembourser les avances et frais, ni même les faire réduire, sous le prétexte qu'ils pouvaient être moindres. Et l'on conçoit qu'il en doive être ainsi, du moment qu'il n'y a pas faute de la part du commissionnaire, puisque, encore bien que l'affaire n'ait pas réussi, il n'en a pas moins fait, pour le compte du commettant, des dépenses dont il n'a pas dépendu de lui de tirer meilleur parti, et dont la perte est le résultat d'événemens qui ne lui sont pas imputables.

60. Mais en sera-t-il de même, quant aux salaires promis ? En d'autres termes, si l'affaire n'a pas réussi, le commettant devra-t-il être tenu de payer au commissionnaire le droit de commission convenu? Nous ne le pensons pas, et nous croyons que l'opinion contraire consacrerait une injustice souveraine. Qu'est-ce, en effet, que le droit de

commission ? C'est le salaire convenu entre deux parties
pour une opération que l'une fera dans l'intérêt et pour le
compte de l'autre. Si cette opération ne se fait pas, est-il
juste que le salaire en soit dû ? Sans doute, il faudra tenir
compte au commissionnaire des démarches qu'il a faites
pour réussir, et lui allouer un salaire proportionné à sa
peine ; mais on ne devra pas ce salaire en entier, puisque
l'affaire, pour laquelle il était convenu, n'a pas eu lieu.
S'il est chargé de vendre, et si la vente n'a pu se faire,
devra-t-il réclamer ce qu'on lui avait promis pour le cas
où elle se ferait ? S'il n'a pu faire une acquisition dont il
était chargé, devra-t-il être payé comme si l'achat avait eu
lieu ? Bien certainement non ; car, on le répète, il y aurait
une grande injustice s'il en était autrement. Un autre
exemple va le faire sentir mieux encore. Supposons qu'en
recevant une commission pour vendre, il ait répondu des
acheteurs, et que, pour cette obligation de sa part, il ait
reçu le droit plus fort qui s'accorde en pareil cas. Dira-
t-on que ce droit lui devra être payé, tandis qu'il n'aura
pas vendu ; et lorsqu'il n'a été consenti qu'à la charge par
lui de répondre des acheteurs qui n'existent pas, qui peut-
être même ne se sont pas présentés ? Ce serait là comprendre étrangement les droits du commissionnaire ; ce
serait, de plus, donner naissance à la mauvaise foi et à la
fraude ; car le commissionnaire étant presque toujours
éloigné de son commettant, celui-ci ne pourrait que bien
difficilement s'assurer de sa conduite, et se verrait contraint de lui payer un salaire pour une opération qui peut-
être aurait manqué par une faute qu'il ne pourrait découvrir. Un commissionnaire, fort de l'absence de son com-

mettant, négligerait de s'acquitter de ses devoirs, et se ferait ensuite payer comme s'il les eût bien remplis. Il suffirait qu'on ignorât sa négligence, et cela pourrait arriver fréquemment, pour qu'il eût le droit de réclamer un salaire qui, bien certainement, ne lui serait pas dû. Il suffit d'énoncer de tels abus, pour se convaincre qu'il n'en peut être ainsi, et pour dire que toutes les fois que l'affaire dont un commissionnaire était chargé n'aura pas réussi, il ne devra pas recevoir en entier son droit de commission, mais bien seulement un salaire proportionné aux démarches qu'il aura pu faire dans l'intérêt de son commettant, indépendamment des avances et des frais qui pourront lui être dus.

61. Le commettant peut indiquer à son commissionnaire une tierce personne entre les mains de laquelle se trouvent des fonds destinés à le payer de tout ce qui lui est dû pour ses avances, frais et salaires ; et si le commissionnaire, qui a reçu un tel avis, néglige de demander le remboursement à la personne indiquée, il ne pourra ensuite, en cas de déconfiture de celle-ci, réclamer le montant de ces frais contre le commettant lui-même. (Cassation, 15 mars 1821. Dalloz, 1821, p. 199.)

62. Art. 2000. Le mandant doit aussi indemniser le mandataire des pertes que celui-ci a essuyées à l'occasion de sa gestion, sans imprudence qui lui soit imputable.

Cet article est le complément de l'article précédent, et il est assez clair pour n'avoir besoin d'aucune explication ; car il est évident que si le commissionnaire éprouve quelque perte, quelque dommage, en faisant les affaires de son commettant, celui-ci lui devra une indemnité, puisque c'est par ses ordres que l'affaire a été entreprise , et qu'un dommage est survenu par suite des opérations qu'il a prescrit de faire.

63. L'intérêt des avances faites par le mandataire lui est dû par le mandant, à partir du jour des avances constatées. (Art. 2001).

64. Lorsque le mandataire a été constitué par plusieurs personnes, pour une affaire commune, chacune d'elles est tenue solidairement envers lui de tous les effets du mandat. (Art. 2002.)

Nous avons dit qu'il y avait solidarité entre des commissionnaires obligés à une même chose (art. 1200, Code civil); il est juste qu'il en soit de même pour des commettans intéressés à une même affaire, qui tous ont donné pouvoir de s'engager pour eux également, et qui sont tous obligés à indemniser le commissionnaire de ce qu'il a fait pour eux et par leurs ordres. Cette obligation commune établit entr'eux une solidarité qui donne le droit au commissionnaire de poursuivre l'un d'eux pour tous au paiement de ce qui peut lui être dû , aux termes de sa commission.

65. Il est bon de faire remarquer la différence qui existe entre les termes de l'art. 1995 et ceux de l'art. 2002. Dans le premier , la solidarité n'existe qu'autant qu'elle est exprimée (nous avons fait connaître, toutefois, comment cela devait être appliqué à la commission); dans le second , au contraire , elle a toujours lieu , sans qu'il soit besoin d'en faire l'objet d'une clause spéciale. La raison d'une telle différence est sensible : on ne suppose pas facilement que des commissionnaires aient consenti à répon-

dre des fautes que les uns ou les autres pourraient commettre ; tandis que vis-à-vis des commettans entr'eux, la solidarité est toute naturelle, du moment que tous ont le même intérêt dans une entreprise, que tous l'ont commandée, et qu'un seul a le droit de donner des ordres pour qu'elle ait lieu au profit de chacun. D'ailleurs, le commissionnaire est souvent entraîné à des avances considérables de fonds, et il était juste de lui donner une garantie de plus dans la solidarité qui existe entre les commettans, et que la loi a consacrée en principe.

66. Nous allons parler maintenant des opérations de change confiées au commissionnaire ; opérations fort importantes, dont le Code de commerce ne s'est pas occupé.

Elles consistent, de la part du commissionnaire, à prendre, à négocier, à recouvrer et à tirer des lettres de change pour son commettant. Nous les examinerons séparément.

67. Lorsque la commission a été donnée pour prendre une lettre de change, le commissionnaire doit faire tout ce dont il est chargé, et jamais rien de plus ; car il est obligé de même que pour toute autre commission. Ainsi, la lettre de change ne doit être que de la somme déterminée, et si le prix du change l'a été également, le commissionnaire ne devra pas le dépasser. Elle devra aussi être tirée au lieu convenu entre les parties.

68. Le commissionnaire qui, pour le compte de son commettant, fait tirer ou endosser une lettre de change, s'engage personnellement envers celui avec qui il traite. Il peut arriver qu'au lieu de faire tirer ou endosser la lettre pour son commettant, il la fasse tirer ou endosser

en son nom; alors, pour en transmettre la propriété à son commettant, il est obligé de l'endosser lui-même. Il peut arriver qu'elle soit protestée. Quelle est en ce cas sa responsabilité? Si le commissionnaire n'a pas répondu de la solvabilité du tireur ou de l'endosseur, il n'en sera pas garant; et nous répéterons ici ce qui a été dit plus haut, c'est que les circonstances dans lesquelles l'affaire a été faite pourront faire penser s'il doit ou non cette garantie à son commissionnaire, lorsqu'elle n'a pas été expressément stipulée.

Ainsi, par exemple, si le tireur était insolvable, ou si le mauvais état de ses affaires était connu généralement, ou bien encore, si le droit de commission était beaucoup plus élevé que celui qui se donne ordinairement pour la commission simple, le commissionnaire pourrait être, dans ces différens cas, tenu envers le commettant à la garantie de la solvabilité du tireur. Mais, en règle générale, et en l'absence de ces circonstances, le commissionnaire n'est pas garant envers le commettant de la solvabilité du tireur.

69. Mais il n'en est pas de même vis-à-vis du porteur ou des endosseurs postérieurs à son endossement; il est obligé envers eux comme s'il avait agi pour lui-même, sauf son recours contre son commettant.

70. *Quid*, si la personne sur laquelle la lettre de change est tirée est insolvable? Le commissionnaire, qui l'a endossée pour le compte de son commettant, est-il garant envers lui de cette insolvabilité?

Cette question a été longuement débattue devant la Cour de cassation, qui a décidé que la garantie n'avait pas lieu de la part du commissionnaire. Et, en effet, le commissionnaire, en endossant une lettre de change dont il passe l'ordre au commettant, ne lui cède pas et ne lui garantit pas une chose dont il disposait; il transmet au commettant sa propre chose, il lui en facilite le recouvrement.

Un commissionnaire ne peut être assimilé à un endosseur, puisque négociant au nom et pour le compte du commettant, la propriété des effets ne réside jamais sur sa tête.

Tels sont, en substance, les moyens consacrés par la Cour suprême, le 12 fructidor an 10. Nous ne faisons connaître que le résultat du procès qui a donné naissance à son arrêt; M. Merlin, dans ses Questions de droit, ayant rapporté en son entier la défense des deux parties.

71. Le commissionnaire chargé de négocier une lettre de change est obligé envers le porteur, comme s'il l'avait endossée dans son propre intérêt. La raison en est sensible. Ce n'est qu'entre le commettant et le commissionnaire que les règles sur le mandat peuvent être invoquées; mais les tiers qui y sont étrangers ne sauraient être soumis à des principes qui concernent une convention dans laquelle ils ne sont pas intervenus. Ainsi, vis-à-vis du porteur, le commissionnaire reste engagé; mais s'il est poursuivi et contraint au paiement, il aura un recours contre le commettant, qui devra lui rembourser, non-seulement la somme principale portée en la lettre de change, mais encore tous les frais de poursuites, et, en un mot, le montant des condamnations intervenues.

72. Le commissionnaire chargé de recouvrer une lettre

de change n'a d'autre chose à faire que de la faire accepter, et d'en réclamer le paiement à l'échéance. Il doit en
conséquence faire les protêts, à défaut de paiement, et,
en général, toutes les poursuites que le commettant eût
faites lui-même. Dans le cours de sa gestion, il ne s'oblige
pas envers les tiers; il n'est responsable qu'au regard de
son commettant. Aussitôt qu'il a perçu le montant des
lettres de change, dont la négociation ou le recouvrement
lui étaient confiés, il doit l'adresser de suite à son commettant, et de la manière par lui indiquée. Quand il n'y
a pas de convention faite au sujet du lieu où le paiement
doit s'effectuer, les principes généraux sur le paiement
doivent servir de règle pour lever sur ce point toute difficulté.

73. Le commissionnaire chargé de tirer une lettre de
change doit se conformer littéralement aux instructions
reçues, en ce qui regarde la somme, l'époque du paiement et le lieu où il doit être fait.

74. Il répond du défaut de paiement, encore bien que
celui pour qui il a tiré la lettre de change y soit dénommé,
et qu'il ait fait connaître qu'il n'agissait que comme commissionnaire, et non comme principal obligé.

L'art. 115 du Code de commerce le décide ainsi, et l'on
sent, en effet, qu'il n'en pouvait être autrement. D'une
part, le nom du commettant, pour qui la lettre de change
est tirée, n'est indiqué souvent que par des lettres ini-
tiales; d'autre part, en supposant que son nom y soit
écrit en entier, rien ne prouve au porteur que ce soit bien
celui de la personne pour qui on tire; et enfin, en admettant que des documens certains attestent ce fait, le porteur

ne peut prendre pour garant celui pour qui la lettre est tirée, parce que la plupart du temps il ne le connaît pas, et qu'il n'a pu le connaître. Ainsi, que la provision soit ou non faite par celui pour qui la lettre est tirée, le commissionnaire tireur n'en reste pas moins obligé envers le porteur. C'est encore ici une de ces différences qui existent entre le mandat et la commission, et qu'il est bon de faire remarquer.

75. Mais le tiré qui a payé a-t-il aussi son recours contre le commissionnaire ? Nous pensons que le tiré n'a pas de recours contre le commissionnaire tireur, mais bien seulement contre celui pour qui la lettre de change est tirée. Cette question est fort controversée; elle a donné lieu à des difficultés sérieuses pour l'examen desquelles nous ne pouvons mieux faire que de renvoyer nos lecteurs à l'ouvrage de M. Pardessus, qui a savamment discuté l'avis du côté duquel nous nous rangeons entièrement. (Voir M. Pardessus, t. 1ᵉʳ, p. 604 et suivantes.)

Art. 93. Tout commissionnaire qui a fait des avances sur des marchandises à lui expédiées d'une autre place pour être vendues pour le compte d'un commettant, a privilége pour le remboursement de ses avances, intérêts et frais, sur la valeur des marchandises, si elles sont à sa disposition, dans ses magasins ou dans en dépôt public, ou si, avant qu'elles soient arrivées, il peut constater par un connaissement ou par une lettre de voiture l'expédition qui lui en a été faite.

1. Remarquons de suite, avant de nous occuper des questions qui se présentent sur cet article, la différence que nous avons signalée en examinant l'art. 1999 du Code civil. La loi accorde une action au mandataire pour se faire rembourser le montant des avances et frais qu'il a faits pour le compte de son mandant ; mais elle n'a pas donné au mandataire le droit de se faire payer par privilége, ainsi qu'elle l'a voulu pour le commissionnaire. (Article 93.) Le seul cas où un mandataire pourrait prétendre au privilége, est celui de l'art. 2102, § 3, du Code civil, c'est-à-dire, s'il avait fait des frais pour la conservation de la chose appartenant à son mandant ; hors ce seul cas, il n'aurait qu'une action personnelle contre celui-ci, tandis que si le commissionnaire a fait des avances sur les marchandises à lui expédiées, il a un privilége sur ces mêmes marchandises, si elles sont à sa disposition, et même avant qu'elles soient arrivées, s'il constate l'expédition qui lui en a été faite.

2. Mais disons que ce privilége n'est relatif qu'aux avances faites par le commissionnaire, pour le compte de son commettant, ainsi qu'aux intérêts ; il ne saurait s'étendre au-delà, car il en est des priviléges comme des nullités, ils sont de droit étroit, et doivent être restreints aux seuls cas prévus par la loi.

3. L'article 93 est, à proprement parler, une conséquence de l'article 2102 du Code civil. En effet, les avances faites par le commissionnaire sur des marchan-

dises qui lui sont expédiées pour être vendues, sont faites pour le commettant, soit à lui-même, soit à des tiers à son acquit. Ce sont de véritable prêts dont les marchandises expédiées sont le gage. Or, l'article 2102 précité, § 2, accorde un privilége à la créance sur le gage dont le créancier est saisi.

4. Mais il faut observer que l'art. 93, en conférant ce privilége au commissionnaire, a dérogé formellement dans sa disposition dernière aux principes établis par les articles 271 et suivans du Code civil sur le gage. Suivant ces articles, il faut que le créancier ait en sa possession la chose remise en gage. D'après l'art. 93, au contraire, il suffit que le commissionnaire constate l'expédition à lui faite des marchandises, pour qu'il ait sur elles un droit de privilége, encore bien qu'elles ne soient pas en sa possession. Suivant l'art. 2074, pour que le créancier conserve son privilége sur le gage, il faut un acte public ou sous seing privé, dûment enregistré, contenant la déclaration de la somme due, ainsi que l'espèce et la nature des choses remises en gage, ou un état annexé de leur qualité, poids et mesure; tandis que celui du commissionnaire est acquis et se conserve indépendamment de l'existence d'un acte authentique ou sous seing privé, par le fait seul d'avances constatées sur des marchandises expédiées d'une autre place pour être vendues pour le compte du commettant. Il en est autrement du cas où les marchandises ne lui sont pas expédiées d'une autre place; nous verrons en examinant plus tard l'art. 95, quels sont alors les droits du commissionnaire, et quelles sont, pour les acquérir, les formalités prescrites.

5.

5. Ainsi , afin que le privilége existe pour sûreté du remboursement des avances faites par le commissionnaire, deux seules choses sont nécessaires : que ces avances soient régulièrement justifiées , et que les marchandises soumises au privilége soient expédiées d'une autre place , ou bien que leur expédition , si elles ne sont pas encore arrivées , soit constatée par un connaissement ou par une lettre de voiture.

6. Le privilége se conserve-t-il lorsque les marchandises sont expédiées d'une autre place, mais que le commettant et le commissionnaire résident dans la même ville ?

Nous pensons que le privilége n'en existe pas moins , par la raison que la loi l'a ainsi voulu. Elle accorde indistinctement le privilége sans s'occuper du lieu de la résidence du commettant; elle dispose en termes généraux pour tous les cas où il y a expédition de marchandises d'une autre place. Telle est la condition du privilége , expédition de place en place; après cela , il est indifférent que le commettant réside ou ne réside pas dans le même lieu que le commissionnaire; le privilége est acquis , puisque l'expression générale d'un commettant employée dans l'art. 93 , s'applique à l'un et à l'autre cas.

Pourquoi le législateur a-t-il dérogé aux principes du Code civil sur le gage? c'est qu'en les suivant, il eût fallu des procurations , des actes et une correspondance qui auraient nécessairement entraîné des lenteurs considérables toujours à craindre dans les affaires commerciales. Or , la présence du commettant près du commissionnaire n'obvierait pas à ces inconvéniens; car la remise des marchandises qui se trouvent au loin , et cette remise étant la première condition du gage , donnerait lieu aux mêmes difficultés , aux mêmes lenteurs. Si donc la raison de l'article 93 est la même , soit lorsque le commettant réside , soit lorsqu'il ne réside pas dans le même lieu que le commissionnaire , il faut bien convenir que cette condition n'est point essentielle pour donner naissance au privilége, et qu'il existe du moment qu'il y a expédition des marchandises d'une place dans une autre , sans qu'il soit nécessaire que le commettant se trouve éloigné du commissionnaire.

La lettre et l'esprit de la loi nous paraissent devoir le faire décider ainsi : c'est pourquoi nous ne partageons pas l'avis de M. Pardessus , qui pense que la faveur du privilége n'est accordée qu'aux commissionnaires qui résident dans un autre lieu que celui où demeure le commettant. Il ne suffirait pas , dit-il , que les marchandises vinssent d'une ville autre que celle où réside le consignataire.

Mais cette opinion, qui n'est appuyée sur aucun texte de loi, ne nous paraît pas, d'après les raisons que nous venons de donner, conforme au véritable esprit de la loi ; elle est d'ailleurs en outre repoussée par la jurisprudence.

Deux arrêts, l'un de la Cour d'Aix, l'autre de la Cour de Bordeaux, ont été rendus sur cette question : bien qu'au premier aperçu, ils paraissent contraires , il est facile de reconnaître à la lecture des considérans , qu'ils ne sont nullement opposés. Nous allons les examiner.

Le premier, celui de la Cour d'Aix, du 4 juillet 1810 , n'a pas , à proprement parler, traité la question *in termi-*

nis, quoique le texte de l'arrêt l'énonce clairement; toutefois, la Cour ne l'a pas envisagé de la sorte, ainsi qu'on va le voir :

« Il s'agissait, dans l'espèce, d'une vente faite par Coul-
» lange, bijoutier de Paris, à Treille et Isoard, de deux
» caisses de bijouterie. Coullange reçut en paiement des
» traites tirées par Treille et acceptées par Isoard. Ce der-
» nier résidant à Marseille, ayant besoin de fonds, confia
» les deux caisses de bijouterie aux sieurs Trouchet et com-
» pagnie, qui se chargèrent de les vendre, et avancèrent
» sur le produit une certaine somme. Le 30 novembre 1807,
» jugement consenti entre Isoard et Trouchet, par lequel
» celui-ci fut autorisé à vendre les bijoux à son profit. Coul-
» lange, dont les traites n'avaient pas été payées, appre-
» nant que les deux cassettes étaient entre les mains de
» Trouchet, les fit saisir, et forma tierce-opposition au ju -
» gement du 30 novembre 1807. Trouchet a soutenu que
» Coullange n'y était pas recevable, parce qu'il avait été
» représenté par son débiteur. Au fond, il a prétendu
» qu'il avait un privilége sur les bijoux, soit comme com-
» missionnaire, soit comme détenteur, à titre de gage.

» La Cour, considérant que la loi ne donne le droit
» d'être payé par privilége et par préférence, sur les ob-
» jets déposés entre ses mains, qu'au commissionnaire
» qui a fait des avances sur des marchandises à lui expé-
» diées, et à celui qui a prêté sur nantissement, lorsque
» ce dernier a fait dresser un acte notarié, constatant les
» sommes à lui prêtées, et les objets remis en gage; que
» les sieurs Trouchet et compagnie ne sont ni dans l'un
» ni dans l'autre cas; ils ne peuvent pas être réputés com-

» missionnaires, puisqu'ils n'ont pas en leur faveur l'ex-
» pédition de place en place, les cassettes de bijouterie
» dont il s'agit leur ayant été remises à Marseille, ainsi
» que la lettre qui leur a été écrite par Isoard de Marseille
» à Marseille, dont ils ont excipé, en fait foi; et ils ne
» prouvent pas qu'ils aient rempli les formalités exigées
» en matière de prêt sur nantissement, pour garantir le
» tiers de la fraude, etc. »

Ainsi, comme on le voit, la Cour ne s'est pas occupée du fait que le commettant résidait à Marseille, ainsi que le commissionnaire; elle n'a vu que la manière dont l'expédition avait été faite; elle a jugé qu'elle n'avait pas eu lieu de place en place, puisque les marchandises avaient été remises à Marseille, lieu de la résidence du commissionnaire, et que conséquemment le vœu de l'art. 93 n'avait pas été rempli. Son silence sur le fait qui nous occupe n'est-il pas une raison de penser qu'elle l'a considéré comme indifférent dans la cause? que peu lui a importé de voir le commettant et le commissionnaire occuper la même résidence, et qu'il lui a suffi d'examiner comment avait été faite l'expédition des marchandises pour juger si le privilége devait avoir lieu, se conformant de la sorte à la lettre de l'art. 93. (Voir Dalloz, t. 2, p. 755.) L'autre arrêt de la Cour de Bordeaux touche plus directement la question; il la traite ainsi que nous l'avons posée, et la résout ainsi que nous avons cru devoir le faire.

« Le sieur Numa Nunès, de Bordeaux, consigna au
» sieur Raba, négociant de la même ville, et lui fit expé-
» dier de Bayonne une certaine quantité de marchandises.

» Raba avait avancé à son commettant une somme de
» 7,998 fr. qui avait servi au paiement du commissionnaire
» de Bayonne. Nunès tombe en faillite; Raba est alors as-
» signé par les syndics devant le tribunal de commerce de
» Bordeaux, pour s'ouïr condamner au paiement de
» 20,337 fr., ou à la remise des marchandises demeurées
» entre ses mains. Il réclame le paiement de ses avances
» avec privilége, aux termes de l'art. 93 du Code de
» commerce.

» Le 15 mars 1824, jugement qui le condamne à re-
» mettre les marchandises. Appel.

» La Cour, attendu que l'art. 93 dispose en termes gé-
» néraux, et ne limite point le privilége au cas où le pro-
» priétaire de la marchandise et le commissionnaire au-
» raient une résidence différente; qu'il n'a eu nul égard
» à cette circonstance; qu'il accorde indistinctement le
» privilége, et qu'en outre, en employant l'expression
» vague et indéterminée d'un commettant, il laisse in-
» duire qu'il n'a nullement considéré la résidence de ce
» commettant;

» Qu'il suffit donc, d'après cet article, pour que le
» privilége soit acquis, qu'il soit constant que les avances
» ont été faites par le commissionnaire, et que les mar-
» chandises ont été expédiées d'une autre place à ce der-
» nier, et mises en son pouvoir; que cette dérogation au
» droit général a été introduite en faveur du commerce;
» que ce serait aller contre le texte et l'esprit de la loi, de
» vouloir restreindre ce privilége au cas uniquement où le
» propriétaire de la marchandise résiderait dans un autre
» lieu que le commettant;

» Attendu que l'art. 95 du même code ne déroge point
» aux dispositions de l'art. 93 ; qu'il est évident qu'il sta-
» tue dans un cas tout différent, savoir, celui où les con-
» tractans sont, ainsi que les marchandises, dans le même
» lieu ;

» Que c'est ce qui résulte des termes de cet article,
» dans lesquels rien ne peut faire induire que le législateur
» a eu en vue des marchandises expédiées d'un autre
» lieu ; que si telle avait été son intention, il eût dû ce-
» pendant le déclarer d'une manière expresse, puisque le
» contraire résultait des dispositions de l'article qui pré-
» cède presque immédiatement ; qu'on peut mieux dire
» que les expressions dont il s'est servi repoussent cette
» interprétation, puisqu'en effet l'article parle de mar-
» chandises déposées ou consignées ; que le dépôt ne peut
» être fait que de marchandises qui sont dans le lieu
» même, et que l'art. 93 ayant déjà statué sur les mar-
» chandises consignées dans un autre lieu, le dépôt et la
» consignation des marchandises qui sont dans le même
» lieu, ne se trouvent pas dans le même cas ; que dans ce
» dernier cas, la loi a voulu que les contractans fussent
» obligés de s'astreindre aux règles fixées pour le gage,
» d'une part, parce que nul obstacle ne pouvait exister à ce
» qu'on se conformât aux dispositions des art. 2074 et 2075
» du Code civil, et que d'autre part, le motif qui a déter-
» miné les dispositions de l'art. 93, ne se trouvait plus
» dans cette hypothèse ; car il est évident que ce motif
» est pris du désir de faciliter et de favoriser les expédi-
» tions de commerce ; fait droit sur l'appel. »

Arrêt du 24 décembre 1824. (Dalloz, t. 2, p. 738.)

Ainsi nous tiendrons pour constant, d'après la loi elle-même et la jurisprudence, que le privilége accordé par l'art. 93 au commissionnaire n'est pas subordonné à l'éloignement de celui-ci du lieu de la résidence du commettant, et qu'il doit produire son effet du moment que l'expédition a eu lieu d'une autre place ; que cette condition suffit, et que la loi n'en a pas exigé d'autres.

7. Lorsque des avances ont été faites sans l'avis du commettant, si celui-ci les ratifie, le privilége sera acquis au commissionnaire, parce que la ratification équivaut au mandat.

8. Mais si le commettant refuse de ratifier des avances faites sans son ordre, on devra, en l'absence de texte de loi commerciale sur ce point, se décider par les principes généraux du droit, au titre des quasi-contrats. Si les avances ont profité au commettant, si elles étaient nécessaires, il devra les rembourser d'après l'art. 1375 du Code civil, ainsi conçu : « Le maître dont l'affaire a été bien » administrée, doit remplir les engagemens que le gérant » a contractés en son nom, l'indemniser de tous les enga- » gemens personnels qu'il a pris, et lui rembourser toutes » les dépenses utiles ou nécessaires qu'il a faites ».

9. Dans cette hypothèse, le privilége sera-t-il accordé au commissionnaire ? Nous pensons qu'il devra l'être, d'après les termes mêmes de l'art. 93, suivant lequel le privilége est dû pour toutes les avances faites. Or, si l'on décide que le remboursement de ces avances doit avoir lieu, il faut bien reconnaître que le privilége devra le garantir. L'art. 93 dispose d'une manière générale ; il ne distingue pas entre des avances faites par ordre du com-

mettant, et des avances faites sans son ordre, mais qui sont reconnues utiles, lui avoir profité, et qu'il doit rembourser. Dès lors qu'elles sont justifiées, et qu'il est jugé que le montant en est dû par celui à qui elles ont profité, le privilége est acquis en vertu de l'art. 93.

10. *Quid*, si les avances n'ont pas été faites au commettant, mais à un tiers qui a agi comme propriétaire, et qui a transmis au commissionnaire les connaissemens?

Il est évident que le privilége n'en existe pas moins; d'abord, parce que le tiers qui a agi comme propriétaire et qui a transmis les connaissemens, n'est et ne peut être que le mandataire du propriétaire véritable des marchandises, et qui, en conséquence, a engagé par son fait son mandant, comme s'il eût agi lui-même. En second lieu, l'art. 93 disant formellement que le commissionnaire a privilége pour raison de ses avances, et disposant ainsi d'une manière absolue, il s'ensuit que le privilége lui est acquis dès lors que les avances ont été faites; peu importe qu'elles l'aient été au commettant ou à un tiers qui était son mandataire, et qui, en cette qualité, a donné les ordres que le commettant lui a transmis. L'article 93 n'a pas de restriction dans ses termes, et on ne saurait en créer là où il n'en doit pas exister. (Arrêt de la Cour de Bruxelles, 25 avril 1821. Dalloz, t. 2, page 760.)

La même Cour a rendu, le 15 juin 1822, un arrêt dans une autre espèce qui peut se présenter fréquemment, et dont il est utile de parler.

11. Quand un commissionnaire est chargé de vendre des marchandises, il peut arriver qu'il ne puisse en obtenir le prix fixé par son commettant, et qu'il en vende

une partie au-dessous de celui convenu. Perdra-t-il alors son privilége, en ce sens qu'il ne pourra plus requérir la vente du restant des marchandises pour être remboursé de ses frais et avances ?

S'il y avait eu faute de sa part, s'il y avait eu négligence, s'il était prouvé, en un mot, que c'est par son fait que les marchandises ont été vendues au-dessous du prix qui lui avait été assigné, il est évident qu'il faudrait résoudre contre lui la question que nous venons de poser; mais quand il n'y a pas de reproche à lui faire; quand, au contraire, il est constaté que le commissionnaire a fait tout ce qui dépendait de lui pour bien remplir son mandat, il doit profiter du bénéfice de l'art. 95, avec d'autant plus de raison, qu'en le lui refusant, ce serait le traiter à l'égal de celui qui aurait mal géré, ce que l'on ne saurait admettre. La raison et l'équité repoussent une telle solution que la Cour de Bruxelles a rejetée par son arrêt dont nous avons donné plus haut la date. (Dalloz, t. 2, p. 761.)

12. La position du commissionnaire est toujours jugée favorablement par les tribunaux; les pertes qu'il éprouverait si on lui refusait le privilége qui lui est accordé par l'art. 93, et dans certains cas douteux sur l'application de cet article, ont toujours fait résoudre les difficultés en sa faveur.

Ainsi, en cas de faillite du commettant, sa créance est distinguée de celles des autres créanciers; le concordat fait par la majorité ne le touche en rien; si, par exemple, il a acheté des marchandises pour le commettant tombé depuis en faillite, et si elles sont encore dans ses

magasins, il ne peut être tenu de les délivrer à la masse
des créanciers, avant d'avoir été préalablement remboursé
de ses avances. En vertu de son privilége, il les retient
jusqu'à parfait remboursement; et telle est la faveur accordée à sa position, qu'encore bien qu'il ait signé le
concordat, et s'il n'a expédié précédemment qu'une
partie de ses marchandises à son commettant, il n'est
censé avoir consenti la réduction que sur les avances faites à l'occasion des marchandises expédiées, et non sur
celles faites relativement aux marchandises qui sont encore dans ses magasins.

13. La raison qui fait distinguer la créance du commissionnaire de celles des créanciers de la faillite, frappe
au premier abord, lorsqu'on se rappelle que les marchandises qui se trouvent entre ses mains, forment son gage,
et que, tant qu'il ne s'en est pas dessaisi, le gage existe
toujours. Or, quels que soient les événemens qui peuvent
survenir, le privilége n'en subsiste pas moins; le concordat consenti par la masse des créanciers ne peut lui porter atteinte, puisque sa créance est une créance à part,
toute privilégiée, et que des engagemens non consentis
par le commissionnaire lui-même ne peuvent détruire.
C'est cette même raison qui fait décider que son privilége
subsiste toujours sur les marchandises qu'il détient,
quand bien même il a signé un concordat. L'adhésion
qu'il donne à cet égard ne restreint ses droits que pour
ce qui concerne les marchandises déjà expédiées par lui,
tandis que pour le surplus qui existe entre ses mains, il a
toujours la faculté d'user du bénéfice que lui donne l'article 93.

C'est ce qui a été reconnu par un arrêt de la Cour de Bruxelles, du 13 juin 1810, arrêt conforme aux vrais principes sur la matière, et qui confirme notre opinion à ce sujet. (Dalloz, t. 2, p. 762.)

14. De tout ce qui vient d'être dit, nous tirerons encore cette conséquence, qu'il importe peu que les avances aient précédé ou suivi l'expédition des marchandises pour que le privilége existe, parce qu'en effet les termes de l'article 93 ne sont pas limitatifs, et doivent s'étendre à tous les cas où des avances sont faites sur des marchandises ; qu'il est même plus ordinaire de voir les avances précéder leur expédition, et que tel est le vœu de la loi dont l'esprit a été de faciliter autant que possible les entreprises commerciales. (Arrêt du 25 avril 1816, Cour de cassation.)

15. Pour que ce privilége s'exerce réellement, il importe peu que les marchandises se trouvent entre les mains du commissionnaire, ou déposées dans le magasin d'un tiers qui est son agent, et qui ne les a reçues qu'en son nom et pour son compte. D'après l'art. 93, il faut que les marchandises soient à la disposition du commissionnaire. Or, suivant les principes sur le mandat, il est certain que si elles se trouvent déposées chez un tiers, agent, mandataire du commissionnaire, elles sont à la disposition de celui-ci ; c'est absolument comme si elles étaient dans ses magasins.

16. Ce que nous disons là est fondé sur les principes les plus clairs du droit, et ne semblerait pas avoir dû jamais donner lieu à la moindre difficulté. Cependant l'opinion contraire a été soutenue, toutefois, d'une manière

bien peu solide, à notre avis, mais formellement repoussée par la Cour de Gênes, arrêt du 12 juillet 1813 :

« On prétendait que l'art. 93 ne concernait que le cas » où le commissionnaire se trouvait en concurrence avec » des créanciers autres que le vendeur. Alors, disait-on, il » suffit que les marchandises sur lesquelles il a fait des avan- » ces lui aient été expédiées, pour qu'il soit remboursé par » privilége sur le prix qui en provient; mais il en est au- » trement, lorsque le vendeur exerce une revendication. » Il faut, pour régler les droits de ce dernier, s'attacher » uniquement à l'art. 577. La revendication est donc lé- » gitime, toutes les fois que les marchandises ne sont point » encore entrées dans les magasins du failli, ou de son » commissionnaire. Dans l'espèce, les marchandises sont » restées entre les mains d'un tiers qui servait d'intermé- » diaire entre l'expéditeur et le commissionnaire. Elles » ont dû être considérées comme se trouvant encore en » route, et par conséquent comme susceptibles de reven- » dication. »

De telles raisons ne pouvaient faire fortune ; aussi ont-elles été repoussées, notamment par ce considérant de l'arrêt précité :

« La Cour, considérant, en droit, que le commission- » naire qui a fait des avances sur les marchandises à lui » expédiées d'une autre place pour être vendues pour le » compte d'un commettant, a privilége pour le rembour- » sement de ses avances, intérêts et frais, sur la valeur » des marchandises, si elles sont à sa disposition dans son » magasin; que l'existence des marchandises dans le ma- » gasin du commissionnaire se vérifie, soit que les mar-

» chandises soient déposées dans un magasin de sa pro-
» priété , soit qu'elles le soient dans un autre, pourvu
» que ce soit en son nom et pour son compte ; que la pos-
» session d'une chose se peut augurer par nous, ou par un
» autre qui l'exerce en notre nom ; que , précisément, en
» matière de gage , le privilége subsiste , si ce gage a été
» mis et est resté en la possession du créancier ou d'un tiers
» convenu entre les parties , etc. » (Dalloz, t. 2, p. 763.)

17. La question que nous venons d'examiner en a sou-
levé une autre fort importante, qui est celle de savoir si
le commissionnaire qui a fait des avances sur des marchandises achetées et non payées par son commettant
qui tombe en faillite avant l'arrivée des marchandises,
soit dans ses magasins, soit dans ceux du commissionnaire , peut être frustré de son privilége par la revendication que fait le vendeur, en vertu des articles 576 et
577 du Code de commerce , de ces mêmes marchandises,
pendant qu'elles sont encore en route.

Ici , deux priviléges sont en regard l'un de l'autre ; celui du vendeur, qui repose sur l'art. 577 du Code de
commerce, et celui du commissionnaire, qui s'appuie sur
l'art. 93 du même code. Il s'agit de savoir lequel des
deux doit l'emporter sur l'autre. L'article 577 est ainsi
conçu :

« La revendication ne pourra avoir lieu (au profit du
» vendeur) que pendant que les marchandises expédiées
» seront encore en route, soit par terre , soit par eau , et
» avant qu'elles soient entrées dans les magasins du failli
» ou dans les magasins du commissionnaire chargé de les
» vendre pour le compte du failli. »

« Or, disent les partisans de l'opinion contraire à la
» nôtre, cet article présuppose nécessairement que dans
» ce cas, les marchandises vendues sont rentrées, de plein
» droit, dans le domaine du vendeur; qu'ainsi la vente de
» ces marchandises se trouve également résolue de plein
» droit; que la vente étant résolue, tous les droits et pri-
» viléges que des tiers auraient pu acquérir intermédiaire-
» ment sur icelles, doivent être regardés comme non
» avenus à l'égard du revendiquant. Le privilége que
» l'art. 93 du Code de commerce accorde aux commis-
» sionnaires, en cas d'avances faites par eux sur les mar-
» chandises qui leur sont expédiées, ne peut opérer que
» vis-à-vis des autres créanciers du mandant, et sur les
» marchandises appartenant à celui-ci, etc., etc. »

Tels sont les principaux motifs allégués par ceux qui,
devant la Cour de Bruxelles, soutenaient le privilége du
vendeur. Il est facile de voir, à leur seul exposé, combien
peu ils sont fondés.

Et d'abord, on a pu remarquer quelle extension large
on donnait à l'article 577 du Code de commerce, pour
restreindre ensuite et circonscrire l'application de l'article 93 du même code. Il arrive toujours, lorsqu'on ne
raisonne pas dans les termes rigoureux de la loi, qu'on se
livre à une interprétation, ou trop étendue, ou trop limitée de ses dispositions; c'est ce qui va ressortir de la
réfutation des moyens que nous venons de reproduire.

L'art. 577 est-il aussi absolu qu'on le prétend, en ce
sens, qu'il présuppose nécessairement, en cas de faillite,
que les marchandises vendues sont rentrées de plein droit
dans le domaine du vendeur, et qu'ainsi la vente de ces

marchandises se trouve également résolue de plein droit?
Nullement, et l'art. 577 lui même contient des limites
apportées à l'exercice du privilége du vendeur. L'art. 578
surtout est plus positif encore sur ce point. Tout en conférant au vendeur un droit particulier, le législateur ne pouvait méconnaître les droits des tiers, et les restrictions
des art. 577 et 578 sont la preuve qu'il a voulu les respecter. Ainsi, en cas de faillite, si les marchandises ont
été vendues avant leur arrivée, et sans fraude, le vendeur
ne pourra les revendiquer; son privilége s'arrêtera devant
le droit du tiers acheteur. Comment dès lors soutenir que,
dans le cas de faillite, la marchandise vendue rentre de
plein droit dans le domaine du vendeur ? c'est méconnaître ouvertement le sens positif, absolu de l'art. 578. C'est
mettre à la place d'une disposition de loi qui existe, une
disposition qui n'existe pas, c'est s'ériger en législateur.

Il faut donc reconnaître que si la marchandise a été
vendue à un tiers, avant son arrivée dans les magasins du
failli, et que s'il n'y a pas eu de fraude lors d'une telle
vente, le privilége dont il est question ne pourra s'exercer
au préjudice du tiers acheteur; en un mot, la revendication ne pourra avoir lieu. Or, si les marchandises ont pu
être vendues avant tout paiement, et surtout avant leur
arrivée, n'ont-elles pas pu être également affectées au
privilége du commissionnaire. Cela est trop évident pour
avoir besoin de démonstration.

Voyons maintenant s'il est vrai que le privilége accordé
par l'art. 93 du Code de commerce aux commissionnaires,
ne puisse opérer que vis-à-vis les autres créanciers du
mandant, et sur les marchandises appartenant à celui-ci.

Sur quoi est fondée une telle distinction? Est-ce sur l'art. 93? Mais ses termes sont absolus; le privilége y est accordé aux commissionnaires dans tous les cas qui y sont exprimés, et il n'est pas question du vendeur et des autres créanciers du mandant; il n'est pas question davantage de marchandises qui lui appartiennent et de marchandises qui ne lui appartiennent pas.

Est-ce sur l'art. 577? Mais cet article relatif à la revendication du vendeur ne déroge pas à l'art. 93 qui le précède. De ce que cet art. 93 n'est pas rappelé dans l'art. 577, s'ensuit-il qu'il est modifié ou révoqué? Non sans doute, et c'est ici le lieu de citer les paroles de M. Merlin à cet égard :

« Il était inutile de le rappeler, dit-il, parce qu'il sub-
» sistait par lui-même, et qu'il suffisait pour mettre le
» commissionnaire à l'abri de toute inquiétude. La part du
» commissionnaire étant faite par l'un, s'occuper de lui
» une seconde fois dans les autres, c'eût été une redon-
dance indigne du style simple et majestueux des lois. »
Merlin, Quest. de droit, t. 6, v° *Revendication*, § 7.

L'art. 93 reste donc en dehors de l'art. 577; tous deux sont indépendans l'un de l'autre; ils consacrent des droits différens, et nous avons vu quel était le mérite de chacun.

Nous pensons donc que la revendication du vendeur ne peut porter aucune atteinte au privilége du commission-naire dont les droits reposent sur l'art. 93 du Code de commerce, aux dispositions duquel n'ont en rien dérogé celles de l'art. 577 du même code.

(Voir l'arrêt de la Cour supérieure de Bruxelles, à la date du 15 novembre 1818. Dalloz, tom. 2, pag. 766.)

18. Le privilége du commissionnaire peut-il s'exercer dans les dix jours qui précèdent l'ouverture de la faillite ? L'art. 443 du Code de commerce lui est-il applicable ?

Cette question est fort importante ; elle intéresse directement les droits du commissionnaire, car il s'agit pour lui de savoir si le privilége, qui lui est conféré par l'article 93 du Code de commerce, subsistera pour toutes les opérations dont il aura été chargé par son commettant dans les dix jours de sa faillite.

Nous rapporterons sur ce point un arrêt de la Cour de Rennes qui nous a paru conforme aux vrais principes du droit commercial, et qui a résolu la difficulté en faveur du commissionnaire.

Cette difficulté reposait sur les termes de l'art. 443 du Code de commerce. Il s'agissait de savoir si la prohibition d'acquérir privilége ou hypothèque sur les biens du failli dans les dix jours qui précèdent l'ouverture de sa faillite, s'étendait aux engagemens commerciaux, ou seulement aux transactions civiles auxquelles pouvait se livrer le failli dans les dix jours de sa faillite, ou encore aux transactions commerciales qui, n'ayant pas privilége de leur nature, ne l'obtiendraient que postérieurement à leur confection, et dans les dix jours de la faillite.

Il s'agissait aussi de mettre en regard les art. 93 et 443. Ce dernier article parle des *priviléges acquis*. Or, l'article 93 accorde un privilége indépendamment de toute convention ; il est le fait de la loi et non de la volonté des contractans. Ce droit est-il un privilége *acquis* dans le sens de l'art. 443 ? ou bien est-il un privilége différent de ceux dont parle cet article, et qui pouvait s'obtenir à toute époque, même dans les dix jours de la faillite?

Voici l'arrêt de la Cour de Rennes :

« La Cour, considérant que le privilége des appelans a »été écarté par le motif que l'opération commerciale avait »pris naissance dans les dix jours de l'ouverture de la »faillite, et en lui appliquant la disposition de l'art. 443 »du Code de commerce, qui ne reconnaît ni privilége ni »hypothèque sur les biens du failli, acquis dans les dix »jours de l'ouverture de la faillite; mais l'art. 443 n'est »pas la base de décision de la question, puisqu'il naîtrait »de son application un système contradictoire qui ren- »drait illusoire les dispositions précises et parfaitement »adaptées aux opérations de la nature de celle dont il s'a- »git. En effet, l'art. 93 accorde, dans le cas donné, tout »privilége au commissionnaire, sans s'expliquer sur l'épo- »que où ce privilége aura été fixé; et l'art. 445, prévoyant »le cas de faillite, valide tous actes et engagemens pour »fait de commerce contractés par le débiteur dans les dix »jours qui précèdent l'ouverture de la faillite, lorsqu'il »n'est pas prouvé qu'il y ait fraude de la part des contrac- »tans; l'art. 443 n'embrasse donc pas les actes ou enga- »gemens commerciaux, mais les transactions civiles aux- »quelles peut se livrer le failli dans les dix jours de sa fail- »lite, ou les transactions commerciales qui, n'ayant pas »privilége de leur nature, ne l'obtiendraient que posté- »rieurement à leur confection, et dans les dix jours de la »faillite; autrement dans la même espèce, un article dé- »truirait ce qu'aurait établi un autre, et il s'ensuivrait »dans la loi une contradiction choquante qu'il n'est pas

» permis de lui supposer, contradiction qui n'existe pas,
» quand on n'oppose pas l'art. 443 aux art. 93 et 445. »

(Cour de Rennes du 13 juin 1818. Dalloz, tom. 2, pag. 764.)

À cet arrêt se trouve jointe une consultation de M. Pardessus qui résout la question dans le même sens. L'avis savamment motivé de ce jurisconsulte n'a pas dû être d'un faible poids dans la cause. Nous y renvoyons nos lecteurs.

Art. 94. Si les marchandises ont été vendues et livrées pour le compte du commettant, le commissionnaire se rembourse sur le produit de la vente du montant de ses avances, intérêts et frais, par préférence aux créanciers du commettant.

1. En effet, le prix représente les marchandises : tant qu'elles sont à la disposition du commissionnaire, son privilége s'exerce sur elles, et il était juste qu'il pût aussi l'exercer sur leur prix, car, dans l'un et dans l'autre cas, les raisons de l'établir sont les mêmes. S'il a été versé entre ses mains, il peut se payer lui-même; s'il est encore dans celles de l'acheteur, il a le droit de s'en faire payer de préférence à tout autre créancier.

Art. 95. Tous prêts, avances ou paiemens, qui pourraient être faits sur des marchandises déposées ou consignées par un individu résidant dans le lieu du domicile du commissionnaire, ne donnent privilége au commissionnaire qu'autant qu'il s'est conformé aux dispositions prescrites par le Code civil, liv. 3, tit. 17, pour les prêts sur gages ou nantissemens.

1. Il était facile de reconnaître le motif qui avait dicté les dispositions des art. 93 et 94 du Code de commerce. Ces articles, comme on l'a vu, ne s'appliquent qu'aux commissionnaires qui résident loin des commettans, et il est juste qu'ils ne profitent qu'à eux. Leur éloignement, en effet, nuit déjà assez à la promptitude des entreprises commerciales ; les forcer à recourir à toutes les formalités que prescrivent les art. 2072 et suivans du Code civil, c'eût été augmenter encore les lenteurs de leurs opérations, et occasionner souvent des préjudices considérables. Mais ces raisons disparaissent quand le commissionnaire et le commettant résident dans le même lieu, parce qu'alors ils peuvent s'entendre sans qu'il en résulte des retards, et c'est pourquoi on est revenu, dans l'art. 95, aux règles établies par l'art. 2074.

2. Ainsi, dans le cas où les prêts, les avances ou les paiemens excéderont 150 fr., il devra être passé un acte public ou sous seing privé, dûment enregistré, contenant la déclaration de la somme due, ainsi que l'espèce et la nature des choses remises en gage, ou un état annexé de leur qualité, poids et mesure. Ce n'est qu'après l'accomplissement de ces formalités que le privilége existe ; autrement, le droit du commissionnaire n'est plus qu'un droit de simple créance. Mais une fois que tout est régulièrement constaté, son privilége est le même que celui du

commissionnaire résidant ailleurs que son commettant ; il n'y a aucune différence entre eux ; ce que nous avons dit sous les art. 93 et 94 lui est également applicable. Son privilége s'exerce de la même manière ; il a la même étendue ; les mêmes règles lui sont applicables.

3. Ajoutons une réflexion qui concerne tout ce qui a été dit à cet égard : c'est que le commissionnaire ne doit pas se dessaisir de la marchandise mise à sa disposition , s'il veut conserver son privilége. Une fois qu'il s'en est dessaisi , son privilége disparaît ; il n'est plus qu'un créancier ordinaire. L'art. 93, si favorable au commissionnaire, porte en lui-même cet avertissement : il n'accorde le privilége que sur les marchandises qui sont à sa disposition dans ses magasins ou dans un dépôt public.

Il est donc essentiel pour le commissionnaire d'observer ce qui est dit dans cet article ; ses intérêts , à défaut de prudence, le lui commandent suffisamment.

4. Il nous reste à nous occuper de la revendication du commettant, en cas de faillite du commissionnaire. L'art. 581 du Code de commerce est ainsi conçu : Pourront être revendiquées, aussi long-temps qu'elles existeront en nature, en tout ou en partie, les marchandises consignées au failli, à titre de dépôt, ou pour être vendues pour le compte de l'envoyeur : dans ce dernier cas même, le prix desdites marchandises pourra être revendiqué, s'il n'a pas été payé ou passé en compte courant entre le failli et l'acheteur.

5. Ainsi la première condition pour que le commettant puisse revendiquer les marchandises par lui adressées au commissionnaire, c'est qu'elles existent en nature.

Peu importe qu'elles soient entières ou qu'elles n'existent plus qu'en partie; la revendication s'exerce sur tout ce qui reste.

6. Ces expressions de la loi, en tout ou en partie, laissent assez présumer que le commissionnaire en a pu disposer; mais alors, la revendication est-elle possible entre les mains de celui qui les détient?

Il faut distinguer : ou il les détient frauduleusement, et pour les soustraire au commettant et aux autres créanciers, ou il les possède à juste titre et par suite d'une acquisition régulière. Dans le premier cas, la faculté de revendiquer existe, indépendamment de l'action criminelle qui peut être intentée contre le détenteur de mauvaise foi, puisque la détention n'est pas sérieuse, et qu'elle n'a lieu que dans le but coupable de tromper le commettant.

Dans le second cas, le détenteur possède de bonne foi; il possède en vertu d'une juste acquisition; il doit conserver la chose vendue; les art. 1141 et 2279 du Code civil viennent confirmer sa possession.

En fait de meubles, la possession vaut titre, dit l'un de ces deux articles, répété du droit romain, *melior est conditio possidentis*. Et l'art. 1141, confirmant ce principe, dispose que si la chose qu'on s'est obligé de donner ou de livrer à deux personnes successivement est purement mobilière, celle des deux qui en a été mise en possession réelle est préférée et en demeure propriétaire, encore que son titre soit postérieur en date, pourvu toutefois que la possession soit de bonne foi.

Conséquemment si les marchandises sont vendues par

l'ordre du commettant , il perd son droit de revendication, qu'elles soient ou non dans les mains de l'acheteur. Car la vente une fois parfaite rend l'acheteur propriétaire incommutable : la tradition de la chose n'ajoute rien à son droit ; qu'elle ait eu lieu ou qu'elle soit à effectuer, peu importe ; il en est devenu propriétaire à juste titre ; il l'est de bonne foi ; la marchandise lui appartient. Dans le cas où le prix en est dû aux termes de l'art. 581 , la revendication peut être exercée.

Conséquemment cette faculté donnée au commettant , empêche que la somme due soit payée à la masse des créanciers , car le droit du commettant n'est point un droit de créance ordinaire , c'est un véritable privilége.

La somme représente la marchandise qu'il aurait le droit de reprendre en nature ; il doit donc aussi reprendre le prix qui en tient lieu.

7. La seule condition imposée au commettant par la nature des choses est de justifier son droit. La loi n'ayant pas déterminé les moyens de preuves , il s'ensuit qu'il peut le faire par tous ceux indiqués en l'art. 109 du Code de commerce.

8. Si le prix a été payé , le commettant n'a plus le droit de le revendiquer, à moins qu'on ne soit certain que l'argent trouvé chez le commissionnaire failli provient réellement de l'acheteur. Mais cette preuve est presque impossible à faire , car l'argent n'a par lui-même aucun signe qui atteste son origine , et on ne peut jamais dire qu'il provient de l'acheteur plutôt que de tel autre. Dans ce doute , la masse des créanciers en profite ; le droit du commettant n'est plus qu'un droit de simple créance.

9. L'art. 581 prévoit encore le cas où le prix a été passé en compte courant entre le failli et l'acheteur; dans ce cas, la revendication ne peut avoir lieu davantage. La raison en est sensible, puisque le prix passé en compte courant équivaut à un paiement réel, effectif, et que l'acheteur par ce moyen est libéré d'une manière aussi complète que s'il eût payé en argent.

10. Mais l'acheteur peut n'avoir pas payé le commissionnaire failli, et celui-ci avoir soldé son commettant en ses propres billets ou traites, payables, soit avant, soit après l'époque du paiement des ventes qu'il a opérées : il pourrait même lui avoir fourni des effets par anticipation, et comme un à-compte sur le produit espéré des marchandises consignées.

11. Dans tous ces cas, si à l'ouverture de la faillite, les billets ou effets de commerce du commissionnaire ne sont pas payés ou même ne sont pas échus, le commettant peut, en les rendant à la masse, agir contre les acheteurs qui n'ont pas encore payé.

12. Telle est l'espèce posée par M. Pardessus, tome 3, page 430, et la solution qu'il en a donnée. Voici ses raisons :

On ne peut opposer au commettant qu'en recevant ainsi des effets de son commissionnaire, il a fait novation. Nous avons vu, n° 220, que la novation ne se présume pas. Les effets qu'il a reçus sont des titres conditionnels qui ne libéreront le commissionnaire de l'obligation de rendre les sommes à recevoir des acheteurs, qu'autant qu'ils seront acquittés. En les rendant à la masse, lorsque l'identité et la parfaite application au prix des marchandises sont avouées ou établies par les moyens admis dans le commerce, le commettant est donc recevable à se faire payer directement par ces mêmes acheteurs.

Mais, s'il avait quittancé purement et simplement le compte de vente de son commissionnaire, et reçu de lui les billets ou remises pour solde de ce compte, par lequel il lui abandonnerait les recouvremens sur les acheteurs, c'est alors qu'il y aurait véritable novation.

15. Nous ne pouvons nous ranger de l'avis de M. Pardessus, car nous voyons dans le fait des billets souscrits par le commissionnaire à son commettant pour le solder du prix des marchandises que celui-ci l'a chargé de vendre, une novation réelle qui nous porte à décider que le commettant ne peut pas, en rendant ces billets à la masse, agir ensuite contre les acheteurs qui n'ont pas encore payé.

D'accord avec le savant professeur dont nous combattons l'avis, nous disons que la novation ne se présume pas; mais l'art. 1273 ajoute : Il faut que la volonté de l'opérer résulte clairement de l'acte. Il ne faut donc pas qu'elle soit déclarée dans l'acte en termes formels; il suffit qu'elle en résulte clairement pour qu'elle existe; il faut que l'on reconnaisse que l'intention des parties a été de l'opérer.

Il s'agit dès lors d'examiner si, dans l'espèce, telle a été l'intention du commettant et du commissionnaire. Et d'abord on sait, et nous l'avons déjà dit, que, pour se procurer plus facilement des fonds, il est d'usage dans le commerce que le commettant adresse à un commissionnaire, pour les vendre, des marchandises sur lesquelles le second fait une avance au premier. C'est un prêt dont les marchandises sont le gage. Cela fait présumer déjà que, sous ce rapport, les parties ont moins en vue une vente à opérer que des fonds à prêter. De la part du commettant, c'est un emprunt qui doit le mettre en rapport avec le commissionnaire plutôt qu'avec les acheteurs de la marchandise qu'il lui confie; dès lors, si celui-ci lui souscrit des billets en à-compte sur le prix de ces marchandises, il lui en paie la valeur par anticipation, et une fois ces billets mis dans le commerce, il est engagé à y faire honneur; il est véritablement le débiteur du commettant qui accepte les effets souscrits par lui. Ce n'est pas au commettant que les acheteurs auront affaire, c'est au commissionnaire qu'ils paieront le prix de leur acquisition, prix qui devra rester entre les mains de celui-ci, qui l'a par avance payé au commettant. Dès lors, la novation est opérée, puisque pour prix de la marchandise vendue, le commissionnaire a souscrit des effets dont il doit assurer le paiement fait au commettant par anticipation, effets dont il est débiteur, et que le commettant a consenti à recevoir.

En quoi donc ces effets sont-ils des titres conditionnels qui ne libéreront le commissionnaire de l'obligation de rendre les sommes à recevoir des acheteurs, qu'autant qu'ils seront acquittés? Sur quoi repose cette éventualité de l'obligation dont parle M. Pardessus? Où est cette restriction qui fera durer l'obligation du commissionnaire de rendre les sommes dues par les acheteurs, tant que les effets souscrits par lui ne seront pas acquittés? Ces effets sont comme tous ceux de commerce; ils ont été acceptés sans réserve; le commissionnaire en est devenu purement

et simplement le débiteur; il a payé de la sorte le commettant, qui a ainsi reçu le prix de sa marchandise : en les acceptant, il a su que c'était dans la réalité la valeur de
cette même marchandise qui lui était comptée : en quoi
donc ces effets sont-ils des titres conditionnels? Si le commissionnaire avait payé en écus, il n'y aurait pas de difficulté possible; le paiement en effets n'en doit pas faire
naître davantage, car on paie avec des billets comme avec
de l'argent comptant. De ce que le commettant n'aura
pas quittancé purement et simplement le compte de ventes de son commissionnaire, et reçu de lui les billets ou
remises pour solde de compte par lequel il lui abandonnerait les recouvremens sur les acheteurs, s'ensuit-il qu'il
n'y a pas novation? Nul doute que cet abandon l'opérerait
d'une manière complète; mais l'absence de ce fait n'empêche pas qu'elle ne puisse avoir lieu également. En définitive, le commissionnaire est-il ou non débiteur du commettant, quant aux effets souscrits? Oui. Quel est le but
de ces effets? Le paiement de la valeur des marchandises
confiées au commissionnaire : celui-ci est donc le débiteur
du commettant qui les a acceptés sans réserve; s'il est débiteur des effets qui représentent la valeur des marchandises, les acheteurs devront lui payer leur prix d'acquisition, qui, entre ses mains, l'indemnisera des obligations
par lui contractées au profit du commettant. Il est donc
vis-à-vis de celui-ci seul débiteur du prix de marchandises vendues à d'autres à la place desquels il se trouve;
il y a donc novation. Dès lors, s'il est substitué aux acheteurs, s'il y a novation, en un mot, le commettant ne
pourra pas recourir contre ceux-ci, en abandonnant les

effets souscrits par le commissionnaire failli ; il aura perdu son droit de revendiquer le prix de ses marchandises ; il ne pourra que se joindre à la masse pour exercer avec elle un droit de simple créance.

14. Si le commissionnaire failli n'a souscrit des effets que pour une partie de la valeur de marchandises vendues, rien ne s'opposera, d'après ce que nous avons dit plus haut, à ce que le commettant exerce pour le reste de ce qui lui est dû la revendication contre les acheteurs.

15. Le droit du commettant de revendiquer le prix de ses marchandises vendues, lorsque les acheteurs n'en ont pas fait le paiement au commissionnaire avant sa faillite, ne semble pas à M. Pardessus devoir être modifié, dans le cas où ces deux correspondans auraient été en compte courant, même pour diverses sortes de négociations, dans lequel le prix desdites ventes aurait été porté au crédit général du commettant. La raison qui porte M. Pardessus à penser ainsi, c'est que la loi n'a reconnu qu'un cas où la revendication d'un commettant doive cesser ; c'est lorsque les acheteurs ont payé le commissionnaire, soit effectivement, soit fictivement en compte courant.

16. Nous ne pouvons encore partager l'avis de M. Pardessus, et le fait du compte courant entre le commettant et le commissionnaire nous paraît devoir empêcher le premier de recourir contre les acheteurs. Et d'abord le motif tiré de l'art. 581 ne saurait être applicable, puisque cet article ne s'occupe que du compte courant entre le commissionnaire et l'acheteur, mais nullement de celui établi entre le commissionnaire et le commettant. C'est donc en dehors de cet article, mais par des consi-

dérations puisées dans ses termes mêmes qu'il faut résoudre la difficulté. Nous disons *par des considérations puisées dans ses termes mêmes,* car du moment que la loi
considère comme moyen de libération le compte courant
entre un acheteur et un commissionnaire, la raison de
décider est la même pour le commissionnaire et le commettant. Si par suite d'un compte courant établi entr'eux,
le prix de la vente a été porté au crédit du commettant,
celui-ci est devenu le créancier du commissionnaire, et
dès lors ce n'est plus que contre lui qu'il aura un recours
à exercer, mais non plus un droit de revendication contre
les acheteurs. Car, s'il est vrai que le compte courant soit
un mode régulier de paiement, s'il est vrai surtout qu'il
ait pour effet d'opérer entre les dettes et les créances respectives des deux parties une compensation qui les libère
d'instant en instant, il faut bien reconnaître que le commettant qui a été crédité du prix de la vente de ses marchandises, a consenti par là même à ce que la compensation de ce prix s'opérât avec ce qu'il pouvait devoir à son
commissionnaire, et que par conséquent si son crédit a
dépassé son débit, il est resté créancier de celui-ci. C'est
un mode de paiement parfait et régulier qu'il a accepté;
ce n'est donc que contre le commissionnaire qu'il pourra
exercer son recours pour la somme que celui-ci pourra
lui devoir par suite de l'examen du compte courant; mais
son droit de revendication n'existe plus; il n'a plus dans
cette seconde espèce qu'un droit de créance ordinaire.

17. Ce que nous avons dit jusqu'ici de la revendication
s'applique aux effets de commerce. Le commettant qui les
a confiés à un commissionnaire pour en faire le recouvre-

ment a droit de les réclamer, s'ils sont encore entre les mains du failli, à moins toutefois qu'il n'en ait transféré la propriété à des tiers de bonne foi et d'une manière régulière. Il en est de ces effets de commerce comme des marchandises confiées à un commissionnaire pour les vendre. Si le prix en est encore dû, le commettant a le droit de le réclamer, comme il avait le droit de réclamer le prix des marchandises vendues et qui se trouvait encore entre les mains des acheteurs.

18. Si les effets avaient été transmis en vertu d'endossemens irréguliers, le commettant pourrait encore les réclamer aux tiers, car, suivant l'art. 138 du Code de commerce, « si l'endossement n'est pas conforme aux dispositions de l'art. 137, il n'opère pas le transport; il n'est » qu'une procuration ».

19. Si le commettant les avait régulièrement endossés, il y aurait toute présomption de croire que la propriété en a été transmise au commissionnaire failli, à moins qu'il ne fût prouvé que le commissionnaire n'en était pas acheteur, mais ne les avait reçus qu'à la charge par lui de leur donner une destination conformément à un mandat reçu.

DES COMMISSIONNAIRES

POUR LES TRANSPORTS PAR TERRE ET PAR EAU.

Art. 96. Le commissionnaire qui se charge d'un transport par terre ou par eau, est tenu d'inscrire sur son livre-journal la déclaration de la nature et de la quantité des marchandises, et, s'il en est requis, de leur valeur.

1. D'après l'article 1782 du Code civil, il est facile de voir que les principes relatifs à la commission dont nous nous sommes occupés, sont différens de ceux qui régissent les commissionnaires de transports. Dans le premier cas, nous avons appliqué les règles du mandat qui se combinaient avec le louage d'industrie ; dans le second, c'est bien encore le louage d'industrie et le mandat qui entrent dans la commission des transports, mais les règles du dépôt lui sont particulièrement applicables. L'article que nous venons de citer met les commissionnaires de transports, les

voituriers, les entrepreneurs de voitures publiques sur la même ligne que les aubergistes dont parle l'art. 1952, au titre du dépôt nécessaire, et fait considérer comme tel le dépôt des marchandises qu'on leur confie. Cette assimilation les soumet à une sévère responsabilité dont nous aurons à examiner les effets tout à l'heure.

2. Le contrat de commission pour les transports se forme de la même manière que celui dont nous nous sommes occupés; il peut être constaté par un écrit public ou sous seing privé; il peut résulter d'une convention orale, ou même d'une convention tacite.

3. Toutes personnes capables de contracter peuvent former ce contrat. Disons toutefois qu'elles sont considérées, d'après les termes mêmes de l'art. 96, comme commerçantes. L'obligation de tenir un livre-journal, obligation que l'art. 8 du Code de commerce impose à tout commerçant, laisse assez voir que les commissionnaires de transports sont rangés dans cette classe, et que, par conséquent, c'est à la juridiction commerciale qu'appartient la connaissance de toutes les difficultés qui peuvent s'élever à leur égard. L'art. 632 du Code de commerce l'apprend d'ailleurs d'une manière plus positive encore. La loi, dit cet article, répute acte de commerce toute entreprise de manufacture, de commission, de transport par terre et par eau.

Les commissionnaires pour les transports sont donc des commerçans. Dès lors, indépendamment de l'inscription qu'ils sont tenus de faire sur leur livre-journal, conformément à l'art. 96, ils doivent aussi y faire les autres énonciations indiquées dans l'art. 8.

« La rédaction de l'art. 96 , dit M. Locré , suppose évi-
» demment que les commissionnaires sont compris dans la
» disposition de l'art. 8. »

Aux termes d'un arrêt de la Cour royale de Paris , les
condamnations prononcées contre les commissionnaires de
roulage emportent la contrainte par corps. (Sirey. 5. 1. 584.)

Il est important pour eux de se conformer exactement
au vœu de ces différens articles de loi , puisqu'à défaut des
énonciations prescrites , ils seraient , en cas de faillite ,
poursuivis comme banqueroutiers simples , aux termes
des art. 586 et suivans du Code de commerce , et punis
comme tels , conformément aux dispositions de l'art. 402
du Code pénal.

4. Il faut reconnaître qu'un acte isolé de transport par
commission ne pourrait faire considérer le commissionnaire comme commerçant , et le soumettre , en cas de
poursuites dirigées contre lui , à la compétence consulaire. Un tel fait , par lui-même , ne peut avoir de telles
conséquences ; la loi , en parlant du livre-journal des
commissionnaires , suppose nécessairement un grand nombre d'opérations de transport , car ce livre ne peut s'appliquer à une seule opération , ni à l'individu qui jamais ne
se livre à ce genre d'industrie. Dès lors , s'il s'élevait
quelques contestations entre lui et l'expéditeur , ce serait
au tribunal civil à en connaître.

5. Ceux qui confient des marchandises aux commissionnaires de transports ne doivent pas négliger de faire
inscrire la déclaration de la nature , de la quantité et de
la valeur des marchandises. C'est dans leur intérêt que
l'art. 96 a été créé ; les précautions qu'il indique sont les

seules qui puissent, en cas de perte ou d'avaries, éviter toute difficulté, lors du recours contre le commissionnaire. Autrement, il faut employer d'autres preuves toujours moins certaines que celles dont il est parlé dans cet article.

6. Nous avons dit que le contrat de commission pour le transport pouvait être constaté de plusieurs manières : soit par acte public ou sous seing privé; qu'il pouvait aussi résulter d'une convention verbale ou tacite.

Quand les engagemens sont consignés dans un acte, ou bien quand ils ont été verbalement consentis, il ne peut y avoir de doute, puisque les parties se sont entendues sur ce qu'elles avaient l'intention de faire; mais la convention tacite peut offrir plus de difficultés.

7. La remise de marchandises faites par un expéditeur à un commissionnaire, pour que celui-ci les fasse parvenir à leur destination, lie le commissionnaire, s'il ne manifeste pas sur-le-champ l'intention de ne pas accepter la commission dont on le charge. Son silence équivaut à une acceptation, et il ne serait pas reçu à prétendre qu'il n'a jamais voulu s'engager suivant le vœu de l'expéditeur. Il devrait s'imputer de ne lui avoir pas fait connaître son intention, et nous pensons qu'il serait responsable, non-seulement du retard apporté au transport des marchandises, mais encore de leur perte ou des avaries qui pourraient survenir.

8. Il en serait de même du commissionnaire qui aurait reçu une lettre de voiture d'un envoi de marchandises à lui annoncé, avec ordre de les faire transporter au lieu de leur destination, et qui garderait le lettre sans ré-

pondre qu'il n'entend pas se charger de la commission. Son silence équivaudrait à l'acceptation du mandat ; et si, par suite de son refus de recevoir les marchandises à leur arrivée, elles venaient à se perdre, il serait responsable de cette perte à l'égard de l'expéditeur. Car il est reçu entre commerçans, que celui qui reçoit par lettres un ordre, commission ou mandat, une défense, une instruction, est censé acquiescer au contenu de la lettre, s'il tarde à s'expliquer et s'il ne le fait en temps utile.

Tels sont les principes que la Cour de Rennes a consacrés par arrêt du 2 juillet 1811, dans une espèce identique à celle dont nous venons de parler. Ses considérans sont assez importans pour que nous les reproduisions ; ils renferment un suffisant exposé des faits qu'il est inutile de rapporter.

« La Cour, considérant qu'il a été maintenu au tribu-
» nal de commerce, et non contesté par Hamon, Kgarff
» et Le Mazurier, et qu'il a été également soutenu devant
» la Cour, sans que le fait ait été formellement dénié,
» que, le 15 novembre 1809, lendemain de la remise des
» marchandises qui font l'objet des deux instances dont
» l'appel est soumis à la Cour, au voiturier Dyon, à l'a-
» dresse de Hamon, Kgarff et Le Mazurier, commission-
» naires de roulage à Bordeaux, Leprieur fils et Aubry leur
» adressèrent, par correspondance, les lettres de voiture
» primitives à la destination de Bayonne, avec mandat de
» faire parvenir ces marchandises en ce dernier lieu ; que
» Leprieur fils et Aubry ont offert d'ailleurs d'administrer
» la preuve de ce fait, et de l'envoi du bordereau, du
» chargement de Dyon, par leurs livres ;

» Considérant que Hamon , Kgarff et Le Mazurier, après
» avoir reçu l'envoi de ces pièces et en les retenant, sans
» prévenir Leprieur et Aubry qu'ils n'entendaient pas se
» charger de la commission , et sans renvoyer ces pièces,
» ne pouvaient plus se dispenser d'exécuter le mandat
» qu'ils étaient censés accepter; qu'il est, en effet, de règle
» entre commerçans , règle attestée par les auteurs ,
» que le négociant qui reçoit par lettres un ordre, com-
» mission ou mandat, une défense , une instruction, est
» censé acquiescer au contenu de la lettre, s'il tarde à
» s'expliquer, et s'il ne le fait en temps utile ;

» Considérant que le refus de Hamon, Kgarff et Le Ma-
» zurier de recevoir les balles de marchandises qui leur
» avaient été ainsi adressées, en même temps qu'ils rete-
» naient les bonnes lettres de voiture qui en faisaient la
» destination, ont occasionné le retard qui a eu lieu à leur
» arrivée à Bayonne , donné lieu au refus de ces marchan-
» dises par les acheteurs, aux poursuites et aux condam-
» nations énoncées contre Leprieur et Aubry, et que, dès
» lors, les jugemens du tribunal de commerce qui obligent
» à la garantie pleine et entière envers lesdits Leprieur et
» Aubry, sont bien rendus;

» Par ces motifs, au principal , dit qu'il a été bien jugé
» par lesdits jugemens , etc. » (Dalloz , t. 2 , p. 770.)

9. D'après ce que nous venons de dire, un commissionnaire diligent devra toujours s'empresser de répondre
aux lettres qu'il a reçues, s'il ne veut pas exécuter les ordres qu'elles contiennent, autrement il se trouverait engagé
malgré lui, et exposé à une responsabilité dont sa négligence seule le rendrait la victime.

10. Si la commission peut être donnée tacitement, elle peut être acceptée de même; par exemple, si le commissionnaire fait ce dont on le charge, l'exécution qu'il donne aux ordres reçus, est la preuve de son acceptation; dès lors, il ne peut plus renoncer à faire le transport qui lui a été confié; il est lié comme par une acceptation formelle; il est soumis aux mêmes conséquences.

11. Vis-à-vis de l'expéditeur, cela ne nous paraît pas pouvoir faire le moindre doute; mais que doit-on décider au regard du consignataire? Le commissionnaire, en acceptant la commission qui lui est donnée par l'expéditeur de faire parvenir des marchandises à un consignataire désigné, et en s'engageant à le faire, est-il lié envers celui-ci, de telle manière que, si les marchandises ne lui parviennent pas, il soit exposé à des dommages-intérêts envers lui, encore bien que le commissionnaire n'ait agi que par les ordres de l'expéditeur, et que, d'après ces ordres mêmes, il ait remis les marchandises à un autre que le consignataire ?

Nous pensons que le commissionnaire pourrait être tenu à des dommages-intérêts envers le consignataire, à défaut par lui d'avoir transporté les marchandises ainsi qu'il s'y était engagé d'abord. L'opinion contraire pourrait entraîner de coupables fraudes, ainsi que nous allons le dire.

Il suffit, pour le prouver, de se rappeler comment se font les expéditions de marchandises.

L'expéditeur, qui charge un commissionnaire d'un transport, et qui lui désigne le consignataire, agit tant en son nom qu'au nom de ce dernier. Le commissionnaire, qui a reçu les marchandises, contracte alors une double obligation; il est lié envers deux parties, l'expéditeur et le consignataire. Il doit transporter à l'un les marchandises que l'autre lui a confiées à cet effet; il ne pourrait les remettre à celui de qui il les tient sans le consentement de celui à qui elles étaient adressées. Car, n'oublions pas que, dans l'hypothèse dont nous nous occupons, le consignataire a été nominativement désigné, et que le commissionnaire s'est engagé à lui faire parvenir les marchandises qui lui sont envoyées par l'expéditeur.

Supposons encore que ce consignataire soit aussi un commissionnaire, qui était chargé de vendre les marchandises expédiées. Dira-t-on que l'expéditeur n'a pas cessé d'en être propriétaire, qu'il était le maître de révoquer le mandat donné au commissionnaire pour le transport, et de lui désigner un autre consignataire? Ce raisonnement ne serait pas exact, puisque, d'après l'art. 95 du Code de commerce, le commissionnaire, qui a fait des avances sur des marchandises à lui expédiées d'une autre place, a privilége pour le remboursement de ces avances sur la valeur de ces marchandises, lorsqu'il constate, par un connaissement ou par une lettre de voiture, l'expédition qui lui a été faite. Or, s'il a un privilége sur ces marchandises, l'expéditeur ne saurait en être réputé propriétaire, dans le véritable sens du mot, et, sous ce rapport, il ne lui serait pas libre de donner une autre destination aux marchandises sans le consentement du consignataire privilégié.

D'un autre côté, pour que ce privilége puisse s'exercer, il faut bien que le commissionnaire du transport lui en fasse la remise; car, s'il les livre à un tiers, il met le premier consignataire dans l'impossibilité d'user du bénéfice de l'art. 93, et il doit le garantir de la perte qu'il lui fait éprouver.

C'est ici surtout que la fraude serait facile entre l'expéditeur et le commissionnaire du transport, au préjudice du consignataire. Celui-ci, après avoir fait des avances sur des marchandises à lui expédiées, pourrait les voir passer en d'autres mains que les siennes, et le commissionnaire en serait quitte pour dire qu'il s'est conformé à l'ordre de l'expéditeur, et qu'il ne doit aucun compte au consignataire! Et de la sorte, l'expéditeur pourrait obtenir de plusieurs des avances sur des marchandises, qu'un complaisant commissionnaire conduirait à son gré, au mépris de l'engagement contracté de les faire parvenir à un consignataire désigné! Il ne saurait en être ainsi; car la fraude serait trop à craindre, et on n'aura pas à la redouter, quand le commissionnaire de transport se verra obligé, sous peine de dommages-intérêts, de transporter les marchandises aux lieux où il s'était engagé à les faire parvenir.

Cette question, que nous venons d'examiner, a été soumise à la Cour de Douai, qui l'a résolue dans notre sens, par arrêt du 17 mai 1820. Voici l'espèce :

« Bocare et Pieters, négocians à Dunkerque, s'engagent »à envoyer à Choquet (Julien), négociant à Lille, des »bois de Campêche, pour les vendre et se rembour- »ser sur le prix des avances qu'il leur ferait. Les mar- »chandises sont remises à Clayeis-Leroy, commission- »naire de transport, qui s'oblige, par écrit, envers les

expéditeurs, à les faire parvenir au lieu de leur destina-
» tion, dans un délai déterminé, et par des voituriers et
» bateliers désignés. Les expéditeurs envoient, le 21 dé-
» cembre 1819, à Choquet (Julien), cet engagement du
» commissionnaire ; et Choquet (Julien) leur fait une
» avance de 6,000 fr. Le 29 décembre suivant, ils chan-
» gent la destination des marchandises, et donnent l'ordre
» au commissionnaire de transport de les remettre au sieur
» Vandalle-Gaspard, négociant à Dunkerque. Le commis-
» sionnaire, sur le simple vu de ce nouvel ordre, fait la
» remise à Vandalle.

Faillite des expéditeurs. Choquet (Julien), porteur de
» l'engagement souscrit par Clayeis-Leroy, de lui faire par-
» venir les marchandises, l'assigne devant le tribunal de
» Dunkerque, en remise du bois de Campêche ou en paie-
» ment d'une somme de 4,600 fr. Le commissionnaire de
» transport appelle en garantie Vandalle-Gaspard, qui, à
» son tour, met en cause le sieur Julienne, syndic provi-
» soire de la faillite Bocare et Pieters.

» Le 4 août 1819, jugement en ces termes :
» Considérant que le récépissé, signé par Clayeis-Leroy,
» contient formellement l'obligation de transporter les bois
» à Lille, et de les remettre à Choquet (Julien), et que
» Clayeis, qui avait contracté cette obligation, n'a pu s'en
» dégager aussi long-temps qu'elle ne lui était pas rappor-
» tée, puisque, par la soumission de remettre à Choquet
» (Julien), il a donné lieu à la transmission du récépissé
» à ce dernier, que ce récépissé formait titre ès-mains du-
» dit Choquet (Julien) ;

» Considérant que, d'après les termes du récépissé, ce

» ne sont pas seulement des marchandises confiées à
» Clayeis-Leroy, pour être entreposées en attendant expé-
» dition, mais des marchandises réellement expédiées,
» tellement que ce récépissé contient poids, jours de route,
» prix de voiture et noms de voiturier, et a enfin tout le
» caractère d'une lettre de voiture; donc susceptible d'ap-
» plication des mêmes règles;

» Considérant que Choquet (Julien), en recevant les
» lettres des 21 et 22 décembre, l'une annonçant charge-
» ment et expédition du bois de Campêche, l'autre l'envoi
» et le récépissé lui-même, a nécessairement été dans la
» persuasion que ces marchandises allaient lui parvenir;
» d'où il est naturel de croire que c'est ce qui l'a particu-
» lièrement déterminé dans les acceptations dont il est
» parlé aux lettres desdits jours 21 et 22 décembre, en la
» dernière desquelles Bocare et Pieters se servent des ex-
» pressions : à valoir sur nos consignations. Or, du nombre
» de ces marchandises consignées sur ventes, étaient in-
» contestablement les 1,044 bûches, bois de Campêche,
» puisque le chargement et l'expédition en sont annoncés
» par lettres du 21, et que cette expédition a été constatée
» sur des récépissés que l'on n'a cherché à retirer des mains
» de Choquet (Julien) qu'après la rétractation du 29 dé-
» cembre;

» Considérant que les droits de Choquet (Julien) à ces
» bois de Campêche, émanent des titres dont il est por-
» teur, lettres et récépissés, qui prouvent qu'ils lui étaient
» expédiés à titre de consignation, et pour sûreté de ses
» avances, étant même autorisé à en faire la vente; ce qui

» le place absolument dans les termes de l'art. 96 du Code
» de commerce;

» Tout vu et considéré, le tribunal condamne Clayeis-
» Leroy à faire remettre à Choquet (Julien) les 1,044 bû-
» ches, bois de Campêche, etc. , sinon, etc.

» Appel, le 17 mai 1820. La Cour, adoptant les moyens
» des premiers juges, a mis l'appellation au néant. » (Dalloz, t. 2, page 770.)

L'opinion que nous avons émise avant de citer cet arrêt, se trouve ainsi confirmée pleinement; et, en effet,
nous ne pensons pas qu'on puisse en adopter une autre.
Nous le répétons, quelle facilité pour la fraude, si on
pouvait ainsi, après avoir obtenu des avances du consignataire de marchandises, avances qui n'ont été faites
qu'en vue de la garantie offerte par l'expédition de ces
mêmes marchandises; si on pouvait, disons-nous, changer leur destination, au mépris de l'engagement écrit du
commissionnaire de transport, de les faire parvenir à leur
destination, et même encore au mépris de l'obligation
de l'expéditeur.

Art. 97. Il est garant de l'arrivée des marchandises et effets dans le délai déterminé par
la lettre de voiture, hors les cas de la force
majeure légalement constatée.

1. La loi impose au commissionnaire, chargé du transport, une double responsabilité; celle résultant du retard
dans l'arrivée des marchandises, et celle résultant de la

perte ou des avaries de ces mêmes marchandises. Tout à l'heure, nous nous occuperons de ce dernier cas.

2. Une des principales conditions du succès d'une opération de commerce, est la promptitude avec laquelle elle est exécutée. Dans un moment où telle marchandise est en faveur, il importe que le commerçant, qui en a commandé au loin une grande quantité, soit servi promptement, et surtout que le transport soit rapide, autrement elle pourrait arriver après le moment du cours, et une perte considérable serait infailliblement le résultat d'un tel retard. Cette nécessité d'un prompt transport fait assez sentir combien doit être sévère la responsabilité qui pèse sur le commissionnaire.

3. Pour calculer les dommages résultant du retard, on doit d'abord considérer ce en quoi ce retard consiste, et quels sont les événemens survenus pendant l'intervalle écoulé entre l'époque de l'arrivée des marchandises et celle déterminée par la convention.

Plus le retard est prolongé, plus il y a faute du commissionnaire, plus il y a préjudice causé. Mais, encore bien que le retard ne soit pas si long, il peut arriver que le dommage souffert n'en soit pas moins considérable. Ainsi, par exemple, un commissionnaire est chargé de transporter d'une place dans une autre assez éloignée, des sucres, des huiles, ou toute autre marchandise, dont les prix sont sujets à de grandes variations. A l'époque fixée pour l'arrivée, ces marchandises sont à un cours élevé; mais le commissionnaire est en retard, et ses voitures n'arrivent qu'après que le cours a sensiblement baissé; il est bien évident que l'on devra avoir égard à une telle diminution autant qu'au retard , et faire supporter au commissionnaire tous les dommages résultant soit du retard , soit de la baisse survenue par suite de son défaut de diligence.

4. Quand il y a convention sur le temps du transport, et que le délai pour l'arrivée des marchandises a été bien déterminé entre les parties, il ne peut pas y avoir la moindre difficulté. Tout retard donne lieu à des dommages-intérêts.

5. Si l'indemnité a été fixée, elle est due de plein droit, qu'il y ait ou non préjudice, et sans que le consignataire soit tenu d'en justifier. Le retard dans l'arrivée des marchandises est à lui seul une juste cause qu'il suffit d'établir pour que l'indemnité soit due conformément à la convention; et à défaut de stipulation sur la quotité, c'est aux juges à l'arbitrer.

6. L'indemnité due en cas de retard est ordinairement énoncée dans la lettre de voiture, qui, aux termes de l'art. 102, doit, entr'autres choses, exprimer le délai dans lequel le transport doit être effectué.

Il y est dit que dans le cas où les marchandises n'arriveraient pas à l'époque déterminée, il sera fait sur le prix du transport une retenue, qui est assez communément le tiers on le quart du prix total.

7. C'est le consignataire qui doit exercer cette retenue, puisque c'est pour lui qu'elle a été stipulée. Lorsqu'il reçoit les marchandises, il doit alors constater le retard, à moins toutefois que ce ne soit pas lui, mais l'expéditeur qui doive payer le prix du transport.

8. Dans le cas où c'est lui qui doit faire la retenue, s'il paie intégralement le prix du transport, il perdrait son recours contre le commissionnaire, qui, par le paiement, ne pourrait plus exercer le sien contre le voiturier, aux termes de l'art. 105 du Code de commerce.

9. Quand les parties ne sont convenues d'aucun délai pour le transport, et que la lettre de voiture n'en indique pas non plus, s'il y a eu un préjudice causé par suite d'un retard, le moyen de fixer l'étendue de la responsabilité est de déterminer d'abord la longueur du temps pendant lequel peut se faire un transport d'une distance à une autre, et d'appliquer ce calcul à la distance parcourue par le commissionnaire. S'il ne résulte de ce rapprochement que la preuve d'un faible retard, nous pensons qu'une indemnité doit être refusée au consignataire, parce que, d'une part, le préjudice causé sera peu considérable, et que, d'autre part, en l'absence d'une convention au sujet du délai pour le transport, il n'y a pas eu, à proprement parler, d'obligation méconnue. Mais si le retard a été considérable, s'il est de telle nature qu'il ne puisse être considéré comme un retard ordinaire, alors il y a faute de la part du commissionnaire ou de son voiturier; un préjudice en a été la suite; il doit donc y avoir réparation.

10. La loi rend le commissionnaire garant de l'arrivée des marchandises et effets dans le délai déterminé par la lettre de voiture, hors le cas de la force majeure légalement constatée. Qu'entend-on par ces mots : Force majeure ?

On avait proposé, dit M. Locré, de définir la force

majeure, parce que, a-t-on dit, les fournisseurs de l'administration abusent souvent de ce mot pour élever les prétentions les plus extraordinaires. Ils donnent la qualification de force majeure au plus léger accident, à celui de la pluie, par exemple. On a même vu des entrepreneurs soutenir que des bateaux, chargés pour le compte du gouvernement, avaient péri par force majeure, parce qu'ils avaient touché fond et s'étaient entr'ouverts par la décroissance des eaux d'une rivière, et une autre fois, par celle du reflux. Les voituriers infidèles recherchent de pareils accidens de force majeure. On voulait qu'on n'appelât force majeure que celle dont on n'a pu éviter les accidens par la surveillance ou les connaissances de son métier.

Il fut répondu que la définition de la force majeure est connue. On sait que ce nom n'est donné qu'aux accidens que la vigilance et l'industrie des hommes n'ont pu ni prévenir, ni empêcher. Le juge qui admettrait tous les prétextes dont on vient de parler, ne ferait pas son devoir.

11. Il était donc juste que le commissionnaire ne fût pas garant d'un retard causé par des accidens qu'il n'avait pu ni prévenir, ni empêcher. L'art. 97 du Code de commerce, sous ce rapport, n'est que la répétition du principe posé dans l'art. 1148 du Code civil, portant : qu'il n'y a lieu à aucuns dommages et intérêts lorsque, par suite d'une force majeure ou d'un cas fortuit, le débiteur a été empêché de donner ou de faire ce à quoi il était obligé, ou a fait ce qui lui était interdit.

12. Cependant il peut se présenter plusieurs cas qui

rendent ces principes sans application , et d'après lesquels
un commissionnaire ne peut invoquer la force majeure.
.S'il répond des cas fortuits , il ne pourra plus se prévaloir des dispositions de l'art. 97 , parce qu'alors il aura
pris à sa charge tous les risques qui pouvaient survenir.
Il aura reçu un droit de commission plus fort, ainsi que
cela arrive ordinairement en pareil cas, et il répondra
de tous les accidens, de toutes les pertes ou avaries qui
surviendront. L'art. 98 le dit positivement. Cette obligation de sa part est écrite dans l'art. 1302 du Code civil,
dont le principe est le même. Lors même, dit cet article,
que le débiteur est en demeure, et s'il ne s'est pas chargé
des cas fortuits, l'obligation est éteinte dans le cas où la
chose eût également péri chez le créancier, si elle lui
eût été livrée.

Lorsque, dit M. Merlin , v^{is} *cas fortuit,* Rép. , p. 44 , le
débiteur s'est chargé des cas fortuits , il doit répondre de
la perte de la chose.

13. Supposons maintenant qu'un commissionnaire se
soit engagé à faire transporter des marchandises dans un
délai déterminé, qu'il ait retardé le transport par sa faute
ou sa négligence, et qu'au moment de la mettre en route,
un événement de force majeure vienne à l'empêcher , il
est certain encore qu'il devra répondre de son retard , et
ne pourra invoquer en sa faveur le bénéfice de l'art. 97.

En effet , le premier retard a eu lieu par sa faute ; c'est
à son fait seul qu'on doit l'imputer ; s'il eût été plus diligent , les marchandises seraient arrivées en temps oppor-
tun et avant l'événement fortuit ; c'est donc par sa négligence ou ses lenteurs qu'elles ne sont pas parvenues à leur

destination, et il doit répondre de sa conduite, qui seule est cause de tous les retards.

Dans les articles 1807 et 1881 du Code civil, nous voyons écrits ces principes applicables au cas dont nous nous occupons. Le preneur, dit l'article 1807, n'est tenu du cas fortuit que lorsqu'il a été précédé de quelque faute de sa part, sans laquelle la perte ne serait pas arrivée.

Si l'emprunteur, dit l'art. 1881, emploie la chose à un autre usage, ou pour un temps plus long qu'il ne le devait, il sera tenu de la perte arrivée même par cas fortuit. M. Merlin, *loco citato*, ajoute que, si la faute, ou du débiteur, ou du locataire, avait donné lieu au cas fortuit qui a fait périr la chose, ce serait ce débiteur ou ce locataire qui en répondrait; et enfin, l'art. 1929 confirme tout ce que nous venons de dire, en disposant que le dépositaire n'est tenu en aucun cas des accidens de force majeure, à moins qu'il n'ait été mis en demeure de restituer la chose déposée.

C'est ici le lieu de dire qu'il est des cas cependant où les principes que nous venons d'exposer sur la responsabilité du commissionnaire, ne pourraient justement recevoir leur application, si, par exemple, il était bien établi que le voiturier avait pris toutes les précautions pour prévenir un événement qu'il n'a pas dépendu de lui d'empêcher, événement qui serait arrivé, quand bien même il n'y aurait pas eu de retard dans l'exécution de la commisssion. Cette restriction à la responsabilité du commissionnaire ne peut s'appliquer toutefois qu'à des cas fort rares que les tribunaux seuls ont le droit d'apprécier et de déterminer.

14. C'est au commissionnaire à prouver le cas fortuit dont il veut se prévaloir pour se soustraire à une étroite responsabilité.

L'art. 1302 du Code civil porte que le débiteur est tenu de prouver le cas fortuit qu'il allègue.

Le débiteur, en effet, doit toujours prouver ce qui sert à sa défense; *probatio incumbit ei qui dicit.* Le propriétaire qui réclame la marchandise qu'on doit lui livrer, doit justifier sa réclamation; et le commissionnaire qui allègue qu'elle a péri par cas fortuit, doit, à son tour, prouver ce cas fortuit.

15. Mais comment cette preuve doit-elle être faite? La force majeure doit être légalement constatée, dit l'art. 97. On proposa au Conseil d'état de régler la manière de constater la force majeure. Cette proposition, dit M. Locré, fut écartée par la raison qu'il ne peut y avoir de mode uniforme pour constater des faits qu'il est impossible de prévoir. Il convient de s'abandonner, à cet égard, à la prudence et à l'équité des tribunaux, qui se régleront sur les circonstances; et l'on sent, en effet, qu'il ne pouvait en être autrement, et qu'il était impossible d'établir des règles uniformes pour constater les cas fortuits. Ne peut-il pas se présenter une foule de circonstances dans lesquelles il eût été impossible de s'y conformer? Souvent un commissionnaire est fort embarrassé de trouver un moyen quelconque de faire constater un événement qui vient le surprendre subitement. Qu'eût-il fait, s'il lui avait fallu suivre des règles qu'une position fâcheuse et inattendue l'aurait placé dans la nécessité d'enfreindre? Que ces marchandises aient péri sur une grande route

déserte en ce moment, pendant la nuit, qu'aurait-il fait ?
Ne pouvant observer des règles établies, il aurait donc
perdu les moyens de justification et serait ainsi devenu la
victime d'exigences trop sévères. Disons qu'il n'y a pas
de règles à suivre pour prouver les événemens de force
majeure, et que c'est aux tribunaux à apprécier, dans leur
sagesse, la gravité des circonstances alléguées. Ces raisons nous empêchent de partager entièrement l'avis de la
Cour de Colmar qui, par un arrêt du 6 janvier 1815, a
consacré ce principe que, d'après l'usage du commerce,
les cas de force majeure doivent être dans le moment
même, en quelque sorte, constatés par l'autorité locale.
(Dalloz, t. 2, p. 774.)

Cet arrêt nous paraît beaucoup trop exclusif; d'abord
quant au temps pendant lequel le fait doit être constaté,
et ensuite quant au mode à suivre pour y parvenir.

Sans doute, si le commissionnaire peut, au moment
du sinistre, recourir à l'autorité qui le constatera légalement et presque à l'instant même, il doit le faire; la prudence le lui commande : mais très-souvent, nous l'avons
déjà dit, cela lui sera impossible, soit en raison de l'é-
loignement, soit par toute autre cause difficile à prévoir. Qui dit cas fortuit, entend un événement imprévu,
subit, qui trompe toutes les prévisions, et que par conséquent on n'est jamais prêt à constater. Et alors si vingt-
quatre heures, quarante-huit heures se sont écoulées, et
peut-être même un temps plus long, avant que le commissionnaire ait pu faire dresser tous procès-verbaux nécessaires, on ne saurait le condamner à la garantie en
disant avec la Cour de Colmar, que les cas de force ma-

jeure doivent être dans le moment même en quelque sorte constatés par l'autorité locale. Si elle avait ajouté ces mots : doivent autant que possible, dans le moment même, être constatés, nous comprendrions mieux alors le mérite de ce considérant de son arrêt qui, sous ce premier rapport, ne nous paraît pas entièrement conforme au véritable esprit du législateur.

Il est bien certain aussi que le mode le plus ordinaire de constater les cas fortuits est de recourir à l'autorité locale, de s'adresser soit au maire, soit au juge de paix pour faire dresser les procès-verbaux nécessaires ; mais n'y a-t-il que ce seul moyen de constater les événemens de force majeure ? L'art. 97 serait-il à ce point restrictif ? Non, sans doute, puisque, ne pouvant y avoir de mode uniforme pour constater des faits qu'il est impossible de prévoir, on convint, au Conseil d'état, de s'abandonner à la prudence des tribunaux pour l'appréciation des circonstances. Dès lors, les moyens de preuve n'étant pas limités, il faut dire que tous sont permis. Des témoins, en effet, ne peuvent-ils pas attester un cas fortuit qui a eu lieu en leur présence ? ne peuvent-ils pas délivrer des certificats dûment légalisés par l'autorité, et qui attesteront les faits ? Certainement ces moyens de preuve, et le dernier surtout, n'offrent pas la certitude qui résulte d'un procès-verbal dressé par l'autorité; mais nous ne discutons pas ici sur le mérite de chaque genre de preuves; il s'agit uniquement d'examiner si ces preuves sont permises. Or, nul doute qu'elles ne sont pas défendues, qu'elles peuvent être conséquemment produites, sauf aux tribunaux à les peser et à se prononcer d'après leur plus ou moins de mérite.

L'arrêt que nous examinons contient un considérant qui nous paraît en contradiction avec celui dont nous venons de parler, et qui vient encore à l'appui de notre discussion : « Considérant, y est-il dit, que cette force » majeure n'est pas établie par les dépositions reçues, les » 13 et 17 juillet 1813, par le juge de paix de Beaucaire, » puisque, l'ayant été en l'absence de l'une des parties, » et sans citation, elles sont, par là même, suspectes de » suggestion ».

D'où il résulte que, si les témoins avaient été assignés, et si les parties intéressées avaient toutes été présentes, la preuve eût été accueillie, étant plus complète et plus ré-gulière. Dès-lors pourquoi avoir dit d'une manière si ab-solue, que les événemens de force majeure devaient être dans le moment même constatés par l'autorité locale ?

16. En résumé, nous pensons que du moment que les tribunaux sont juges des circonstances, et qu'à eux seuls il appartient de décider s'il y a ou non force majeure, et si elle est suffisamment et régulièrement prouvée, tous moyens de preuves peuvent leur être produits, à quelque époque qu'on les ait obtenus, sauf à eux à en juger le mé-rite, et à se prononcer ainsi qu'ils le croiront convena-ble; c'est assez dire qu'à nos yeux l'absence d'un procès-verbal dressé par l'autorité, quelle que soit la supériorité de cette preuve, n'est point une raison pour rejeter les autres, et faire condamner le commissionnaire qui se justifie par un autre moyen.

Art. 98. Il est garant des avaries ou pertes de marchandises et effets, s'il n'y a stipulation contraire dans la lettre de voiture, ou force majeure.

1. Toutes nos précédentes observations, au sujet de la force majeure, reçoivent ici leur application; c'est pourquoi nous renvoyons à ce qui a été dit ci-dessus.

2. Nous ferons remarquer que cette responsabilité du commissionnaire est très-étroite, et qu'il doit apporter les plus grands soins au transport des marchandises. Une fois déposées dans ses magasins, il est censé les avoir reçues en bon état ; il doit les faire parvenir de même.

3. Il y a toujours présomption pour la responsabilité; la force majeure n'est qu'une exception à l'égard de laquelle les tribunaux doivent être très-circonspects. Il ne suffit pas de l'alléguer, il faut qu'elle existe réellement, et qu'il soit prouvé que ceux qui en justifient n'ont pu s'y soustraire. Dans un arrêt de la Cour de Metz, se trouve ce considérant : « Attendu que, par le contrat de commis-
» sion, les voituriers et commissionnaires sont dans la
» même classe et catégorie des dépositaires forcés et sala-
» riés, qui ne peuvent exciper des cas fortuits et de force
» majeure, pour se dispenser de la garantie de la perte
» des choses et marchandises confiées à leur garde, qu'au-
» tant qu'ils justifient qu'il n'y a eu ni imprudence, ni
» négligence ou incurie de leur part, et qu'ils ont été dans
» l'impuissance de prévoir, prévenir, éviter, et atténuer
» les effets de l'événement qu'amena fortuitement la perte

» ou les avaries des choses dont ils se trouvaient déposi-
» taires, comptables ou gardiens responsables ».

Ce considérant résume d'une manière fort nette toute l'étendue de la responsabilité des commissionnaires, et laisse voir clairement combien sont grandes les précautions qu'ils ont à prendre dans le transport des choses qui leur sont confiées. Avant le départ même des marchandises, leur responsabilité commence; ils doivent veiller à ce qu'elles ne se détériorent pas dans leurs magasins; s'ils ont pris à leur charge l'emballage, ils en répondent; dans le cas contraire, ils ne sont tenus sur ce point à aucune garantie.

4. Plusieurs fois, des difficultés se sont élevées au sujet des accidens survenus aux marchandises pendant le transport, et toujours les commissionnaires en ont été déclarés responsables, toutes les fois qu'on découvrait la moindre faute qui leur était imputable.

5. En examinant les droits du commissionnaire, nous avons dit que suivant qu'il répondait ou ne répondait pas des débiteurs, il percevait un droit de commission plus ou moins fort. Ce droit de commission sert quelquefois à apprécier l'étendue de la garantie du commissionnaire, en l'absence d'une stipulation expresse sur ce point. Il en est de même du commissionnaire pour le transport. Et, en effet, quand il reçoit un prix de voiture bien plus considérable qu'il n'est usage de le payer, n'y a-t-il pas bien des raisons de penser qu'il a entendu se soumettre à la garantie des pertes qui pouvaient survenir dans le transport, garantie dont il a dû connaître les charges, puisqu'il en a stipulé le profit ?

Il y a même raison de décider dans un cas comme dans un autre, et il est bien évident que l'expéditeur qui paie un prix de commission aussi élevé, entend obtenir quelque chose en retour, c'est-à-dire une garantie pour laquelle il a stipulé au profit du commissionnaire un prix que sans cela il n'eût jamais consenti à donner.

La Cour de cassation a consacré cette opinion par un arrêt du 21 janvier 1807, et dans une espèce bien plus favorable au commissionnaire que celle dont nous venons de nous occuper. Il avait pris soin d'annoncer par des prospectus et de répéter sur toutes ses lettres de voiture qu'il n'entendait pas garantir le bris des choses fragiles et le coulage des liquides, mais en même temps il avait exigé pour prix de transport une somme de 10 francs par quintal, tandis que le prix ordinaire n'était que de 7 francs.

Le 7 nivôse an 14, jugement du tribunal de Pau, ainsi conçu :

« Considérant que la responsabilité des voituriers est » établie par les lois anciennes et par les articles précités » du Code civil (1782, 1952, 1955 et 1784) ;

» Que la lettre de voiture dont Mérillon excipe, est son » propre ouvrage; que Catalogne, loin de l'avoir souscrite, » s'est au contraire récrié contre les conditions qu'elle ren » ferme, dès qu'il en a été instruit, et qu'ainsi, en ren » dant hommage au principe que nul ne peut assujétir un » tiers par des titres et des conditions onéreuses qui lui » sont étrangères, il faut en conclure que Mérillon n'a pu » se soustraire à la responsabilité qui pèse sur lui en se » créant un titre dont tout concourt à démontrer la nullité ;

» Considérant que cette responsabilité n'aurait pas cessé
» d'exister, lors même qu'il serait certain, comme il est
» fait, que Catalogne aurait souscrit la condition insérée
» dans la lettre de voiture, puisque, d'une part, cette ad-
» hésion ne serait jamais présumée avoir été faite dans
» l'idée de laisser à Mérillon le droit de mésuser de la
» confiance qu'un expéditionnaire aurait eu des soins et
» précautions de transport; et que d'un autre côté, il au-
» rait suffi de la preuve d'une incurie quelconque dans un
» roulage ou voiturage pour faire cesser les avantages d'une
» réserve ou condition quelconque, destructive des obli-
» gations d'un dépositaire forcé et salarié;

» Considérant que le prix exigé par la partie de Perrin,
» de 10 fr. par quintal, lorsqu'il est constant que le rou-
» lage de Bordeaux à Pau ne se paie que 7 fr., produit
» une taxe de plus de 40 pour 100, et qu'elle ne saurait
» être envisagée autrement que comme une garantie et
» assurance dont Mérillon devait connaître les charges,
» puisqu'il en stipulait le profit; qu'il est d'ailleurs plus
» conséquent d'envisager ainsi une telle exagération dans
» le prix du transport, que de céder au calcul de Mérillon,
» qui allègue n'avoir reçu de plus qu'en l'embarras résul-
» tant du volume de la caisse, lorsque d'ailleurs il est
» constant qu'il n'existe pas, en effet, de tarif pour le prix
» des choses plus ou moins volumineuses ou commodes à
» transporter. »

La Cour, saisie du pourvoi, rend l'arrêt suivant :

« Sur le premier moyen résultant d'une prétendue vio-
» lation du contrat : attendu qu'en refusant d'admettre

» comme convention synallagmatique les lettres de voi-
» ture souscrites par le seul entrepreneur d'un roulage,
» et, en se décidant par des faits qui prouvaient, soit une
» surtaxe dans la commission, à raison de la fragilité, soit
» une incurie quelconque dans le mode du transport, le
» tribunal de commerce de Pau n'a violé aucun contrat
» formel des parties, ni faussement appliqué les disposi-
» tions du Code civil. » (Dalloz, tom. 2, pag. 774.)

6. Ainsi, on peut dire qu'en thèse générale, toutes
les fois qu'entre l'expéditeur et le commissionnaire, il
aura été convenu d'un prix supérieur à celui qui est payé
ordinairement pour le transport, on devra croire que le
commissionnaire s'est soumis à la garantie des risques
qui peuvent survenir en route, et que la surtaxe consentie à son profit n'est que le prix convenu pour cette
garantie.

7. Nous répéterons sous cet article ce que nous avons
dit sous l'art. 97; c'est que les tribunaux, toutes les fois
qu'il s'agira devant eux de déterminer qui doit supporter
la perte ou l'avarie des marchandises confiées au commissionnaire, sont juges des circonstances, seuls apprécia-
teurs des faits de chacun, et que, sur ce point, c'est dans
leur conscience qu'ils doivent aller chercher les raisons
de faire supporter la perte à l'un plutôt qu'à l'autre, eu
égard aux fautes commises. Le législateur n'a établi aucune règle sur ce point; il s'abandonne à la prudence et
à l'équité des juges qui se régleront sur les circonstances.

Art. 99. Il est garant des faits du commis-

sionnaire intermédiaire auquel il a adressé les marchandises.

1. Cet article est fondé sur le principe que le commissionnaire demeure responsable jusqu'à ce que les marchandises soient arrivées à leur destination. Dès lors il doit répondre de ceux qu'il emploie, sauf son recours contre eux, au cas où il serait, pour leur fait, poursuivi par le consignataire.

2. Quand bien même le commissionnaire ferait connaître au propriétaire des marchandises le commissionnaire intermédiaire qu'il emploie, il n'en serait pas moins responsable; car il est évident que la connaissance donnée au propriétaire ne peut en rien délier le commissionnaire de ses obligations; peu importe qu'il emploie ceux qu'il jugera utile d'employer; l'essentiel, c'est que la marchandise arrive à sa destination.

3. L'intervention d'un commissionnaire intermédiaire ne change pas l'engagement du commissionnaire principal; son obligation reste la même, celle de faire arriver la marchandise; dès lors il ne doit pas cesser d'être garant du transport, sauf son recours contre celui qu'il a employé. C'est avec lui que l'expéditeur a contracté, c'est donc à lui à répondre de l'inexécution des engagemens qu'il a librement consentis. Autrement, il lui serait trop facile de se dégager de ses obligations, si, en cas de retard, de perte ou d'avarie de la marchandise, il en était quitte pour indiquer à l'expéditeur le commissionnaire intermédiaire dont il s'est servi. Il éluderait ainsi la loi dont les termes sont trop clairs et trop formels surtout pour

qu'il en puisse être ainsi. (Cour de Bordeaux , arrêt du 3
fructidor an 8; jugé en sens contraire : Poitiers , 5o ther-
midor an 11. T. 3, 2ᵉ part., p. 493.)

4. Il existe entre tous les commissionnaires une solidarité dont toutefois l'art. 99 n'a pas parlé, quoique cependant le législateur ait eu l'intention de l'admettre.

On a demandé, dit M. Locré, quelle solidarité peut
exister entre le commissionnaire qui se charge du transport , et le commissionnaire intermédiaire auquel il adresse
ses marchandises.

Cette solidarité, répondit-on , vient de ce que le commissionnaire doit répondre du voiturier et des agens qu'il
emploie; qu'ainsi il demeure responsable jusqu'à ce que
les marchandises soient arrivées à l'acheteur.

5. Mais ne convenait-il pas du moins de ne le rendre
responsable que subsidiairement?

Non; on doit laisser à l'acheteur la faculté de choisir,
parmi tous les responsables , celui auquel il suppose le plus
de solvabilité.

Et l'on conçoit en effet qu'il en soit ainsi , puisque tous
ceux employés pour un transport, sont obligés à une
même chose, et que tous doivent faire parvenir les marchandises à leur destination. C'est en outre une garantie
de plus donnée à l'expéditeur, garantie qui ne saurait être
trop étendue dès lors que la remise faite par lui des objets
à transporter est assimilée à un dépôt nécessaire.

6. Nous avons dit que le commissionnaire était garant
des faits du commissionnaire intermédiaire auquel il
adressait les marchandises, sauf son recours contre lui.
Inutile de dire pourquoi ce recours peut être ainsi exercé,

car les mêmes raisons qui rendent le commissionnaire responsable vis-à-vis de l'expéditeur, s'appliquent au commissionnaire intermédiaire vis-à-vis du commissionnaire principal. C'est de lui qu'il tient son mandat, c'est envers lui qu'il s'est engagé à effectuer le transport en son lieu et place; il est donc juste que son mandant exerce contre lui le recours dont nous parlons. Mais par cela même qu'il tient son mandat du commissionnaire principal, celui-ci doit l'indemniser, non-seulement de tous ses déboursés, mais encore des avances qu'il aurait pu faire sur les marchandises mêmes.

Ainsi, supposons qu'un commissionnaire principal, en recevant des marchandises pour les expédier, fasse à l'expéditeur des avances sur ces marchandises; puis, qu'en les remettant au commissionnaire intermédiaire, celui-ci lui rembourse les avances, si le consignataire ne se présente pas pour les recevoir, et si les marchandises expédiées n'ont pas assez de valeur pour couvrir les avances et frais, il est bien évident, d'après ce que nous venons de dire, que le commissionnaire principal devra être tenu de lui restituer tout ce qu'il a reçu de lui.

A cette décision légale se joignent des considérations de fait qui rendent plus favorable encore la position du commissionnaire intermédiaire. Quand il reçoit les marchandises, il n'en connaît pas la valeur; il ne peut même la connaître. Si la marchandise, qui entre ses mains est pour lui le gage de ses avances, ne s'élève pas à la valeur de ces mêmes avances, il ne peut souffrir d'un fait qui lui est étranger, et perdre ce qu'il a payé sur la foi du gage. Il est donc bien fondé à réclamer ses avances contre celui de qui il a reçu son mandat. Sans doute ces raisons s'appliquent aussi au commissionnaire principal, mais seulement au regard de l'expéditeur contre lequel il aura un recours pour se faire indemniser de tout ce qu'il aura déboursé pour son compte. Si l'expéditeur ne peut obtenir le remboursement de ce qui lui est dû, il supportera seul la perte qui peut être considérable : sa position sera la pire; mais le commissionnaire intermédiaire ne peut entrer dans de telles considérations; c'est du commissionnaire principal qu'il a reçu mandat pour le transport, c'est à lui seul qu'il doit s'adresser. Ainsi jugé par arrêt de la Cour de Paris (15 juin 1808, Dalloz, t. 2, p. 784).

7. L'art. 99 s'entend en ce sens, que le commissionnaire principal répond des faits du commissionnaire intermédiaire qu'il a choisi lui-même; car, s'il avait été étranger à ce choix, s'il ne l'avait chargé du transport que par les ordres et d'après l'indication de l'expéditeur, on ne verrait plus dans celui-ci un commissionnaire intermédiaire, mais bien un agent, un préposé de l'expéditeur, à l'égard duquel cesserait bien évidemment la responsabilité du commissionnaire principal.

8. Quand un engagement pour le transport a été contracté entre un expéditeur et un commissionnaire, celui-ci doit l'exécuter sans réserve; mais s'il survient un cas fortuit qui empêche ce transport, la convention se trouve de plein droit résolue. Si, par exemple, une inondation vient à intercepter les chemins, il est bien évident que le transport ne pouvant s'effectuer, l'expéditeur ne peut y contraindre le commissionnaire. Au contraire, celui-ci s'exposerait à des dommages-intérêts, s'il voulait l'entre-

prendre, et si, par suite de cette imprudence, les marchandises périssaient en route.

9. Dans l'impossibilité reconnue et constatée de faire le transport, le commissionnaire et l'expéditeur n'ont rien à réclamer l'un envers l'autre; tous deux étant étrangers à l'événement qui empêche le voyage, n'en sont pas responsables; les frais faits par chacun doivent rester à sa charge.

10. Il peut arriver encore que le commissionnaire, au lieu de se charger du transport, n'ait eu mission que de choisir un voiturier, et de l'engager pour le compte de l'expéditeur. Dans ce cas, il n'est plus qu'un simple mandataire de celui-ci; il n'est plus garant suivant l'art. 99; seulement son mandat le rend responsable du mauvais choix qu'il a fait, ou du retard qu'il a mis à remplir l'ordre de l'expéditeur.

11. Disons, pour démontrer l'étendue de la responsabilité du commissionnaire, qu'elle ne s'étend pas seulement à la marchandise elle-même. Cette responsabilité, dit M. Pardessus, qui commence au moment même de la remise des marchandises, s'étend non-seulement à tout ce qui est nécessaire pour leur conservation, telles que seraient, par exemple, les réparations de tonneaux qui fuiraient, mais encore à l'accomplissement des formalités ou conditions, et au paiement des droits dont les marchandises sont tenues, sauf le droit de s'en faire rembourser.

12. Que si, méconnaissant ses devoirs, et oubliant que les marchandises ne lui sont livrées que comme un dépôt nécessaire, le commissionnaire osait abuser de ce dépôt

pour s'en approprier une partie, ou le dénaturer d'une manière dangereuse, qu'il jette les yeux sur les art. 386, 387 et 408 du Code pénal; la peine sévère prononcée par la loi devra le détourner d'une entreprise coupable, car elle le frapperait, sans pour cela qu'il pût éviter la responsabilité civile dont nous v nons de parler.

Art. 100. La marchandises sortie du magasin du vendeur et de l'expéditeur, voyage, s'il n'y a convention contraire, aux risques et périls de celui à qui elle appartient, sauf son recours contre le commissionnaire et le voiturier chargés du transport.

1. Toute la difficulté consiste à connaître le véritable propriétaire, pour savoir sur qui pèsent les risques. L'art 1583 semble, au premier abord, trancher la question. Il pose, en principe, que la vente est parfaite entre les parties, et que la propriété est acquise de droit à l'acheteur à l'égard du vendeur, dès que la convention sur la chose et le prix existe, quoiqu'il n'y ait eu livraison de la chose ni du prix. L'art. 1138, applicable à tous les contrats en général, fortifie les principes particuliers de la vente.

« L'obligation de livrer la chose, aux termes de cet ar- » ticle, est parfaite par le seul consentement des parties » contractantes.

» Elle rend le créancier propriétaire, et met la chose à » ses risques dès l'instant où elle a dû être livrée, encore » que la tradition n'en ait point été faite, à moins que le

» débiteur ne soit en demeure de la livrer; auquel cas la
» chose reste aux risques de ce dernier. »

Voilà un principe clairement posé; pourtant il ne faut
pas l'appliquer avec trop de rigueur, car il arriverait ce
qui arrive toujours, quand on pousse un principe dans
ses dernières conséquences, on consacrerait l'injustice. Quelques distinctions sont nécessaires. Si le risque
est le résultat d'un cas fortuit ou d'une force majeure,
sans aucun doute il pèse sur l'acheteur, véritable propriétaire de la chose détruite.

Mais si le dommage provient du fait du commissionnaire ou du voiturier, il faut savoir si cet agent a été employé par le vendeur, ou s'il n'a été chargé que sur la
désignation de l'acheteur. Au premier cas, la responsabilité du vendeur est gravement compromise. En effet, il
devait livrer la marchandise vendue à l'acheteur en bon
état; si cette livraison n'a pas lieu, il faut qu'il s'en prenne
à lui-même, puisqu'il répond des actes d'un homme employé par lui. Au second cas, les risques se trouvent à la
charge de l'acheteur; car, en désignant soit le commissionnaire, soit le voiturier, il les met à sa place, et la livraison qui leur est faite est censée faite à l'acheteur lui-
même, représenté par des agens de son choix.

Il faut dire aussi que les principes posés par les articles 1138 et 1583 du Code civil, constituent la règle
générale, tandis que l'art. 100 prévoit un cas exceptionnel. « Presque toutes les ventes dans le commerce se font
» sous une condition suspensive, sous la condition expri-
» mée ou tacite d'être essayées, ou d'être agréées par l'a-
» cheteur; et surtout quand celui-ci n'est pas sur les

» lieux, comme dans l'espèce, la vente se fait sous la con-
» dition que la marchandise sera conforme à l'échantillon;
» cela est si vrai que la loi autorise l'acheteur à laisser la
» marchandise pour compte, lorsque cette condition n'est
» pas réalisée; cela est si vrai que l'article 100 lui-même,
» par ces mots, *s'il n'y a convention contraire,* permet
» aux parties de faire porter les risques du voyage ou sur
» le vendeur ou sur l'acheteur, ce qu'il n'aurait pu faire
» sans consacrer une violation au prince *res perit domino,*
» si la propriété de la chose reposait, du moment de la
» vente et de l'expédititon, sur la tête du seul acheteur. »
(M. Ginouvier, Code des commerçans.)

Mais, lorsque toutes les conditions de l'achat sont accomplies, quand on reconnaît les marchandises conformes à l'échantillon envoyé, de toute évidence, le principe
général reprend sa force, et les marchandises appartiennent à l'acheteur, à dater de la conclusion du marché.
Le droit commun s'observe, sauf la faculté d'y déroger
par des conventions contraires.

Ici M. Locré prétend, avec raison, que si l'acheteur n'a
pas stipulé quelque clause particulière, il est censé s'en
tenir au droit commun. S'il n'a pas indiqué au vendeur
quelque commissionnaire ou voiturier, pour effectuer le
transport des marchandises, il est réputé s'en être rapporté à la bonne foi du vendeur. (M. Locré, art. 100.)

2. Celui qui a reçu mission d'expédier des marchandises dans un bref délai, est-il responsable envers le
mandant du retard qui a lieu par la faute du commissionnaire du roulage auquel il les a remises, pour être transportées dans le délai fixé? Non. Une fois qu'il a déposé les

marchandises entre les mains du commissionnaire de roulage, il est libéré; il a rempli exactement son mandat. On ne peut pas argumenter de l'art. 1994 du Code civil, qui rend le mandataire responsable de la gestion de l'individu qu'il s'est substitué, s'il n'a pas reçu le pouvoir de se substituer quelqu'un. En effet, dans l'espèce présente, le mandat consistait à expédier, le plus tôt possible, la marchandise demandée. Pour expédier, il fallait évidemment s'adresser à un commissionnaire de roulage, et ce dernier n'était pas le substitué de l'expéditeur, mais il agissait pour son compte dans la mission conférée. L'expéditeur devait donc seulement, aux termes de sa commission, trouver un commissionnaire de roulage; son mandat finit au moment où il le trouve et où il lui remet les marchandises à transporter. Sera-t-il responsable du choix? Pour résoudre cette question, il suffit de se rappeler la règle posée au précédent paragraphe. Nous avons dit qu'en s'abstenant d'une désignation, l'acheteur semblait s'en rapporter au choix du vendeur. Eh bien! nous dirons ici qu'en ne désignant pas de commissionnaire, le négociant, qui donne la mission d'expédier les marchandises, paraît se référer aux soins de son mandataire; et que, si la commission est mal remplie, il doit s'en prendre au commissionnaire, et non pas à l'expéditeur, dont le mandat finit à l'instant où il remet les marchandises entre les mains du commissionnaire. (Cour royale de Metz, S. 19, 2, 68.)

3. Le voiturier ne peut pas s'autoriser de l'article 100 pour repousser l'expéditeur par défaut de qualité. C'est en vain qu'il prétendrait que le propriétaire seul a droit de le poursuivre, puisque seul il supporte le risque, sauf

son recours contre le commissionnaire et le voiturier. On lui répond part l'art. 101. Aux termes de cet article, la lettre de voiture forme un contrat entre l'expéditeur et le voiturier, ou entre l'expéditeur, le commissionnaire et le voiturier. Or, toutes les parties contractantes ont le droit d'exiger l'exécution du contrat. Il faut donc que le voiturier débatte ses intérêts avec l'expéditeur, et qu'il lui oppose, pour éviter une condamnation, d'autres argumens que ceux tirés d'une fin de non-recevoir.

4. L'article que nous expliquons maintenant, confirme la responsabilité des commissionnaires et des voituriers, déjà posée par les articles précédens. Pourtant cette responsabilité, qui semble toute nouvelle au premier abord, se complique de toutes les difficultés nées à l'occasion des diverses relations qu'établissent nécessairement les besoins du commerce. Ainsi, tout le monde comprend sans peine que le commissionnaire doit répondre des accidens arrivés par sa propre faute. Mais, quant aux pertes causées par l'incurie du voiturier, le commissionnaire se verra-t-il condamné à les garantir? Si on admet en principe sa responsabilité, l'admettra-t-on généralement, sans distinction aucune, qu'il y ait ou non imprudence inexcusable dans le choix? Nous pensons que la décision ne saurait être générale, et que toutes les fois qu'il n'y a pas faute, il ne doit pas y avoir responsabilité. Quand donc n'existe-t-il pas de faute? Lorsque le commissionnaire se conduit en bon père de famille, lorsqu'il agit pour le compte d'autrui comme pour le sien propre; en un mot, lorsqu'il fait ce que les propriétaires des marchandises auraient fait eux-mêmes. Ainsi, qu'il choisisse un voiturier connu, qu'il ait

soin de le charger d'une lettre de voiture, des déclarations requises, d'un acquit-à-caution, et il aura rempli son mandat dans toute son étendue. En résumé, toutes les fois qu'il existe la preuve certaine que le commissionnaire a fait les diligences nécessaires pour la sûreté des marchandises, qu'il a pris tous les renseignemens sur le voiturier chargé du transport, qu'il a remplacé parfaitement l'expéditeur dans la recherche de tous les moyens de garantie, il ne peut pas raisonnablement répondre d'une perte qui serait arrivée quand bien même le propriétaire, ordinairement si soigneux de ses propres intérêts, aurait surveillé le départ de ses marchandises. Cette opinion a été soutenue par Savary, dont le savant plaidoyer se trouve rapporté dans le Répertoire de Merlin, v^{is} *Commissionnaire de roulage*, § 6.

5. Tout le monde reconnaît que le commissionnaire de roulage supporte la responsabilité de la fausse direction qu'ont pu prendre les marchandises dont il a entrepris le transport; mais on n'est pas d'accord pour l'attribution de propriété de l'action qui résulte de cette responsabilité. Les uns prétendent qu'elle appartient au propriétaire, et qu'elle ne peut être exercée par le vendeur; les autres soutiennent que ce dernier seul a le droit de l'exercer. La Cour de Colmar a rendu, sur cette question, un arrêt qui nous paraît conforme aux vrais principes. « Attendu, dit-elle, que Hocher et Steiner prétendent que les «marchandises, au lieu d'être rendues à Pise, l'avaient été «à Milan, et avaient été refusées à raison de ce, par le sieur » Nicolas Hielman, actionnèrent au tribunal de Mulhau-«sen, Schœn et Drestch en restitution des marchandises,

» si mieux n'aimaient ceux-ci leur payer 8,979 fr., pour
» le prix d'icelles; ce qui donna lieu à l'action en arrière-
» garantie de ceux-ci contre Barisone; or, l'action princi-
» pale de Hocher et Steiner était-elle fondée, et par suite
» les actions en garantie ? Vu l'art. 100 du Code de com-
» merce, ainsi conçu : La marchandise sortie des maga-
» sins du vendeur ou de l'expéditeur, voyage, s'il n'y a
» convention contraire, aux risques et périls de celui à
» qui elle appartient, sauf son recours contre le commis-
» sionnaire et le voiturier chargés du transport;

» Attendu qu'il résulte de cette disposition claire et pré-
» cise, que Hocher et Steiner n'avaient eu d'action, à rai-
» son des marchandises dont s'agit, sorties de leurs maga-
» sins, que contre Nicolas Hiclmann, puisqu'il en était
» l'acheteur, et qu'il les a acceptées, puisqu'il en a dis-
» posé, ainsi que cela est constaté par les actes produits
» au procès; comme aussi que ce n'était qu'envers celui-ci
» que les commissionnaires de Mulhausen, Lyon et Turin,
» pouvaient être responsables des fautes par eux commises
» dans l'expédition des marchandises, ou dans la mauvaise
» direction qu'ils leur avaient donnée; les appels princi-
» paux sont donc fondés, et par suite l'appel subsidiaire
» l'est également;

» Par ces motifs, la Cour, sans s'arrêter à la fin de non-
» recevoir proposée par les parties de Wilhelm, en laquelle
» la Cour les déclare mal fondées, prononçant, tant sur les
» appels principaux que sur l'appel subsidiaire du jugement
» rendu entre les parties, par le tribunal de commerce de
» Mulhausen, le 8 juillet 1815, met l'appellation et ce dont
» est appel au néant; émendant, décharge les appelans

»principaux et subsidiaires des condamnations contre eux
»prononcées; sauf aux subsidiairement intimés à se pour-
»voir contre qui et ainsi qu'ils aviseront bon être; défense
»au contraire; les condamne aux dépens, tant de cause
»principale que d'appel. » (Sircy, 16, 2, 88.)

6. En cas de contestation entre le vendeur et l'acheteur, on se demande devant quel tribunal sera portée la
difficulté. Concluera-t-on qu'aux termes de l'article 100
du Code de commerce, la marchandise, voyageant aux
risques de l'acheteur, la livraison est censée faite au domicile du vendeur dès le moment du départ, et que l'a-
cheteur sera assigné devant le tribunal du domicile du
vendeur?

Pour l'affirmative, on s'appuie sur l'art. 420 du Code
de commerce, qui admet des exceptions au principe général en matière d'assignation. Il permet de citer devant le tribunal, dans l'arrondissement duquel la promesse a été faite
et la marchandise livrée. On argumente encore des articles 1247 et 1651 du Code civil, qui ordonnent le paicment
du prix au lieu où doit s'opérer la délivrance, s'il n'existe
pas de convention contraire. On soutient alors, en l'absence de tout pacte particulier, que la livraison se trouve
parfaite à l'endroit d'où la marchandise s'expédie par le
vendeur, et pour preuve, on allègue l'art. 100 du Code de
commerce, qui met les marchandises aux risques du propriétaire, par conséquent de l'acheteur, puisque, en règle
générale, il devient propriétaire par la signature du
contrat.

La réponse à cette argumentation est facile. Tous les
principes, dont on s'autorise, sont vrais; nous les adop-

tons aussi, mais pour en tirer des conséquences différentes. Nous savons que les marchandises appartiennent à
l'acheteur à dater du contrat; mais, de ce que nous reconnaissons son droit de propriété, il ne suit pas que la délivrance se trouve effectuée. Le fait de la livraison est entièrement indépendant de la transmission de propriété.
La loi s'explique formellement à cet égard; son texte
ne permet aucun doute. L'art. 1138 s'exprime ainsi :
« L'obligation de livrer la chose est parfaite par le seul
» consentement des parties contractantes. Elle rend le
» créancier propriétaire, *et met la chose à ses risques, dès
» l'instant où elle a dû être livrée, encore que la livrai-
» son n'en ait point été faite* ». La question n'est donc plus
que de savoir où s'effectuera la délivrance. Remarquons
bien que les art. 1247 et 1651 n'ont aucune valeur pour
la décision de la difficulté. Que disent-ils? Ils statuent sur
le lieu du paiement de la chose vendue, et non pas sur le
lieu de la livraison. Il faudra donc toujours se demander où
doit s'opérer la délivrance, pour connaître le tribunal devant lequel l'assignation se donnera. On aboutira toujours,
bon gré mal gré, à une question de fait. Pourtant, selon
nous, s'il n'existe pas de convention, il est plus juste de
penser que l'acheteur a voulu que la marchandise fût livrée à son domicile; car, ordinairement, les embarras du
transport appartiennent au vendeur, qui sait bien augmenter le prix en raison des frais occasionnés par le roulage.
La Cour de cassation a cassé un arrêt de la Cour royale
de Nîmes, qui avait admis l'opinion contraire à celle que
nous soutenons. « La Cour, vu l'art. 59 du Code de procé-
» dure civile; vu pareillement l'art. 429 du même code;

» Attendu que le premier de ces articles porte une dis-
» position générale qui doit être observée, sauf les cas d'ex-
» ception prévus par le second de ces articles; mais que ,
» dans l'espèce de la cause où il n'avait été rien stipulé sur
» le lieu du paiement, c'était à Castelnaudary où la pro-
» messe avait été faite , que , d'après la disposition de l'ar-
» ticle 1247 du Code civil, le paiement aurait dû avoir
» lieu , si le marché avait dû recevoir son exécution; d'où
» il résulte qu'en rejetant le déclinatoire proposé par le
» demandeur, l'arrêt attaqué, non-seulement a fait une
» fausse application de l'art. 420 du Code de procédure;
» mais, de plus, a contrevenu à l'art. 59 du même code;
» par ces motifs, casse. » (Sirey, 22, 1, 152.)

Art. 101. La lettre de voiture forme un contrat entre l'expéditeur et le voiturier, ou entre l'expéditeur, le commissionnaire et le voiturier.

1. Pour que cet article soit bien compris, il est nécessaire de donner quelques explications préliminaires sur
la nature des opérations habituelles pour le transport des
marchandises. Ordinairement, le négociant qui veut faire
parvenir des marchandises dans un endroit éloigné du
lieu où il exerce son commerce, a des relations soit avec
un commissionnaire de sa résidence qui se charge de l'envoi, soit avec des commissionnaires qui résident dans une
autre ville, et dirigent des voitures pour la destination
des marchandises.

Si le négociant s'adresse directement à ces divers com-missionnaires, un contrat direct se forme entre eux. S'il s'adresse à un voiturier, le contrat alors existe entre lui et le voiturier. Au cas où le commissionnaire primitivement chargé, confie le transport à d'autres commissionnaires, ceux-ci sont responsables à l'égard du premier, qui reste toujours l'obligé de l'expéditeur. Ce dernier ne peut exercer son recours contre les sous-commissionnaires que comme le représentant du premier commissionnaire, et, comme son représentant, il n'a pas plus de droit que lui.

2. Dans beaucoup de villes, il existe des commission-naires d'entrepôt. « Ceux-ci sont des personnes demeurant » dans les lieux où les marchandises se déchargent par les » voituriers, tant par eau que par terre, qui les y amè-» nent et qui ne passent pas outre pour les recharger en-» suite pour d'autres endroits : par exemple, Lyon est un » entrepôt pour toutes les marchandises qui viennent d'Ita-» lie et de Marseille, où il y a des commissionnaires qui les » reçoivent et qui les envoient ensuite par terre à Rouane, » qui est située sur la rivière de Loire, où elles se char-» gent ensuite sur des bateaux pour être envoyées à » Orléans, Tours, Angers, Nantes et autres lieux. » (Sa-vary, liv. 3, chap. 5.)

« Il n'y a rien qui facilite tant le commerce que les » villes d'entrepôt, si l'on considère l'avantage qu'en re-» çoivent les marchands ; car il est certain que les voitures » seraient plus chères s'il fallait envoyer les marchandises » par terre directement d'un lieu en un autre : par exem-» ple, s'il fallait envoyer directement de Nantes à Paris, » ou en Champagne, sur des charrettes, les marchandises

» qui viennent d'Espagne, Portugal et autres pays étran-
» gers, il en coûterait davantage de voiture que si on les
» envoyait par eau dudit lieu à Orléans, et de ladite ville
» à Paris par terre, parce que les voitures sont moins
» chères par eau que par terre, ainsi que l'expérience nous
» a appris; car, par exemple, si un négociant de Paris
» avait commis en Espagne ou en Portugal des laines ou
» autres marchandises, et qu'il les fît venir par mer jus-
» qu'à la Rochelle, il serait obligé de les faire venir di-
» rectement par terre jusqu'à Paris, parce qu'il n'y a
» point de rivière sur laquelle on les pût charger; ainsi, il
» lui coûterait douze à quinze livres pour cent pesant, au
» lieu que si elles étaient débarquées à Nantes, il les ferait
» venir sur la rivière de la Loire jusqu'à Orléans, et de là
» à Paris par terre, et il n'en coûterait au plus que cinq
» livres pour cent pesant pour la voiture, tant de Nantes
» à Orléans par eau, que d'Orléans à Paris par terre. »
(Savary, liv. 3, chap. 5, t. 1.)

3. Pour le commissionnaire d'entrepôt, il existe la cor-
rélation d'obligations que nous avons établies. Que l'expéditeur s'adresse directement au commissionnaire d'entrepôt, et le contrat existera entre eux deux. Si, au contraire,
l'expéditeur s'adresse à un commissionnaire qui se charge
de faire arriver, n'importe comment, les marchandises à
destination, l'expéditeur a un recours contre lui sauf
l'action en garantie de ce dernier contre les individus qu'il
s'est substitués. Ainsi, il a un recours contre le commissionnaire d'entrepôt qui aura causé par sa négligence
la perte des marchandises, ou qui aura apporté du retard
dans l'envoi.

4. On comprend facilement l'intérêt du commissionnaire à remplir sa mission avec le plus de soin possible. Sa responsabilité se trouve gravement engagée. Savary, dans son excellent traité du Parfait Négociant, énumère toutes les précautions que le commissionnaire d'entrepôt doit prendre pour se mettre à couvert de toutes les actions en garantie que l'expéditeur aurait le droit d'exercer contre lui. Nous rapportons le passage tout entier, le croyant très-utile aux hommes du métier qui daigneront jeter les yeux sur notre onvrage. C'est pour eux que nous écrivons; aussi, toutes les fois que nous rencontrons dans un auteur une opinion qui nous paraît saine, fondée sur les vrais principes, nous empressons-nous de la recueillir, de la rapporter, donnant ainsi à nos lecteurs tous les élémens nécessaires pour se former une opinion sur les difficultés qui les embarrassent. Beaucoup de gens nous diront peut-être qu'il vaudrait mieux inventer ! Nous répondrons qu'en droit on n'invente pas; on travaille sur des principes généraux arrêtés par le législateur; on tire des conséquences de ces principes;... et la meilleure manière d'arriver à la découverte de la véritable pensée de l'auteur de la loi, est de consulter les opinions de tous les jurisconsultes, pour adopter celle qui nous paraît la plus juste. Quand on écrit sur des matières commerciales, où la pratique a une si grande influence, il faut admettre les conseils des hommes de pratique, surtout quand ils ne présentent que le développement rationnel d'un principe reconnu. Ici quel est le principe reconnu ? C'est la responsabilité des commissionnaires, si la chose transportée périt ou souffre des avaries par leur négligence. Comment éviter

cette responsabilité ? Par l'apport de tous les soins d'un bon père de famille. Quels sont ces soins ? Les voici. Savary répond :

« Premièrement, il faut que dans les villes d'entrepôt, »où les marchandises viennent par eau, les commission-»naires se logent près des rivières, afin d'éviter les frais »des crocheteurs et gagne-deniers pour le port des mar-»chandises au magasin, qui seraient grands, s'ils en étaient »éloignés ;

»2° Il faut qu'ils aient un magasin grand et spacieux »pour y mettre les marchandises commodément, séparé-»ment et sans confusion, pour les trouver à point nommé, »quand il est question de les en tirer pour les charger sur »des charrettes, et les envoyer aux lieux destinés;

»3° Ils doivent prendre soigneusement garde quand ils »reçoivent les balles et caisses de marchandises des batte-»liers, qu'elles soient bien conditionnées, c'est-à-dire, »qu'elles ne soient point mouillées et gâtées par quelque au-»tre accident : si ce sont des tonneaux d'huile, ou quelque »autre marchandise liquide, si elles ne sont pas trop en vi-»dange; ainsi, à l'égard de toutes sortes de marchandises, »et en faire de bons procès-verbaux, s'il s'en trouvait au-»cuns, afin d'éviter les difficultés qui pourraient survenir »entre les charretiers et les marchands à qui elles appar-»tiennent; et entre eux pour la difficulté qui s'y rencontre-»rait, lorsqu'elles leur seraient livrées, dans la croyance »qu'ils auraient qu'elles seraient arrivées par leur faute : »cette précaution est même conforme aux lettres de voiture, »qui portent ordinairement ces mots : *L'ayant reçue bien »conditionnée et en temps dû, il vous plaira payer pour*

» *la voiture tant pour cent ou pour balle.* Cette maxime
» est si importante aux commissionnaires, que, s'ils rece-
» vaient des marchandises défectueuses et mal condition-
» nées, ils seraient tenus des dommages et intérêts envers
» les marchands à qui elles appartiennent; la raison en est
» que, suivant le proverbe, *qui passe commission perd;*
» car la lettre de voiture portant qu'ils recevront les mar-
» chandises bien conditionnées, ils ne doivent pas les re-
» cevoir autrement, à moins d'en être garans; c'est pour-
» quoi il est nécessaire que les commissionnaires ou leurs
» facteurs soient présens à la décharge des marchandises;

» 4° Si la marchandise est frêle et qu'elle se puisse cas-
» ser et briser (ce qui est marqué par une main imprimée
» sur les balles et caisses, ainsi qu'il a été dit ci-devant),
» d'avertir les crocheteurs et gagne-deniers de la manier
» doucement, pour empêcher qu'elle ne se brise;

» 5° Il faut songer, en arrangeant les marchandises dans
» le magasin, de séparer celles qui peuvent gâter les au-
» tres; par exemple, de ne point mettre des huiles et au-
» tres liqueurs coulantes sur des balles de drap, et sur des
» caisses de marchandises de soie, afin qu'elles ne puissent
» pas, par le coulage, les endommager;

» 6° De tenir les livres de réception et d'envoi des mar-
» chandises en bon ordre, pour éviter la confusion;

» 7° De ne point préférer dans l'envoi des marchandises
» les unes plus que les autres, car ce serait une injustice;
» il faut qu'un commissionnaire observe cette maxime, de
» les envoyer chacune à leur rang, c'est-à-dire, que les
» premières doivent toujours partir avant les dernières
» arrivées, si ce n'est les marchandises sujettes à se pour-

»rir et se gâter, comme des olives, oranges, citrons et
»autres fruits, et celles dont la vente doit être sommaire,
»comme le poisson sec et salé qui se débite en temps de
»carême, parce que ce sont des marchandises privilé-
»giées, et qui ne peuvent souffrir de retardement, sans
»produire un dommage très-notable à ceux à qui elles ap-
»partiennent;

» 8° De donner avis aux marchands, lorsque leurs mar-
»chandises seront arrivées, et le jour qu'elles sont parties
»ou qu'elles partiront, afin qu'ils puissent prendre leurs
»mesures dans la vente qu'ils en doivent faire, cela étant
»de très-grande conséquence aux négocians;

» 9° De ménager le prix des voitures et en tirer le meil-
»leur marché qu'ils pourront, afin d'éviter les dépenses
»inutiles, parce que les commissionnaires sont obligés en
»conscience de procurer tous les avantages possibles aux
»commettans, et ils ne doivent non plus faire payer aux
»marchands à qui appartiennent les marchandises, que ce
»qu'ils auront effectivement payé et déboursé pour les
»frais et avaries d'icelles, autrement ce serait un vol ma-
»nifeste;

» 10° Les commissionnaires doivent envoyer, du moins
»tous les ans, aux commettans, le mémoire tant des frais
»qu'ils ont payés pour eux, que de ce qui est dû pour
»leur commission, pour éviter les difficultés, les fins de
»non-recevoir, et pour en procurer le paiement; c'est
»une maxime à laquelle ils ne doivent jamais manquer.

»Les mémoires qu'ils enverront doivent marquer trois
»choses; la première, la date du jour qu'ils auront en-
»voyé et fait partir les marchandises; la seconde, le

» montant des balots, caisses et tonneaux ; et la troisième,
» par le menu, les frais et dépenses qu'ils auront faits lors
» de chaque envoi. » (Savary, liv. 3 , chap. 5, t. 1.)

5. Déclarera-t-on le commissionnaire responsable de la
saisie des marchandises qu'il a reçues en entrepôt, parce
qu'il a négligé de remettre au voiturier les acquits, les
certificats et les autres pièces qui assurent à ces marchandises un libre passage par les différens bureaux de
douanes où elles devaient être visitées ?

Sans aucun doute, la responsabilité du commissionnaire se trouve engagée. Le principe général veut *que tout
fait quelconque de l'homme, qui cause à autrui un dommage, oblige celui par la faute duquel il est arrivé, à
le réparer.* (Art. 1382 du Code civil.)

Qui a causé le dommage, c'est-à-dire, dans l'espèce,
qui a causé la perception d'un droit pour des marchandises qui avaient la faculté d'un passage libre ? Le commissionnaire qui a négligé de remettre les acquits et les
certificats : il devra donc indemniser l'expéditeur de tous
les frais occasionnés par son incurie.

6. La responsabilité atteint non-seulement les commissionnaires principaux, c'est-à-dire, ceux auxquels s'est
adressé directement le propriétaire expéditeur, mais elle
frappe aussi les commissionnaires intermédiaires. Ainsi,
le commissionnaire intermédiaire, auquel mandat avait
été donné d'exercer un recours contre le voiturier, dans
le cas où les marchandises seraient avariées, s'il reçoit ces
marchandises sans aucune protestation, est garant ou responsable, vis-à-vis du commissionnaire expéditeur, des
avaries existant au moment de l'arrivée des marchandises

à leur destination, soit parce qu'à défaut de réclamation de sa part, il doit être réputé les avoir reçues en bon état, soit parce qu'il a exécuté incomplètement le mandat qui lui avait été donné.

7. Le commissionnaire, d'après l'art. 99 du Code de commerce, répond des faits du commissionnaire intermédiaire auquel il adresse les marchandises. Ainsi, vis-à-vis de l'expéditeur, sa responsabilité augmente en raison du nombre des intermédiaires. C'est à lui à bien prendre toutes ses précautions; à choisir ses relations pour se mettre à l'abri des poursuites que pourrait intenter le propriétaire. Quant à ce dernier, le principal commissionnaire est son mandataire, et répond, à son égard, de la responsabilité de ses propres mandataires. Évidemment, l'art. 99 du Code de commerce établit une exception. *L'art. 1994 du Code civil pose qu'en principe général, le mandataire ne répond de celui qu'il s'est substitué qu'autant qu'il n'a pas reçu le pouvoir de se substituer quelqu'un, ou qu'ayant reçu ce pouvoir sans désignation de personne, celui dont il a fait choix était notoirement incapable ou insolvable.* Voilà la règle et l'exception bien établies. On demande maintenant si la responsabilité imposée par l'art. 99, aux commissionnaires de transport *par terre et par eau*, pèse également sur le commissionnaire qui se charge d'une expédition *par mer.*

Le tribunal de Marseille a rendu, pour la négative, un jugement confirmé par la Cour royale d'Aix. Ce jugement est ainsi conçu : « Attendu que le sieur M***, de Mar-
»seille, avait reçu du sieur A***, d'Avignon, la caisse de

» librairie dont il s'agit, pour être expédiée au sieur ***,
» libraire à Lisbonne, en prenant la voie de Cadix; .

» Attendu que, d'après l'art. 1994 du Code civil, le
» mandataire n'est responsable de celui qu'il s'est substitué
» que lorsqu'il n'a pas reçu ordre de le faire, ou que,
» ayant reçu ce pouvoir sans désignation de personne,
» celle dont il a fait choix était notoirement incapable ou
» insolvable;

» Attendu que la maison C*** de Cadix, à laquelle M***
» s'est adressé pour l'expédition dont il s'agit, ne peut être
» considérée comme incapable ou insolvable, puisqu'elle
» jouit encore d'une existence commerciale qui la met à
» l'abri de ce reproche; que les obstacles à l'introduction
» de la caisse en question dans le Portugal sont indépen-
» dans de la volonté ou de l'aptitude de cette maison; *que*
» *lors même qu'il y aurait faute de la part de cette mai-*
» *son,* le sieur M***, qui a dû croire s'adresser à une
» maison capable, ne pouvait présumer qu'elle la com-
» mettrait, et que dès lors il resterait hors de l'application
» de l'article précité;

» Attendu que l'art. 99 du Code de commerce, invo-
» qué par le sieur A***, est inapplicable à la cause, *puis-*
» *qu'il n'est évidemment fait que pour le commissionnaire*
» *de transport pour conduire par terre,* et non pour un
» simple commissionnaire de passage, etc., etc. »

M. Horson, dans ses Questions sur le Code de commerce, explique ce jugement. « Le tribunal de Marseille,
» selon ce jurisconsulte, en jugeant que l'art. 99 du Code
» de commerce est relatif seulement *aux transports par*
» *terre,* n'a bien certainement pas entendu déclarer cet

» article inapplicable *aux transports par eau* proprement
» dits, car il aurait par là violé de la manière la plus ou-
» verte le texte de la loi. » (Art. 96 et 99 du Code de commerce.)

« Mais le tribunal de Marseille et la Cour royale d'Aix
» ont reconnu que le commissionnaire qui se charge de
» faire effectuer une expédition par mer, n'est pas un
» commissionnaire de transport par terre et par eau dans
» le sens de l'art. 99 du Code de commerce; et qu'en con-
» séquence, c'est dans le droit ordinaire, et notamment
» dans l'art. 1994 du Code civil, qu'il faut puiser les rè-
» gles de la garantie à laquelle il est assujéti; sous ce rap-
» port, leur décision nous paraît avoir judicieusement
» établi une destination fort imparfaite pour le com-
» merce. » (Question 34.)

Il nous semble assez difficile, en présence des termes
généraux de l'art. 99 du Code de commerce, d'adopter
l'opinion de M. Horson. Pourquoi cette distinction entre
les transports sur les rivières et les transports sur mer?
Quelle est la raison de cette différence? La section qui
renferme l'art. 99 ne porte-t-elle pas le titre : *Des commissionnaires pour les transports par terre et par eau?*
Par eau...; cette expression n'est pas applicable aux rivières
seulement; le législateur ne le dit point : elle comprend
aussi les transports par mer, car nous n'avons jamais en -
tendu soutenir que le terme *eau* ne pouvait plus s'appliquer à la mer. Eau est une expression générique; plus tard,
elle recevra des dénominations différentes, quand on
voudra désigner un ruisseau, une rivière, un fleuve, une
mer. Si le Code avait parlé simplement des transports sur

une rivière, alors on serait fondé à déclarer ses dispositions étrangères aux transports faits soit sur un fleuve,
soit sur la mer. Mais il ne restreint pas ainsi l'art. 99,
il le veut applicable *à tous les transports par eau;*
par conséquent, chaque fois que le transport s'opé-
rera par eau, que la marchandise descende simplement
une rivière ou un fleuve, ou qu'elle traverse les mers,
peu importe; il y aura lieu à l'application de l'art. 99 du
Code de commerce. Toutes les distinctions nous paraissent arbitraires et faites contrairement au texte précis de
la loi.

8. Il faut remarquer ici la position favorable de l'expéditeur pour être bien édifié sur ses droits. Il peut actionner à volonté et même simultanément le commissionnaire et le voiturier. Il examine les apparences de solvabilité qu'ils présentent, et il dirige son action sur l'un ou
sur l'autre en raison des garanties de paiement qu'ils
offrent tous les deux.

9. Mais si l'expéditeur a un recours contre tous les commissionnaires et le voiturier, le commissionnaire expéditeur exerce aussi des droits contre les commissionnaires
intermédiaires. Il est nécessaire qu'il prouve que les avaries sont arrivées par la faute des agens intermédiaires et non
par la sienne propre. Jusqu'à cette preuve, on présume
toujours que les accidens sont arrivés par la négligence du
commissionnaire expéditeur, soit parce que l'emballement
ne s'est pas fait avec tout le soin possible, soit parce qu'il
n'a pas fourni tous les renseignemens nécessaires. Il faut
donc qu'il détruise cette présomption, et qu'il démontre

d'une manière irréfragable que les commissionnaires intermédiaires doivent s'imputer les sinistres.

10. La Cour de cassation a décidé, le 20 juin 1826, que l'individu qui a expédié à un premier commissionnaire des marchandises, avec ordre de les faire passer à un autre commissionnaire pour le compte d'un tiers, est censé reconnaître que ce tiers destinataire est le propriétaire de la marchandise, et qu'il peut en disposer à volonté. D'après cet arrêt, s'il arrive que le premier commissionnaire, au lieu de renvoyer au second, remette les marchandises en d'autres mains ; et si, par suite, l'expéditeur ne retrouve pas les marchandises, pour y exercer telles reprises qui lui conviennent, il n'a pas action contre le commissionnaire. Ce n'est pas à l'expéditeur, mais bien au destinataire que le commissionnaire doit compte d'un mandat qui lui a été donné pour le compte d'un tiers destinataire ; surtout alors que le destinataire ne se plaint pas, et paraît satisfait de la disposition faite par le commissionnaire.

Une telle décision, si elle n'est bien le vœu formel de la loi, est du moins exempte de violation expresse, et ne comporte pas de cassation. Voici, au surplus, l'arrêt de la Cour de cassation :

« La Cour, sur le moyen pris d'une prétendue viola-
» tion des art. 1957 et 1991 du Code civil, et sur la fausse
» application de l'art. 100 du Code de commerce ; attendu
» que l'arrêt constate, en point de fait, que la marchan-
» dise dont il s'agit a été expédiée par Brocard pour le
» compte de Legrand ; que la facture délivrée, à cet effet,
» est au nom et pour le compte de Legrand ; attendu que

» cette reconnaissance , non susceptible de controverse de
» la part de la Cour de cassation, rend inapplicable , dans
» l'espèce particulière de la cause , les dispositions des
» Codes civil et de commerce , invoquées par les deman-
» deurs ; rejette. » (Chambre des requêtes.)

11. Le commissionnaire chargeur , qui a fait des avances à l'expéditeur , possède-t-il un privilége , pour son
remboursement , sur les marchandises qu'il a chargées ,
lorsque l'expéditeur et le commissionnaire résident dans
le même lieu , et que les marchandises ne proviennent pas
d'une autre place ?

Telle est la question posée devant la Cour de cassation.
On se demande comment l'affirmative a pu être soutenue.
Il suffit de lire l'art. 93 du Code de commerce pour voir
que la discussion est impossible. Cet article donne un
privilége *à tout commissionnaire qui a fait des avances
sur des marchandises à lui expédiées d'une autre place
pour être vendues.* Devant un texte aussi précis , toute
équivoque disparaît. Mais on cherchait à tourner la difficulté ; on prétendait que cet article ne s'appliquait qu'aux
commissionnaires aux ventes , c'est-à-dire , à ceux qui ont
reçu mission de vendre la marchandise , et non aux commissionnaires qui l'ont seulement chargée ou voiturée. On
voit que cette interprétation était tout à fait arbitraire , et
que les parties intéressées créaient une distinction à laquelle le législateur n'avait pas songé.

Le défenseur soutenait encore que le privilége devait
exister en vertu de l'article 2102 du Code civil , qui déclare privilégiée la créance sur le gage dont le créancier
est saisi. Mais , lui répondait-on , pour que ce privilége

existât, il aurait fallu accomplir les formalités prescrites pour l'existence du gage.

Cette objection n'arrêtait pas la manie d'interprétation; on répondait que les art. 2074 et suivans n'ont prescrit les formalités nécessaires pour conserver le privilége du gage, qu'en matière civile.

La Cour de cassation, par son arrêt du 9 avril 1829, a fait justice de toutes ces hérésies :

« La Cour, en ce qui touche le moyen fondé sur la » violation de l'art. 2102, n° 6, du Code civil, et du même » article, n° 2, combiné avec l'art. 101 du Code de com- » merce ;

» Attendu que l'article 2102, n° 6, met au rang des » créances privilégiées les frais de voiture et les dépenses » accessoires, lesquelles créances doivent s'exercer sur la » chose voiturée ;

» Attendu que, sous ce rapport, le droit des sieurs Ba- » rillon et consorts a été reconnu incontestable ;

» Attendu que les avances faites par lesdits sieurs Ba- » rillon et consorts, sur les garances dont ils ont été char- » gés, ne pourraient opérer en leur faveur une créance » privilégiée en vertu de l'art. 2102, n° 2, qu'autant qu'ils » auraient été saisis desdites garances à titre de gage ;

» Attendu qu'en ce dernier cas, ils auraient dû remplir » les formalités prescrites par l'art. 2074, pour constater » légalement le gage dont ils étaient saisis ;

» Attendu que les sieurs Barillon et consorts n'ont pas rem- » pli ces formalités, et que la combinaison de l'art. 2102, » n° 2, avec l'art. 101 du Code de commerce, ne prouve

» nullement qu'ils pouvaient s'en dispenser, ou que l'ar-
» ticle 101 du Code de commerce se borne à dire que la
» lettre de voiture forme un contrat entre l'expéditeur et
» le voiturier, sans parler ni de gage, ni de privilége;

» D'où il suit que la Cour royale de Dijon, en déci-
» dant que les sieurs Barillon et consorts n'avaient de pri-
» vilége sur les garances qu'en vertu de l'article 2102, n° 6,
» du Code civil, et conséquemment pour leurs frais de
» voiture et dépenses accessoires, loin de violer cet article,
» en a fait une juste application, comme aussi, que son
» arrêt n'a violé ni le même article, n° 2, ni l'article 101
» du Code de commerce... ; rejette. » (Journal du Palais,
» 1829, 3, 576.)

Art. 102. La lettre de voiture doit être datée.

Elle doit exprimer :

La nature et le poids ou la contenance des objets à transporter;

Le délai dans lequel le transport doit être effectué.

Elle indique :

Le nom et le domicile du commissionnaire par l'entremise duquel le transport s'opère, s'il y en a un;

Le nom de celui à qui la marchandise est adressée;

Le nom et le domicile du voiturier.

Elle énonce :

Le prix de la voiture,

L'indemnité due pour cause de retard.

Elle est signée par l'expéditeur ou le commissionnaire.

Elle présente en marge les marques et numéros des objets à transporter.

La lettre de voiture est copiée par le commissionnaire sur un registre coté et paraphé, sans intervalle et de suite.

1. En voyant la nomenclature des formalités exigées par cet article, on se demande d'abord si elles sont toutes exigées à peine de nullité ? Nous ne pensons pas que cet article soit rigoureux ; nous le croyons plutôt énonciatif des formalités à employer. Qu'a voulu le législateur ? Il faut toujours remonter à l'intention de celui qui a rédigé la loi. Evidemment son but a été de fixer les conditions du transport. Eh bien ! toutes les fois que de la lettre de voiture, quelle que soit sa rédaction, il résultera une certitude, et sur le nombre des marchandises à transporter, et sur les conditions du transport, le but de la loi se trouvera rempli ; et le juge, si des difficultés s'élèvent entre les parties, sera à même de décider sûrement les questions qui lui seront soumises. « Le Conseil d'état, dit »M. Locré, à l'art. 102, n'a pas craint que le rapproche- »ment des art. 101 et 102 fît douter de cette intention. »Il ne peut y avoir de difficulté que pour ceux qui n'ont »pas l'habitude du commerce. Jamais jusque-là il ne s'é-

» tait élevé de doute. On pourrait, au surplus, s'en rap-
» porter à l'expérience des chambres de commerce , qui
» toutes avaient donné leur assentiment à l'art. 102. »

2. Mais si toutes les énonciations de l'art. 102 ne sont
pas rigoureuses , si la loi ne les prescrit pas à peine de nullité , il n'est pas du moins permis de prouver contre le
contenu de la lettre de voiture. Celle-ci forme un contrat
entre les parties , et les obligations respectives ne cessent
que de leur mutuel consentement.

3. Il ne suffit pas de s'occuper de la lettre de voiture,
des formalités qui entourent sa rédaction , de sa valeur et
du droit qu'elle confère aux parties. Il faut aussi examiner la position des contractans en cas d'absence d'une
lettre de voiture. Le contrat passé verbalement entre les
parties disparaîtra -t-il , parce qu'elles n'auront pas consi-
gné dans une lettre de voiture les diverses stipulations imposées comme conditions de l'obligation ? Le contrat,
s'il est prouvé , existera indépendamment de la lettre de
voiture ; seulement la preuve de son existence devra être
faite par celui qui voudra s'en prévaloir. Une fois la preuve
bien établie de la remise des marchandises à un voiturier,
elles seront présumées avoir été remises en bon état; alors
le voiturier , s'il veut soutenir le mauvais état des marchandises au moment de la remise , devra prouver leur
avarie; car, ainsi que le remarque M. Pardessus, t. 2 ,
n° 539, *il était maître de ne pas s'en charger sans lettre
de voiture, ou de refuser celle qui aurait contenu des
énonciations inexactes.*

4. Les lettres de voiture sont soumises au timbre. Voilà
une formalité qu'il ne faut pas oublier, car la régie sai-

sirait les lettres qui ne porteraient pas le timbre. M. Merlin, dans ses Questions, v^is *lettre de voiture,* rapporte un plaidoyer qu'il a prononcé à l'audience de la section civile de la Cour de cassation ; il traite cette question à fond. Il cite l'article 56 de la loi du 9 vendémiaire an 6 : *Les lettres de voiture,* dit cet article, *les connaissemens, les chartes-parties et polices d'assurance, les cartes à jouer, les journaux, 'gazettes, feuilles de papier de musique, toutes les affiches, autres que celles d'actes émanés d'autorité publique, quels que soient leur nature et leur objet, seront assujétis au timbre fixe ou de dimension.*

Plus tard, l'art. 22 de la loi du 13 brumaire an 7, déclare abrogées toutes les lois et dispositions d'autres lois sur le timbre des actes civils et judiciaires. M. Merlin se demande alors si les dispositions de l'art. 56 de la loi du 9 vendémiaire an 6 ne revivent pas dans les dispositions de la loi qui l'abroge. Ce célèbre jurisconsulte pense que les lettres de voiture sont comprises dans l'art. 12, ainsi conçu : « Sont assujétis au droit du timbre établi en »raison de la dimension, tous les papiers à employer pour »les actes et écritures, soit publics, soit privés, savoir : »1° les actes des notaires..., ceux des huissiers..., les actes »et procès-verbaux des gardes..., les actes et jugemens »de la justice de paix...., les actes entre particuliers sous »signature privée... *et généralement tous actes et écritures, »extraits, copies et expéditions, soit publics, soit privés, »devant ou pouvant faire titre, ou être produits pour »obligation, décharge, justification, demande ou dé- »fense...;* 2° les registres des administrations centrales et »municipales tenus pour objets qui leur sont particuliers...

» les répertoires de leurs secrétaires, ceux des notaires,
» huissiers et autres officiers ministériels ; ceux des rece-
» veurs des droits et receveurs des communes ; ceux des
» fermiers des postes et messageries; ceux des compa-
» gnies, etc. , etc. »

Cet article est formel; son sens ne présente aucune
ambiguité. La lettre de voiture se trouve comprise sous
cette dénomination générale *de tous actes et écritures, soit
publics, soit privés.* Il semble qu'il n'y a pas lieu à la
moindre contestation. Pas du tout : on répond que ces
actes ne sont soumis au timbre qu'autant qu'on les produit en justice.

Mais cette prétention paraît ridicule. S'il en était ainsi
pour tous les actes dont parle le paragraphe de cet article, il faudrait, par voie de conséquence, porter la même
décision pour le reste de l'article. Rien ne motivait une
préférence pour un paragraphe , puisque la loi est muette
sur ce point; on doit n'exiger le timbre *pour tous les actes
sans distinction,* qu'autant qu'ils sont produits en justice,
si on se croit forcé d'expliquer ainsi la loi.

M. Merlin pense trancher la difficulté par la loi elle-
même. L'article 16 porte : « Sont exempts du droit et de
» la formalité du timbre (*tels et tels actes publics*)... les
» doubles , autres que celui de comptable , de chaque
» compte de rentes ou gestion particulière et privée...
» toutes quittances entre particuliers , pour créances et
» sommes non excédant 10 francs ».

L'article 30 s'exprime ainsi : « Les écritures privées
» qui auraient été faites sur papier non timbré , sans con-
» travention aux lois du timbre, quoique non comprises

» nommément dans les exceptions, pourront être produi-
» tes en justice sans avoir été soumises au timbre extraor-
» dinaire ou au *visa pour timbre*, à peine d'une amende
» de 3o francs, outre le droit de timbre ».

Enfin vint la loi du 6 prairial an 7, qui, dans son article 5, déclare d'une manière expresse les lettres de
voiture soumises au timbre.

On peut voir encore le décret du 1G messidor an 13,
et le décret du 3 janvier 1809.

5. Pour éviter cette nécessité du timbre, quelques
négocians ont imaginé de se contenter d'un double de la
lettre de voiture. Par exemple, on prétend que la lettre
de voiture, trouvée sur un voiturier, est le double
d'une autre lettre de voiture, signée de négocians ayant
une autre résidence, et envoyant à leur correspondant
les mêmes objets qui se trouvaient relatés dans la lettre
de voiture saisie. Peut-on se contenter d'une pareille allégation ? Non ; elle est contraire à tous les usages du
commerce. Pourtant le tribunal civil de Montpellier avait
adopté une pareille allégation, et avait déchargé les négocians des demandes de la régie.

La régie attaqua ce jugement. M. Merlin, devant la
Cour de cassation, donna des conclusions favorables au
pourvoi. Elles furent adoptées. Nous allons rappeler les
conclusions de M. Merlin, telles qu'elles se trouvent dans
ses Questions de droit, et nous donnerons l'arrêt qui les
suivit.

M. Merlin, après un court préliminaire, s'exprime
ainsi : « Qu'entend-on par lettre de voiture ? C'est une
» lettre ouverte, qui contient un état des choses qu'un

» voiturier dénommé est chargé de conduire à la personne
» à laquelle elles sont envoyées. Et quel est l'objet de cette
» lettre ? C'est de prouver au voiturier le moyen de faire
» sur sa route les déclarations que la loi ou la police peu-
» vent exiger de lui, relativement à la nature de son char-
» gement; c'est de constater ses engagemens envers la
» personne à laquelle son chargement est destiné; c'est
» aussi de déterminer le salaire qui lui sera dû à son arri-
» vée. Il faut donc que la lettre de voiture soit remise au
» voiturier, et qu'il en soit porteur. Il n'y a donc vérita-
» blement de lettres de voiture que celles dont les voitu-
» riers se trouvent munis sur leur route. Dès lors, qu'est-ce
» qu'a entendu la loi, quand elle a assujéti au timbre les
» lettres de voiture ? Bien évidemment elle a entendu
» frapper de cette sujétion les lettres de voiture remises
» aux voituriers, les lettres de voiture dont les voituriers
» sont porteurs. Sans doute, il est bien libre au proprié-
» taire, ou même au commissionnaire chargeur, de rete-
» nir par devers soi un double de la lettre de voiture qu'il
» remet au voiturier; mais ce n'est point ce double qui
» constitue, aux yeux de la loi, la lettre de voiture : la loi
» ne reconnaît pour lettre de voiture que celle qui est
» entre les mains du voiturier.

» Comment donc le timbre apposé sur le double de la
» lettre de voiture, resté entre les mains du chargeur,
» pourrait-il dispenser de cette formalité la lettre de voi-
» ture remise au voiturier ? D'un côté, ce n'est pas le dou-
» ble resté entre les mains du chargeur, que la loi assu-
» jétit au timbre, et il est évident que le timbre apposé sur
» un acte qui n'y est pas sujet, ne peut pas en exempter

» un autre acte que la loi y a soumis. D'un autre côté, et
» ceci est plus péremptoire encore, si l'on admettait un
» pareil système, jamais les contraventions à la loi sur le
» timbre ne pourraient être réprimées ; car, dès que le
» chargeur apprendrait la saisie faite sur son voiturier
» d'une lettre de voiture non timbrée, il se hâterait d'en
» transcrire le contenu sur du papier frappé du timbre des-
» tiné à ces sortes d'actes ; il donnerait à cette transcrip-
» tion la même date qu'à la lettre de voiture saisie ; ensuite
» il la présenterait comme le double originaire de la lettre
» de voiture sur papier libre, dont son voiturier aurait été
» trouvé porteur. »

Le tribunal de cassation, le 2 brumaire an 10, cassa
et annula le jugement du tribunal civil de Montpellier.

« Considérant, dit-il, que les lois sur le timbre des let-
» tres de voiture s'appliquent évidemment et nécessaire-
» ment aux lettres de voiture trouvées sur les voituriers,
» et portant sur la marchandise dont ils sont chargés. »

Cette opinion du savant jurisconsulte nous paraît conforme aux principes. Il démontre fort bien que le seul
contrat qui lie l'expéditeur et le voiturier, est la lettre de
voiture dont ce dernier se trouve porteur. Si des difficultés s'élèvent, les contestans se référont à la lettre de
voiture que détient le voiturier, parce qu'elle constitue la
véritable convention ; elle doit être soumise au timbre
que la loi ordonne pour toute lettre de voiture.

D'ailleurs, quelles funestes conséquences résulteraient
de l'opinion contraire ! Il n'y aurait jamais rien de certain
entre l'expéditeur et le voiturier. Souvent la lettre de
voiture, détenue par le voiturier, pourrait ne pas être

tout à fait semblable à celle qui se trouverait entre les mains de l'expéditeur. Celui-ci ne serait pas fondé à soutenir avec raison que la seule lettre de voiture qui puisse fixer la position des parties, qui établisse les obligations réciproques, est la lettre dont il se trouve porteur. Enfin, des contestations naîtraient plus facilement que dans le cas d'une seule lettre confiée aux mains du voiturier.

Il faut adopter l'avis de M. Merlin : il se trouve conforme au texte précis de la loi, qui exige le timbre pour toute lettre de voiture, sans faire de distinction entre les doubles et l'original, puisqu'elle regarde la lettre de voiture portée par le voiturier comme le seul contrat qui lie les parties et fixe leurs obligations respectives.

6. Mais il faut remarquer que l'absence de timbre n'annule pas la lettre de voiture : aucune des parties contractantes ne peut argumenter de son défaut pour solliciter la nullité du contrat. Il y a seulement contravention à une loi fiscale, et la régie de l'enregistrement seule a le droit d'en demander la punition. Pour les parties, le contrat subsiste toujours dans toute sa force; aussi est-il convenable, après avoir expliqué toutes les formalités qui environnent la rédaction, de donner connaissance de l'étendue des obligations consignées dans la lettre de voiture.

7. Chaque lettre de voiture contient *une fixation d'indemnité* pour cause de retard. Comment entendra-t-on cette clause ? Cette indemnité existe-t-elle pour tous les retards, ou seulemnet pour les cas ordinaires ? Elle ne frappe que les retards peu dommageables aux parties. Par exemple, si le voiturier, au lieu d'arriver à sa destination dans la quinzaine de son départ, ainsi que le portait la

convention, arrive vingt jours après, il devra payer l'indemnité promise. Mais si le voiturier, malgré la défense expresse du commissionnaire, change de route, ses moyens de transport, il devra être condamné, en cas de retard, à la réparation de tous les dommages qu'il aura occasionnés. Il ne sera pas reçu à prétendre qu'il ne doit payer que l'indemnité fixée par la lettre de voiture; que celle-ci forme le seul contrat qui lie les parties; que le retard est prévu; que l'indemnité à laquelle il donne lieu est fixée; qu'il ne peut être réclamé, et que les juges ne peuvent prononcer contre le voiturier aucune condamnation plus forte, sans violer ouvertement la loi du contrat, la seule qui régisse les parties qui l'ont consentie. Toute la difficulté consiste à se rendre bien compte de l'intention des parties au moment du contrat. Le commissionnaire prétendra-t-il raisonnablement qu'il est tout simplement débiteur de la légère indemnité stipulée par la lettre de voiture, quels que soient les dommages éprouvés par les marchandises? L'expéditeur a-t-il consenti à fixer à un taux minime le tarif de toute la négligence du voiturier? Par exemple, si stipulant le transport par terre, le voiturier fait voyager les marchandises par eau, qu'il éprouve un mois de retard, et que le destinataire refuse de recevoir les marchandises, parce qu'elles ne sont pas arrivées à temps, l'expéditeur se contentera-t-il de la modique indemnité promise par la lettre de voiture? Non; cette indemnité n'est pas la réparation des désastres causés par la négligence du voiturier, mais seulement la punition du retard qu'il aura mis dans le transport des marchandises, sans qu'il en soit résulté un grand préju-

dice. Les dommages éprouvés se paient à part, en raison de leur importance. Telle est l'opinion émise par M. Favard de Langlade, dans son Répertoire, v^{is} *lettre de voiture.* C'est aussi dans ce sens qu'a décidé la Cour de cassation, chambre des requêtes, le 6 décembre 1814. « Attendu qu'en décidant que les circonstances extraor-
» dinaires déterminées par de mauvaises intentions fai-
» saient sortir les parties des dispositions de l'art. 102 du
» Code de commerce, uniquement applicable aux cas
» ordinaires et à des retards de peu de durée, la Cour de
» Toulouse a fait une juste application de l'art. 97 du Code
» de commerce et des principes généraux de la matière ;
» rejette. » (Sirey. 15. 1. 177.)

La Cour de Pau avait déjà jugé dans le sens adopté par la Cour de cassation. Son arrêt mérite d'être rapporté. Puis il est utile d'avoir sur une question aussi importante tous les renseignemens. « Vu les art. 97, 99 et 101 du
» Code de commerce, il a été considéré, d'après l'art. 97,
» que le commissionnaire est garant de l'arrivée des mar-
» chandises et effets dans le délai déterminé par la lettre
» de voiture, hors les cas de force majeure légalement
» constatés ;

» Que l'art. 99 le rend garant des faits du commission-
» naire intermédiaire auquel il adresse les marchandises ;

» Que, quoique d'après l'art. 101, la lettre de voiture
» forme un contrat entre l'expéditeur et le voiturier, ou
» entre l'expéditeur, le commissionnaire et le voiturier, et
» qu'il exige que la lettre de voiture indique l'indemnité due
» pour cause de retard, il ne s'ensuit pas que, si, par
» suite de quelque faute lourde du commissionnaire inter-

» médiaire, dont le premier est le garant, le propriétaire
» des marchandises doit éprouver des pertes considérables,
» il doit être réduit à se contenter de retenir le tiers du
» prix de la voiture, qui est toujours très-modique ; car,
» dans l'espèce actuelle, il ne se porte qu'à un objet de 18
» francs. Ainsi, l'indemnité indiquée dans la lettre de
» voiture ne peut être appliquée qu'à un retard ordinaire ,
» indépendant des fautes des commissionnaires ; car il est
» de principe que celui qui, par son fait , occasionne
» quelque dommage , doit le payer. » (Sirey. 14. 2. 206.)

8. Le commissionnaire de roulage et le voiturier pour-
ront-ils être contraints de garder les marchandises pour
leur compte, à titre d'indemnité par eux due pour cause
de retard ? Pour répondre à cette question, il faut faire
une distinction : ou l'indemnité due est fixée par la lettre
de voiture , ainsi que le prescrit l'art. 102, ou elle n'est
pas fixée. Au premier cas, on ne peut forcer le commissionnaire ou le voiturier à garder les marchandises , puisque le mode d'indemnité est établi par le contrat des parties, et que ce contrat , faisant leur loi, ne saurait être
modifié que de leur consentement mutuel. Au second cas,
les marchandises ne seront pas encore laissées au compte
du commissionnaire ou du voiturier , parce que nulle
part le Code de commerce n'autorise un pareil abandon
forcé. Il faut suivre les principes généraux qui, pour
l'inexécution d'une convention, accordent des dommages
et intérêts. Ordinairement, dans le silence du contrat,
ils se montent à la somme fixée, soit par les parties d'accord, soit par les tribunaux, et ils se soldent en numé-
raire.

9. Il est d'un grand intérêt, pour éviter toutes les con-testations, de bien préciser, dans la lettre de voiture, et l'époque de l'arrivée, et l'indemnité à payer pour cause de retard. Les lettres où cette condition est exprimée, se nomment *lettres de voiture à jour nommé.*

10. Les marchands, négocians et commissionnaires doiven tavoir soin de remettre aux voituriers les acquits, passavans, certificats et autres expéditions des bureaux, lorsqu'il y en a, ou de les joindre à la lettre d'avis (1), pour éviter toute difficulté au moment de retirer les mar-chandises des douanes ou bureaux où elles peuvent être déchargées. S'ils ont laissé au voiturier le soin d'acquitter les marchandises dans les bureaux qui se trouvent sur la route, il faut qu'ils ajoutent dans la lettre de voiture cette quatrième clause : *Et lui rembourserez les droits qu'il aura payés, en vous représentant les acquits.* (Merlin, Répertoire de jurisprudence, v^{is} *lettre de voiture.*)

11. Une fois que les marchandises arrivent à l'époque déterminée, la lettre de voiture sert au destinataire à vé-rifier si le voiturier lui remet bien toutes les choses pro-mises par l'expéditeur et consignées dans la lettre de voi-ture. Toutes les indications, prescrites par l'art. 102, sont nécessaires pour établir l'identité parfaite des mar-chandises. Nous n'insistons pas sur l'utilité de toutes les

(1) Si l'on met à la fin de sa lettre, *comme par avis*, c'est pour faire connaître qu'on a déjà écrit séparément par la poste, pour donner avis du départ de la marchandise, et que cette lettre du voiturier n'est véritablement qu'un *duplicata* de l'autre.

indications précisées par l'art. 102; elle apparaît à tous les esprits, et se comprend par la seule énumération.

12. Il se présente pourtant quelques difficultés sur l'étendue du pouvoir que procure la lettre de voiture. On se demande si elle constitue pour le voiturier un droit transmissible à des tiers, ou bien si, au contraire, elle ne lui confère qu'un droit particulier, propre à lui seul, contre le commissionnaire ou l'expéditeur. La lettre de voiture confère au voiturier un titre qui peut servir de garantie à ses créanciers, comme tout autre titre ordinaire. Elle constate une action que le voiturier possède contre l'expéditeur ou le commissionnaire, en compensation du transport opéré. Ici, comme pour toutes autres actions, le créancier vient au lieu et place de son débiteur; il a donc le pouvoir de réclamer comme lui le prix de la voiture. Le voiturier lui-même peut négocier sa lettre de voiture, la transmettre à un tiers à qui elle appartiendra aussi légitimement qu'au voiturier. Mais sera-t-elle transmissible par voie d'endossement, ou bien sera-t-elle considérée seulement comme une créance ordinaire, dont le transport doit être signifié au débiteur ? « Pour la négative, » on soutient que la lettre de voiture ne jouit pas du privilége accordé aux billets à ordre et aux lettres de change, » dont les principes ne sauraient lui être appliqués. En » effet, ajoute-t-on, la valeur d'une lettre de voiture n'appartient au voiturier que lorsqu'il a effectué le transport » dont il s'est chargé. Jusque-là, le paiement reste subordonné à sa diligence; il peut être arrêté par des accidens » imprévus; il est donc impossible de déterminer d'une » manière précise l'échéance d'une lettre de voiture, et

» dès lors de fixer le jour où le protêt devra être fait. Les
» règles relatives au contrat de change ne sauraient être
» étendues à une lettre de voiture ; d'où l'on doit conclure,
» dans le silence du législateur sur ce point, qu'une telle
» lettre ne peut être transmise par la voie de l'endosse-
» ment. »

Nous ne comprenons pas le mérite de ces objections.
Nous serions amenés à conclure dans un sens opposé, et
de l'usage constant et du silence de la loi en présence de
la coutume. Une lettre de voiture pour le paiement du
prix fixé, ressemble bien à un billet à ordre, si même il
n'existe pas entre eux une parfaite identité. Si les mots :
Je paierai à l'ordre de, etc. , etc. , ne sont pas insérés
dans la lettre de voiture, en droit, le paiement se fait
comme si la lettre les renfermait. La lettre de voiture est
un billet dont le paiement est exigé après le transport, à
l'ordre du voiturier ou du porteur de la lettre. Pourquoi,
si la lettre de voiture ressemble si complètement à un
billet à ordre qu'elle paraît n'être elle-même qu'un billet
de cette nature , ne serait-il pas permis de la transmettre
par voie d'endossement? Rien ne s'oppose à l'endossement,
ni les principes relatifs aux billets à ordre, ni les principes relatifs à la lettre de voiture. Celle-ci représente dans
le commerce un effet négociable..., et l'usage est de le
négocier. Le législateur connaissait cette coutume. S'il
n'avait pas voulu l'admettre, il aurait déclaré nettement
sa volonté formulée dans un article de loi. Il a gardé le
silence ; son intention a donc dû être de n'apporter aucun
changement aux habitudes des négocians, et de laisser
subsister un usage conforme à tous les principes. La Cour

royale de Lyon a rendu un arrêt dans ce sens, le 24 décembre 1824. (Sirey, 26. 2. 175.)

13. Il faut savoir maintenant dans quel ordre se présentent les créanciers, pour le montant du prix de la lettre de voiture. Évidemment, en thèse générale, ils sont tous créanciers chirographaires ; alors, ils viennent tous par concurrence et se partagent le prix au marc le franc du montant de leur créance. Voilà pour les cas les plus ordinaires. Mais à tout principe général, il existe toujours des exceptions. Il peut se rencontrer telles ou telles circonstances qui donnent non pas un privilége sur le prix de la lettre de voiture, mais un droit plus étendu que celui des autres créanciers. Pour que le privilége existât en faveur d'un créancier, il faudrait que la lettre de voiture lui fût remise en gage, et que toutes les formalités exigées par la loi pour la validité du gage eussent reçu un entier accomplissement. Dans ce cas, le gage de la lettre de voiture serait parfait, et le privilége résulterait nécessairement de l'existence légale du gage. Il ne peut pas se présenter de difficultés sur ce point. Encore une fois, pour qu'il y ait gage, les formalités prescrites par la loi doivent être accomplies ; quand il y a gage aux termes des dispositions légales, il y a par suite privilége. Aussi, trouvons-nous que M. Horson ne pose pas bien sa question, en demandant, dans son livre sur le Code de commerce, t. 1, p. 126, *si le commissionnaire qui a fait une avance à un voiturier sur le dépôt de sa lettre de voiture, a privilége sur le montant du transport par préférence sur les autres créanciers de ce voiturier ?* La question ainsi posée, ne présente pas de difficulté sérieuse pour la solu-

tion. Par le seul exposé des principes généraux que nous avons énumérés plus haut, on répondra : Le commissionnaire ne possède point un privilége. Mais prenons les faits tels que les rapporte M. Horson, et nous acquerrons la conviction que le commissionnaire peut se faire payer par préférence aux autres créanciers du voiturier. Voici les faits présentés par M. Horson : Nous rapportons à la suite sa discussion, car, puisque nous la réfutons, nous voulons que nos lecteurs puissent avoir sur cette grave question tous les renseignemens nécessaires pour se former une opinion arrêtée.

« Un voiturier charge à Arles une partie de marchan-
» dises en destination pour la ville de Gray : le prix du
» transport, d'après la lettre de voiture qui lui est remise,
» s'élève à 3,000 fr. Arrivé à Beaucaire, le voiturier a
» besoin de fonds, et une maison de cette ville lui remet
» 600 f., et mentionne cette avance sur la lettre de voiture,
» avec invitation au destinataire de Gray d'en faire la re-
» tenue pour son compte. A Avignon, 800 fr. sont encore
» avancés par une autre maison, qui fait semblable men-
» tion sur la lettre de voiture. Parvenu à Lyon, le voitu-
» rier emprunte encore 600 fr. ; mais la maison qui les
» prête se fait remettre la lettre de voiture, qu'elle adresse
» à un correspondant de Gray, chargé de la délivrer
» contre le remboursement des 600 fr. ; enfin le voiturier
» part de Lyon, muni sans doute, selon un autre usage
» qui n'est peut-être pas à l'abri de toute critique, de ce
» qu'on appelle une fausse lettre de voiture; mais arrivée
» à destination, la marchandise se trouve avariée, et cette

» avarie étant reconnue être d'une importance de 2,800 f.,
» il ne reste plus que 200 fr. de disponibles.

» La question est de savoir lequel des trois prêteurs en-
» caissera ces deux cents francs par préférence aux autres.

» On conçoit que celui de Lyon se prévaut de la pré-
» caution qu'il a eue de se *nantir* de la lettre de voiture ;
» mais une première réflexion, qui pourrait contrarier son
» système, c'est que cette lettre de voiture lui indiquait,
» par les annotations qui s'y trouvaient, qu'une partie de
» son montant se trouvait déjà déléguée à d'autres.

» Au surplus, examinant le mérite de ce nantissement
» de fait sous un point de vue plus général, et abstraction
» faite des droits des prêteurs antérieurs, nous n'hésitons
» pas à penser qu'il n'en résulte aucun privilége légal en
» faveur du détenteur de la lettre de voiture.

» En effet, le montant d'une lettre de voiture n'est
» autre chose qu'une créance ordinaire due au voiturier
» qui y est dénommé ; elle est, comme toutes les valeurs
» appartenant à un débiteur, le gage commun de chacun
» de ses créanciers. L'un d'eux ne peut donc se prévaloir
» d'un privilége sur elle au préjudice des autres, qu'au-
» tant que, d'après les dispositions formelles et impératives
» des art. 2074 et 2075 du Code civil, ce privilége a été
» établi par acte public ou sous seing privé, enregistré et
» signifié au débiteur de la créance donnée en gage, c'est-
» à-dire, dans l'espèce, au destinataire.

» Ce qui précède nous dispense sans doute de discuter
» plus particulièrement le mérite des annotations faites par
» les deux premiers prêteurs sur la lettre de voiture, an-
» notations qui ne valent ni plus ni moins que le nantisse-

» ment illégal dont le troisième se prévaut, et qui ne laisse
» à l'un comme aux autres d'autre ressource que le par-
» tage par contribution de la somme principale, sauf leurs
» droits contre leur débiteur direct.

» Il faut donc bien entendre que si le créancier d'un
» voiturier formait opposition aux mains d'un destinataire
» sur le montant d'une lettre de voiture, la remise de cette
» lettre de voiture à une personne tierce, qui avancerait
» tout ou partie de son montant, ne nuirait nullement aux
» droits de cet opposant.

» Peut-être serait-il à désirer que, pour faciliter aux voi-
» turiers, dans l'intérêt même du commerce, les moyens
» de s'acheminer à leur destination, de nouvelles disposi-
» tions législatives vinssent faciliter ces sortes d'avances,
» en en assurant davantage le remboursement; mais jus-
» que-là, nous croyons impossible d'éluder l'application
» des principes que nous venons de signaler. »

Pour répondre à cette argumentation de M. Horson,
nous ferons usage des principes généraux. Ce jurisconsulte
n'établit aucune distinction entre le prêteur qui détient
la lettre de voiture et les prêteurs qui semblent par leurs
annotations avoir retenu une partie du prix de la voiture.
Il existe pourtant une grande différence. Les prêteurs qui
ont annoté la lettre de voiture n'ont conclu avec le voiturier que sous la condition expresse du transport d'une
partie du prix de voiture pour le recouvrement de l'argent prêté. Au moment où le troisième prêteur consent à
traiter avec le voiturier, le prix de la lettre de voiture est
diminué de tout le montant transporté aux premiers prêteurs. Il ne faut pas croire que le voiturier a voulu cou-

sentir un privilége pour les prêteurs dans l'ordre de la date du prêt; il ne le pouvait pas légalement. Mais il a cédé le prix de la voiture aux premiers prêteurs pour le recouvrement de leur prêt. Comment cette cession a-t-elle effet à l'égard des tiers? Aux termes de l'art. 1690 du Code civil, le cessionnaire ne se trouve saisi à l'égard des tiers que par la signification du transport fait au débiteur. Le débiteur est l'expéditeur ou le commissionnaire signataire de la lettre de voiture. Pour lui, la dette n'existe qu'après l'arrivée des marchandises. La cession ne peut donc lui être signifiée qu'à cette époque, puisqu'à cette époque seulement il est débiteur. Quant au troisième prêteur, il n'est pas possible qu'il ignore la cession, puisqu'elle se trouve relatée sur la lettre même de voiture. Alors l'utilité de la signification du transport disparaît pour lui, car il est dûment averti toutes les fois qu'il se fait représenter la lettre de voiture, et il ne peut contracter sans que cette représentation s'effectue. En prêtant son argent au voiturier, il s'est donc contenté de la garantie que lui offrait pour le recouvrement la lettre de voiture dont le prix se trouvait diminué de toute la cession faite aux précédens prêteurs. Il ne doit pas se prévaloir de la non-signification du transport, puisque pour lui elle était sans utilité aucune, attendu l'annotation opérée sur la lettre de voiture. Il était averti; par conséquent le but que la loi se propose par la signification du transport, était rempli. Il ne viendra pas en concurrence avec les précédens prêteurs, parce que la première partie du prix de la voiture appartient à ceux-ci, par suite de la cession que le voiturier a consentie à leur profit. Ce n'est pas pour ces derniers l'exercice d'un privilége sur la propriété de leur débiteur, mais bien l'exercice du droit de propriétaire sur une chose qui leur appartient. Ils sont saisis à l'égard du tiers comme à l'égard du cédant, puisque tout le monde a été informé de la cession par les renseignemens mis sur la lettre de voiture. Ainsi, selon nous, M. Horson dans le commencement envisageait bien la question, quand il disait : *On conçoit que celui de Lyon se prévaut de la précaution qu'il a eue de se nantir de la lettre de voiture; mais une première réflexion, qui pourrait contrarier son système, c'est que cette lettre de voiture lui indiquait, par les annotations qui s'y trouvaient, qu'une partie de son montant se trouvait déjà déléguée à d'autres.* C'était là que se trouvait la solution de la question. Ce jurisconsulte, selon nous, s'est gravement mépris quand il a voulu la résoudre par les principes généraux du nantissement, qui, ainsi que nous avons tâché de le prouver, n'avaient rien à faire dans la question.

14. Nous avons passé en revue toutes les conséquences légales d'une lettre de voiture; il sera bon de nous occuper de la forme de sa rédaction. Autant que possible, il faut tâcher de se rapprocher de la teneur de l'art. 102, de mentionner toutes les formalités qu'il prescrit. Pourtant, comme nous l'avons déjà remarqué, toutes ces énonciations ne sont pas indispensables. Que les indications soient telles que l'on puisse reconnaître l'objet envoyé, et le but de la loi sera rempli. Voici la forme ordinaire des lettres de voiture :

Lettre de voiture.

----

        fr.   c.   Paris, ce... an...

Voiture. . . . . .
Remboursement .

                M

A la garde de Dieu, et conduite de N...,
voiturier à....., je vous envoie..... (*désigner la nature, quantité de la marchan-*
D. B. *dise*) marqués comme en marge, pesant....
N° 1. pour vous être rendus en...... jours, à
peine de perdre le tiers de sa voiture : les
ayant reçus bien conditionnés, vous lui
payerez la somme de..... par quintal, et lui
rembourserez celle de..... suivant le détail
ci-après (*ou en marge*).

                  (*Signature.*)

A M. . . . . . négociant
à. . . . .
département . . . .

Savary donne aussi un formulaire d'une lettre de voiture, d'un balot de marchandises. Ce formulaire est ainsi
conçu :

        A Orléans, ce 15 février 1674.

*Monsieur, je vous envoie par Louis de
la Roche, voiturier par terre de cette
ville, un ballot de marchandises marqué*
P. N. *comme ci-contre, pesant 420 livres, le-*
N° 1. *quel ayant reçu bien conditionné et en
temps dû, vous lui payerez pour sa voiture à raison de 3 livres 10 sous par cent,
comme par avis de*

A Monsieur
Monsieur Javot, marchand,   *Votre très-humble serviteur,*
rue St-Denis, à l'enseigne du   DE LA MARE.
Croissant d'or, à Paris.

15. Nous avons dit que toutes les indications de l'art. 102 n'étaient pas exigées à peine de nullité ; nous persistons dans notre système, qui est d'ailleurs celui de presque tous les auteurs. Mais si le voiturier peut négliger, sans risque aucun pour ses intérêts, quelques énonciations de l'art. 102, quand la constatation des marchandises transportées est certaine, il doit examiner toutes les indications de la lettre de voiture, car elles engagent sa responsabilité. Ainsi, par exemple, si les marchandises sont déclarées bien conditionnées, il faut que le voiturier les rende saines et entières, sans être gâtées, ni mouillées. Il aurait beau prétendre que la déclaration est mensongère, que les marchandises portaient la marque certaine de la corruption, il serait tenu d'indemniser le propriétaire. Il est nécessaire que le voiturier, dans son intérêt, inspecte la marchandise qu'on lui livre, et ne consente à la déclaration de bien *conditionnée,* que lorsqu'il a acquis par lui-même la certitude de son bon état.

Quand la lettre de voiture porte, *ayant reçu les marchandises en temps dû,* les voituriers doivent partir à l'instant même du lieu où ils chargent les marchandises, et se mettre en chemin pour se rendre à l'endroit indiqué dans un temps proportionné à la longueur du chemin. Voici un exemple cité par Savary, t. 1, p. 262 : « Un » voiturier qui chargerait à Orléans de la marchandise » pour être voiturée à Paris, et qui ne la rendrait que dix » ou douze jours après son départ, ne livrerait pas en » temps dû, parce qu'il ne faut que trois ou quatre jours » au plus de marche pour rouler depuis Orléans jusqu'à » Paris ; et un négociant a juste sujet de croire que le voi-

» turier a laissé sa marchandise en chemin pour en charger
» et voiturer d'autres pour quelqu'autre à son préjudice.
» C'est la raison pour laquelle, quand l'on est pressé de
» recevoir les marchandises, l'on fait quelquefois des con-
» ditions avec les voituriers ; de leur payer, par exemple,
» 4 livres pour cent, s'ils la rendent à jour nommé, ou
» qu'ils n'auront que 40 sous, s'ils ne satisfont à la condi-
» tion. »

16. La lettre de voiture doit-elle être faite en double ?
L'art. 102 ne dit rien à cet égard; cependant l'usage du
commerce a admis le double original ; un exemplaire
reste à l'expéditeur et doit passer à celui à qui l'envoi est
adressé, afin qu'en vertu de l'engagement du voiturier,
il puisse exiger la remise des effets à leur arrivée. On va
plus loin; on soutient la nécessité légale du double exemplaire : on dit que l'obligation qui résulte de la lettre de
voiture est bilatérale; que, par suite, elle se trouve soumise aux formalités prescrites par l'article 1325 du Code
civil, qui constitue la règle générale de tous les contrats
passés sous signature privée. On prétend, en outre, que
l'art. 578 du Code de commerce préjuge la nécessité du
double exemplaire. Quant à nous, nous n'avons pas besoin
du préjugé de l'art. 578; nous trouvons l'article 1325 du
Code civil suffisant pour déclarer indispensable, dans la
lettre de voiture, la formalité du double exemplaire. En
effet, nous ne saurions trop répéter que le Code civil contient tous les principes généraux; que le Code de commerce, au contraire, renferme l'exception. Si ce dernier
code ne s'explique pas formellement, il faut recourir au
Code civil. Eh bien ! quelle est la règle générale pour la

rédaction des obligations bilatérales sous seing privé? Il faut qu'il y ait autant d'originaux qu'il y a de parties ayant un intérêt distinct. La lettre de voiture renferme-t-elle une convention synallagmatique ? Est-elle un acte sous seing privé ? Telle est toute la question. La réponse ne peut être qu'affirmative. Il faut donc qu'elle soit rédigée en double. Si, en justice, on demandait la nullité d'une lettre de voiture non faite double, les tribunaux, selon nous, se verraient forcés de la prononcer en présence de l'art. 1325 du Code civil, qui, à moins d'une exception formelle, règle la rédaction de tous les actes sous seing privé, contenant des conventions bilatérales.

17. Il faut pourtant remarquer que, dans l'usage, la lettre de voiture ne se donne pas toujours en original au voiturier; on lui en délivre seulement une copie, qui doit contenir les mêmes mentions que l'original; celui-ci se nomme la *bonne lettre de voiture.* Cette coutume peut être utile pour l'activité du commerce et pour l'économie. On évite de cette manière l'enregistrement. Mais, si des difficultés s'élevaient entre les parties contractantes, la nullité pourrait être demandée avec chance de succès par l'une d'elles.

18. Une fois que la signature se trouve au bas d'une lettre de voiture, il est suffisamment établi que le signataire s'est chargé du transport, et il est irrévocablement obligé à garantir la conservation et l'arrivée des marchandises expédiées. Cette décision ne contredit pas du tout l'opinion que nous avons émise pour les formalités de la rédaction. Quand bien même les formalités prescrites par

l'art. 1325 n'auraient pas été remplies, l'obligation n'existe pas moins jusqu'à ce que la nullité soit demandée.

19. Le commissionnaire de roulage et le voiturier peuvent non-seulement porter des lettres de voiture comme preuve du contrat passé entre eux et l'expéditeur des marchandises, mais ils ont aussi le droit de porter des lettres missives de négocians à des négocians d'une autre ville, pour opérer des chargemens. Ils font là le métier de solliciteurs pour le transport des marchandises; les lettres dont ils se trouvent porteurs sont des recommandations dans l'intérêt de leur négoce.

20. La Cour de cassation, section criminelle, a rendu, le 17 avril 1828, un arrêt qui ne considère pas comme s'étant immiscé dans le port des lettres, le voiturier qui, allant d'une ville à une autre, est trouvé porteur d'une lettre non cachetée, adressée à un négociant, et ayant pour objet d'opérer sur sa voiture un chargement. Il y a lieu, dans ce cas, d'appliquer l'exception de l'article 2 de l'arrêté du 27 prairial an 9, relative aux papiers tenant au service personnel des entrepreneurs de voitures. Voici l'arrêt : « La Cour, sur le moyen de nullité présenté dans »le mémoire; attendu qu'il résulte des motifs du juge- »ment de première instance adoptés par l'arrêt attaqué, »et des autres motifs énoncés audit arrêt, que M... est voi- »turier de Valensolle à Marseille; que le papier non ca- »cheté adressé par un marchand de Valensolle à un autre »marchand de Marseille, et dont M... était porteur, n'é- »tait qu'une simple note remise à ce voiturier pour opé- »rer à Marseille un chargement de marchandises, et dès »lors relatif à l'unique objet de son voyage, comme voitu-

» rier, dont le but était un chargement et transport de
» marchandises de Marseille à Valensolle ; que, dans
» cet état des faits, la Cour royale d'Aix, en confirmant le
» jugement correctionnel, qui avait renvoyé M... de l'ac-
» tion contre lui intentée, n'a violé aucune loi ni règle-
» ment relatif au transport des lettres, mais a fait une juste
» application, dans l'espèce, de l'exception portée en l'ar-
» ticle 2 de l'arrêté du gouvernement du 27 prairial an 9;
» rejette. »

DU VOITURIER.

Art. 103. Le voiturier est garant de la perte des objets à transporter, hors les cas de la force majeure.

Il est garant des avaries autres que celles qui proviennent du vice propre de la chose ou de la force majeure.

1. Dans la section qui précède, on a souvent parlé du voiturier, de quelques-unes de ses obligations, sans jamais donner une explication de son importance commerciale. Nous pensons que cette explication trouve ici sa place. Avant d'examiner les diverses obligations qui pèsent sur le voiturier, il faut bien préciser l'idée qu'on doit se faire de son genre de commerce.

2. Les opérations commerciales ne se restreignent pas au cercle étroit d'une ville, d'une localité ; elles s'étendent dans tout un département, dans tout un royaume ; souvent elles dépassent les frontières, souvent encore elles ne

se contentent pas du continent, elles franchissent les mers et lient le nouveau-monde à l'ancien. Les marchandises sont échangées entre négocians, envoyées par les uns en retour de sommes dues par d'autres. Mais la convention, qui transfère la propriété ne suffit pas, il faut encore mettre le nouveau propriétaire à même de jouir de ses achats. Il est donc nécessaire de transporter les marchandises dans le lieu de sa résidence, ou dans celui de sa maison de commerce. Il y aurait pour le commerçant un grand inconvénient à se charger lui-même du transport, soit à cause des frais, soit à cause de la nécessité d'équipages suffisans pour le voyage. De cette impossibilité pour chaque négociant d'effectuer lui-même le transport des marchandises expédiées à des correspondans, est né le *roulage*, c'est-à-dire l'entreprise, moyennant rétribution, des transports que des marchands peuvent avoir à faire. Les maisons de roulage souvent ont des agens qui conduisent les marchandises à leur destination ; souvent aussi elles s'adressent à des individus qui transportent pour leur propre compte. La personne qui conduit se nomme *voiturier* ou *roulier*, si le transport est par terre, et *patron* ou *batelier*, s'il est par eau. Que l'expéditeur charge une maison de roulage de conduire ses marchandises dans un endroit désigné, et celle-ci sera responsable vis-à-vis de lui, sauf son recours, bien entendu, contre le voiturier coupable. Si ce dernier est l'homme de la société de roulage, les entrepreneurs répondent seuls du transport vis-à-vis de l'expéditeur ; qu'il soit, au contraire, indépendant de la maison de roulage, qu'il voiture dans son propre intérêt, alors il répond soit à l'égard de l'expéditeur, qui peut l'actionner directement, soit à l'égard du commissionnaire, de la perte ou de la détérioration des objets à transporter.

Examinons toute l'étendue de sa responsabilité, les cas où elle cesse, quand aucun reproche ne peut légitimement le frapper.

5. Les voituriers doivent apporter à la conservation des marchandises toute la diligence nécessaire. L'art. 1782 du Code civil les assujétit, pour la garde des choses qui leur sont confiées, aux mêmes obligations que les aubergistes. Les art. 1952, 1953, 1954, règlent la position de ces derniers.

Art. 1952. « Les aubergistes ou hôteliers sont respon-»sables, comme dépositaires, des effets apportés par le »voyageur qui loge chez eux; le dépôt de ces sortes d'ef-»fets doit être regardé comme nécessaire. »

Art. 1953. « Ils sont responsables du vol ou du dom-»mage des effets du voyageur, soit que le vol ait été fait »ou que le dommage ait été causé par les domestiques et »préposés de l'hôtellerie, ou par des étrangers allant et »venant dans l'hôtellerie. »

Art. 1954. « Ils ne sont pas responsables des vols faits »avec force armée ou autre force majeure. »

Voilà la position des voitutiers bien établie : ils sont dé-positaires nécessaires. Les art. 1783 et 1784 expliquent ce que l'art. 1782, renvoyant aux obligations des aubergis-tes, avait simplement énoncé.

Art. 1783. « Ils répondent non-seulement de ce qu'ils »ont déjà reçu dans leur bâtiment ou voiture, mais encore »de ce qui leur a été remis sur le port ou dans l'entrepôt, »pour être placé dans leur bâtiment ou voiture. »

Art. 1784. « Ils sont responsables de la perte et des

» avaries des choses qui leur sont confiées , à moins qu'ils
» ne prouvent qu'elles ont été perdues et avariées par cas
» fortuit ou force majeure. »

4. La difficulté maintenant est de savoir quand la force
majeure existe. La preuve doit en être faite par le voiturier, car c'est à lui à établir son exception : le principe
général est sa responsabilité. L'expéditeur a seulement à
prouver la remise des effets, et , une fois cette preuve faite,
il réclame la garantie imposée par la loi au voiturier. Celui-ci se retranche-t-il dans l'exception de la force majeure,
qu'il la démontre , pour se soustraire à l'application de la
règle générale , c'est-à-dire de la responsabilité.

5. Quand la force majeure existe-t-elle ? Voilà la difficulté : sa solution est laissée à l'appréciation des tribunaux. Le législateur ne pouvait pas la résoudre , car il lui
était impossible de prévoir tous les cas. Diverses questions n'ont donc pas manqué de se présenter. Nous en
examinerons quelques-unes où nous poserons des règles
générales , avec lesquelles il sera facile de statuer sur les
cas qui se présenteront.

6. Nous croyons que la loi romaine définit, d'une manière exacte , la force majeure. Elle met au rang des cas
fortuits ou de force majeure, les événemens qu'aucune puissance humaine n'a pu ni prévoir , ni empêcher, *fortuitos
casus quos nullum humanum consilium providere potest.*
(ff. *de Admin. rer. ad civit. pert.* l. 8, § 7.) Mais toutes les
fois qu'il aura été possible d'éviter l'accident, toutes les fois
que la faute la plus légère sera reprochée au voiturier, il
deviendra responsable. Pour qu'il y ait force majeure, il

faut qu'il n'y ait de la part du voiturier *ni imprudence,
ni negligence, ni incurie ;* il faut qu'il justifie d'une complète impuissance de prévoir, de prévenir et d'éviter l'accident qui a causé la perte. (Cour royale de Metz. Sirey,
19, 2, 78.)

7. Si le feu prend à une voiture pendant le voyage par
suite du frottement continuel des roues contre l'essieu, le
voiturier sera-t-il responsable de l'incendie? S'il a pris
soin de graisser, aux époques ordinaires, les roues du
chariot, et que, malgré cette précaution, l'incendie se
soit déclaré, alors il ne saurait être déclaré responsable.
Il n'était pas en son pouvoir d'empêcher l'accident; il
n'en supportera pas les conséquences.

8. Le voiturier doit avoir soin de faire constater l'accident par des procès-verbaux juridiques, au moment et sur
le lieu même, ou immédiatement au premier moment où
l'on a pu y procéder; des certificats postérieurs ne sauraient en tenir lieu.

9. On se rend difficilement compte des précautions mi-
nutieuses imposées au voiturier; il encourt la responsabilité de toutes les fautes que le père de famille le plus diligent aurait pu éviter. Par exemple, est-il averti de la fragilité des objets à transporter, il répond de la moindre
fracture. M. Pardessus va plus loin. « Il prétend, t. 2,
»3e édit., p. 587, n° 542, que le voiturier est encore res-
»ponsable des dommages arrivés par suite des avaries ex-
»térieures, ou par le manque de soin et d'attention de sa
»part, quand même il aurait déclaré ne pas vouloir en ga -
»rantir la conservation, *parce que nul ne peut stipuler*

» *qu'il ne répondra pas de ses fautes.* » Nous n'admettons pas sans distinction le système de M. Pardessus. Nous croyons que, en thèse générale, il serait permis au voiturier de convenir avec l'expéditeur qu'il ne répondra pas des avaries extérieures qui arriveraient par le manque de soin et d'attention de sa part, car il est permis aux deux parties contractantes de déroger, par des conventions particulières, au droit commun, quand l'intérêt public n'est pas mis en cause. Seulement il sera bien entendu que cette convention ne portera point sur la fraude du voiturier, dont il répondra toujours, en dépit de toutes les conventions particulières. Mais quand il ne s'agit que des avaries extérieures qu'une plus grande attention aurait pu prévenir, quand il ne s'agit que de ces fautes légères que le père de famille le plus diligent sait seul éviter, une convention particulière peut légalement ne pas les mettre sur le compte du voiturier et les laisser pour celui de l'expéditeur. Ce dernier n'a pas le droit de se plaindre, puisque que c'est lui qui a créé sa position. Il s'est fié à la bonne foi du voiturier qui a promis de surveiller, comme sa propre chose, les marchandises transportées, mais qui a refusé une vigilance plus assidue. Quand l'expéditeur a consenti par la convention particulière, revêtue de sa signature, à décharger le voiturier d'une partie de la responsabilité que la loi lui impose, le contrat doit être exécuté; il ne contient rien d'illicite.

M. Pardessus, tout en prétendant que le voiturier ne peut stipuler qu'il ne répondra pas de ses fautes, reconnaît qu'il faut que les marchandises aient été conditionnées et emballées suivant leur nature; il ne serait pas juste, dit cet auteur, d'imputer au voiturier les accidens arrivés par défaut d'emballage ou de précaution des expéditeurs.

10. Peut-on considérer comme un événement de force majeure, l'incendie causé par des matières inflammables placées sur la voiture par une autre personne que le commissionnaire ? Peut-il, dans ce cas, se soustraire à la responsabilité, en alléguant qu'il n'avait pas chargé sa voiture en entier, et qu'il ignorait la nature des autres objets qui devaient compléter le chargement ?

« En juin 1819, Barreau et Buffet, commissionnaires »de roulage à Paris, s'engagèrent envers l'Herbette à »faire transporter à Francfort deux tonneaux de peaux de »marte. Ces tonneaux furent chargés sur la voiture de »Wilchernlescher. Le chargement de cette voiture fut »fait à *cueillette*, c'est-à-dire complété par divers com- »missionnaires. — Le 25 juin 1819, à une lieue de Ver- »dun, la voiture pris feu tout à coup dans sa partie su- »périeure ; presque tout le chargement fut consumé. Un »procès-verbal fut dressé sur les lieux par le maire de la »commune la plus voisine. Il constata que l'essieu et la »roue étaient intacts, lorsque le chargement était en feu ; »d'ou on tiroit la conséquence que ce n'était pas le frot- »tement de l'essieu avec le bois qui avait occasionné l'in- »cendie, mais plutôt les briquets phosphoriques dont »plusieurs paquets avaient été chargés sur la voiture.

»L'Herbette, ayant appris cet événement, fit assigner »Barreau et Buffet devant le tribunal de commerce de »Paris, pour se voir condamner au remboursement de »9,620 fr., prix des marchandises incendiées, parce que, »aux termes de l'article 98 du Code de commerce, ils

» étaient, en leur qualité de commissionnaires , garans des
» pertes et avaries, hors les cas de force majeure. Ceux-ci
» soutiennent qu'il n'y a ni imprudence , ni négligence de
» leur part ; que les matières inflammables ont été placées
» sur la voiture à leur insu ; que l'événement, à leur égard,
» doit être considéré comme arrivé par force majeure.

» Le 6 décembre 1819, jugement qui accueille cette
» défense par les motifs suivans : « 1° Considérant que la
» question se réduit strictement au point de savoir si l'é-
» vénement fâcheux qui donne lieu à la contestation,
» doit être attribué à la négligence ou à l'imprudence du
» commissionnaire , ou de son voiturier , dont la loi le
» rend responsable , ou bien au cas fortuit invoqué par ces
» derniers , que l'on entend faire ressortir du procès-ver-
» bal rapporté, d'où résulterait une force majeure que
» l'on n'a pu prévoir, et à laquelle on n'a pu résister,
» telles qu'elles sont probables , selon la définition des
» auteurs, et considérées comme pouvant provenir d'un
» incendie spécialement compris, outre le feu du ciel,
» des débordemens des torrens, des naufrages, de la vio-
» lence des séditions populaires, de la ruine des maisons
» par des malheurs imprévus, et autres cas de semblable
» nature ; 2° que si les règles sur la garantie imposée aux
» commissionnaires de roulage sont d'extrême rigueur
» (ainsi qu'on s'est particulièrement occupé à le démon-
» trer pour la justification de la demande en dommages et
» intérêts dont il s'agit), il se rencontre néanmoins cette
» exception du cas fortuit et de la force majeure que la loi
» commerciale (art. 97 et 98) et la loi civile (art. 1783)
» autorisent à faire valoir ; 3° attendu, en fait, que les cir-

»constances exposées ne se trouvent nullement contes-
»tées, et d'abord, que tout ce qui composait le charge-
»ment dont il est question était destiné à l'étranger; que,
»conséquemment, chacun des colis avait été soumis à la
»vérification des douanes, et ne sont parvenus aux divers
»commissionnaires qu'emballés, cerclés, plombés et ac-
»compagnés d'acquits de paiement ou à caution, sans que
»les déclarations faites aient indiqué, dans chaque, au-
»cune matière inflammable; qu'ainsi, aucune surveil-
»lance ni précaution à prendre n'ont été recommandées,
»chaque expéditeur s'étant en effet borné à suivre la rè-
»gle commune en pareil cas;

»4° Attendu, en droit, que nul ne peut répondre d'un
»événement qu'il n'a pas été en son pouvoir d'empêcher;
»que cette exception est définie par la loi comme une
»faveur placée par le législateur en dehors de toutes les
»règles des stipulations ordinaires, laquelle est textuelle-
»ment applicable à l'espèce, s'agissant d'un fait imprévu
»qui serait résulté du vice de la chose même par une
»explosion subite et indomptable, conséquemment indé-·
»pendante de la volonté des parties agissantes, qui n'au-
»raient pas été averties du danger qu'elles avaient à cou-
»rir; 5° qu'il n'est pas exact, en général, de dire que le
»commissionnaire ou le voiturier soient rigoureusement
»assujétis à s'assurer ostensiblement du contenu aux
»caisses et ballots qui leur sont confiés; qu'il est, au
»contraire, d'usage très-notoire de s'en rapporter à la
»déclaration de l'expéditeur, qui n'a nullement l'habi-
»tude d'appeler le voiturier à l'emballage, lequel est clos
»et confectionné par lui, avant la remise qui en est faite,

» pour être rendu intact à sa destination ; 6° que, s'il y
» était introduit des objets susceptibles de prohibition, ce
» serait assurément à la charge de l'expéditeur ou du des-
» tinataire ; de même qu'en cas de confusion d'objets dan-
» gereux, par imprudence ou avec dissimulation, ce doit
» être également à leurs risques et périls, et plus particu-
» lièrement dans l'espèce, puisque tous les colis qui com-
» posaient le chargement avaient été soumis à l'examen
» des douanes, sur leurs propres déclarations ; ce qui dis-
» pensait bien autrement le commissionnaire ou le voitu-
» rier de toute suspicion, d'ailleurs impossible à vérifier,
» d'après l'apposition des plombs qui doivent demeurer
» intacts ; 7° qu'il n'en était pas ainsi dans la circonstance
» qui a donné lieu au jugement invoqué par forme de
» jurisprudence établie, et que les cruches d'eau-forte
» qui ont occasionné un semblable embrasement n'ont
» pu être méconnues lors de leur chargement, quand bien
» même elles n'auraient pas non plus été déclarées, leur
» emballage étant fait, habituellement et par nécessité
» indispensable, à découvert ; d'où il est nécessairement
» résulté la conviction de l'imprudence commise contre
» laquelle la justice a dû sévir ; 8° que c'est vainement
» ainsi que, par une simple présomption, conçue lors de
» la plaidoirie à l'audience, on a avancé que le voiturier
» avait pu prendre, depuis son chargement, et même en
» route, le fatal paquet de briquets phosphoriques, tandis
» qu'aucune des circonstances rappelées n'en présente le
» plus léger indice ; qu'il est constant, au contraire, que
» le chargement était au grand complet, dès le principe,
» par les quarante-trois colis qui le composaient ; que,

»pour un voyage à destination éloignée, sans aucune in-
»terruption jusqu'à l'étranger, toutes les précautions
»avaient été prises pour la sûreté et la solidité de ce
»chargement; qu'ainsi, on ne peut raisonnablement sup-
»poser que le voiturier se soit avisé de rompre charge;
»de s'exposer à des frais assez considérables, pour si peu
»d'intérêt que présenterait le fait allégué, afin d'introduire
»ce prétendu paquet au milieu d'un chargement déjà
»suffisant, fait d'ailleurs dont l'existence n'est qu'un pro-
»blême, comparativement à tout ce qui se trouve léga-
»lement constaté; 9° attendu, en équité, et d'une part,
»que s'il est véritablement pénible, pour plusieurs des
»chargeurs qui sont étrangers à la cause de l'accident,
»d'en supporter les effets, ce n'est, en tout cas, que le
»résultat d'une chance à laquelle le commerce peut ca-
»suellement se trouver exposé, d'après les dispositions
»évidentes de la loi, dont nul des expéditeurs n'a cher-
»ché à éviter les conséquences en se bornant tous à sui-
»vre la règle commune; 10° que le seul moyen de s'y
»soustraire serait de traiter à forfait pour les cas extraor-
»dinaires, tels que celui dont il s'agit, soit en exigeant
»une expédition isolée, ce qu'on sait bien être la chose
»impossible pour un ou deux colis, par la voie du rou-
»lage et à distance éloignée, soit en profitant du moyen
»qu'offrent les assurances générales autorisées par le
»gouvernement, et qui s'étendent maintenant au trans-
»port des marchandises, tant par terre que par eau; que
»c'est ainsi qu'on peut se mettre à couvert de toutes les
»fraudes et infidélités que l'on s'est plu à énumérer, mais
»dont la seule présomption intéressée ne peut moralement

» être appliquée d'avance ; 11° que, d'autre part, il ne
» serait pas moins alarmant pour des commissionnaires
» d'être passibles d'une responsabilité illimitée (ce qui
» serait encore en opposition avec la prévoyance de la loi),
» et, pour une rétribution assez circonscrite, d'être expo-
» sés à supporter toute l'énormité des pertes qui peuvent
» survenir par des causes qui leur seraient aussi étran-
» gères, d'après la dissimulation dont on aurait usé à leur
» égard, et dont pourtant la conséquence s'étendrait à
» procurer une garantie à celui-là même qui aurait occa-
» sionné le dommage en déguisant le fatal chargement;
» d'où l'on pourrait aussi faire ressortir des inconvéniens
» non moins graves pour une profession dûment autori-
» sée, qui a toujours mérité la considération du com-
» merce, par son utilité et sa surveillance à l'exactitude
» et accélération des expéditions si multipliées; par ces
» motifs, et vu pareillement l'art. 1148 du Code civil, qui
» prononce impérativement que, par suite d'une force
» majeure ou d'un cas fortuit, il ne peut y avoir lieu à
» aucuns dommages-intérêts, le tribunal, sans s'arrêter
» ni avoir égard aux exceptions respectivement proposées,
» déclare l'Herbette purement et simplement non rece-
» vable dans sa demande, dont, en tout cas, il demeure
» débouté, et le condamne aux dépens.

» Appel par l'Herbette : ses moyens sont retracés dans
» une consultation de M. Pardessus, dont voici l'analyse :
» Il s'agit de savoir si l'on doit attribuer à la force ma-
» jeure l'incendie des marchandises dont le prix est ré-
» clamé.

» La loi romaine met au rang des cas fortuits ou de

»force majeure les événemens qu'aucune puissance hu--
»maine n'a pu prévoir ni empêcher, *fortuitos casus quos*
»*nullum humanum consilium providere potest.* (ff. *de*
»*administ. rer. ad. civit part.* l. 8, § 7.) Emérigon et
»tous nos auteurs ont adopté la même définition, et
»c'est précisément dans ce sens qu'ont été entendus au
»Conseil d'état les art. 97 et 98 du Code de commerce;
»donc, tout cas qu'on a dû prévoir ou empêcher n'est
»pas cas fortuit (Emérigon, *des Assur.*, t. 1, p. 358);
»donc, si celui qui excipe du cas fortuit a commis quel-
»que faute, son exception devient inadmissible, *quandò*
»*culpa præcessit casum, tunc casus fertuitus non excu-*
»*sat;* et il importe peu que cette faute ait directement et
»nécessairement donné lieu à l'accident; la possibilité
»qu'elle l'ait occasionné suffit pour faire rejeter l'excuse
»prise du cas fortuit. *Animadvertendum est non esse*
»*necessarium quod culpa sit precisè ordinata ad casum,*
»*sed sufficere quod secundum possibilitatem actus, di-*
»*catur ordinata; nempè quod possibile sit ex causâ illâ*
»*effectum sequi. Casa regis, disc. de commerciis,* 23,
»n°ˢ 52 et 54.

»L'application de ces principes aux commissionnaires
»ne paraîtra pas trop rigoureuse, si l'on se souvient que
»la loi les a assimilés aux dépositaires nécessaires, aux
»mandataires salariés. (Code civil, art. 1782.)

»L'événement pouvait-il être prévu et empêché dans
»l'espèce ? Voilà ce qu'il s'agit d'examiner. D'abord il était
»facile de prévoir que les paquets de briquets phosphori-
»ques, mêlés aux autres marchandises, étaient une cause
»d'incendie : il fallait donc s'opposer à leur chargement.

» Qui devait empêcher que ces briquets ne fussent chargés ?
» C'étaient certainement les commissionnaires sur lesquels
» l'expéditeur s'était reposé du soin de faire parvenir les
» marchandises au lieu convenu.

» Un moyen leur était offert par la loi , de vérifier s'il
» y avait, ou non , des matières inflammables dans le char-
» gement; c'était de consulter les lettres de voiture re-
» mises par chaque commissionnaire au voiturier. L'Her-
» bette , au contraire , n'avait pas le droit de prendre com-
» munication de ces lettres , de consulter les livres des
» expéditeurs : ce n'est donc pas sur lui que doit retomber
» la perte. Ainsi, il résulterait que Barreau et Buffet au-
» raient pu, en apportant plus de surveillance à l'expédi-
» tion des marchandises , veiller à ce qu'on ne plaçât pas
» sur la voiture, des substances qui pussent occasionner la
» perte ; en négligeant cette précaution , ils ont donc en-
» couru la responsabilité qui est réclamée contre eux.

» Le tribunal de commerce, pour repousser ces moyens,
» a créé une sorte de théorie sur les cas fortuits et sur la
» responsabilité des commissionnaires; il ne va pas jus-
» qu'à déclarer qu'il y ait une *force majeure absolue* dans
» l'événement dont il s'agit ; mais il y trouve une espèce
» de force majeure relative. Il part de la supposition qu'un
» commissionnaire ne peut savoir tout ce qui forme l'objet
» d'un même chargement , et conclut qu'il ne doit pas
» répondre des avaries qu'avait occasionnées un objet dont
» l'existence ou la nature lui étaient inconnues.

» *Dans le droit*, ce système est chimérique. En effet,
» sur quelles bases pourrait-on se fonder pour calculer les
» degrés de science que le commissionnaire peut acquérir ?

» Dans quelles lois trouve-t-on les plus légères indica-
» tions de cette théorie ? Les articles 1784 du Code civil,
» 97, 98 et 103 du Code de commerce ne disent pas que
» les commissionnaires de transport *peuvent* être déclarés
» responsables : leurs formes disposent impérativement,
» *sont responsables, répondent.* Ils ne disent pas qu'on
» les déchargera de la responsabilité toutes les fois qu'ils
» feront valoir des raisons d'excuse; ils n'admettent d'au-
» tre exception que les cas fortuits ou de force majeure.

» Ceux qui se chargent du transport des choses d'au-
» trui, ont essayé plusieurs fois d'introduire, en leur fa-
» veur, ce système de force majeure relative; mais cette
» prétention a toujours été repoussée. (Voy. Denizart, v°
» *roulier,* n° 4; Aublet de Marbuy, Traité des dépôts,
» p. 208.

» *Dans le fait,* aucune des considérations à l'aide des-
» quelles on a voulu voir une force majeure relative dans
» l'intérêt des sieurs Barreau et Buffet, n'était admissible.

» On suppose qu'il n'est pas d'usage que les commis-
» sionnaires voient ce dont on les charge; qu'ils ont l'ha-
» bitude de croire les chargeurs sur leurs déclarations.
» Mais l'usage ne peut prévaloir sur la loi ni sur la nature
» des choses. Il est possible, en effet, que si le commis-
» sionnaire pouvait se décharger de la responsabilité, en
» alléguant que, conformément à cet usage, il n'a pas vé-
» rifié l'intérieur des balles ou autres objets du charge-
» ment, il serait libre de commettre les infidélités les plus
» révoltantes, les substitutions les plus frauduleuses. Bien
» plus, toutes les avaries intérieures, les fractures, ces-
» seraient d'être aux risques des commissionnaires, des

» voituriers ; ils répondraient que , sans doute , les glaces,
» les meubles étaient brisés au départ, puisqu'ils n'ont pas
» dû voir s'ils étaient entiers , l'usage n'étant pas de les
» examiner. Car une fois qu'on crée un principe , il faut
» en accepter toutes les conséquences.

» On a beaucoup fait valoir la modicité des bénéfices
» que font les commissionnaires et l'espèce d'injustice
» qu'il y aurait à leur opposer la responsabilité d'événe-
» mens dont on peut se faire garantir par des compagnies
» d'assurances. Il serait fort aisé de prouver que c'est une
» pure dérision ; d'un côté, parce que les bénéfices des
» commissionnaires qui sous-traitent avec des voituriers,
» excèdent de beaucoup les primes d'assurances ; d'un au-
» tre côté, parce qu'il ne s'agit pas de les rendre respon-
» sables des cas fortuits , ce qui est le propre de l'assurance,
» mais de prouver que l'événement dont il s'agit n'est pas
» un cas fortuit. Au reste , l'objection n'est pas nouvelle.
» On voit, Rép. de jurisp., v° *commissionnaire, § 6,*
» qu'elle était présentée avec beaucoup de force et de lo-
» gique par un commissionnaire qui voulait éviter des con-
» damnations semblables à celles qui sont requises contre
» les sieurs Barreau et Buffet ; mais ses efforts furent sans
» succès. Quatre arrêts divers sur le même point , dont le
» plus récent est du 8 juin 1785, attestent la jurispru-
» dence dans les temps les plus voisins de la rédaction du
» Code. Il suit donc de là qu'on n'a jamais admis les con-
» sidérations, les excuses, là bonne foi. L'exception de
» force majeure , telle que l'entendent les auteurs, telle
» qu'aucun acte de prévoyance ne pouvait l'éviter, est
» seule admissible.

»Le sieur l'Herbette ajoutait que l'arrêt invoqué en
»première instance, celui qui suit, n'était pas applicable
»à la cause : dans l'espèce de cet arrêt, disait-il, le char-
»gement avait été fait en entier par le sieur Bonnafoux,
»dans sa maison, et en présence de ses gens; la cause de
»l'incendie était inconnue; aucune matière inflammable
»n'avait été placée sur la voiture. Dans l'espèce actuelle,
»au contraire, les sieurs Barreau et Buffet n'ont pas eu
»la précaution de surveiller le chargement; l'incendie qui
»a eu lieu est le résultat de la confusion de briquets phos-
»phoriques avec les autres marchandises, confusion que
»la prévoyance la plus commune aurait dû éviter. L'i-
»dentité qu'on a prétendu exister entre les deux espèces,
»s'évanouit donc devant un examen un peu approfondi
»des faits qui les ont amenées ; et la conséquence qu'on
»doit inférer de là, c'est que les principes applicables à
»l'une ne pourraient, sans injustice, servir de base à la
»décision de l'autre. »

Arrêt. — « La Cour, attendu qu'aux termes de l'ar-
»ticle 93 du Code de commerce, le commissionnaire est
»responsable des marchandises qui lui sont confiées,
»sauf le cas de force majeure ;

» Attendu que la cause de l'incendie, indiquée au pro-
»cès-verbal du 25 juin 1819, ne constitue pas le cas de
»force majeure prévu par la loi,

» Met l'appellation et ce dont est appel au néant; émen-
»dant, décharge l'Herbette des condamnations contre lui
»prononcées; au principal, condamne Barreau et Buffet,
»par corps, à payer à l'Herbette la somme de 9,620 fr....
»et aux dépens.... 29 avril 1820, (3e chambre, Cour

» royale de Paris. — Dalloz , Répert. de jurisprudence ,
» v° *commissionnaire.*) »

Il est impossible de mieux développer que l'a fait
M. Pardessus, les vrais principes qui doivent diriger les
tribunaux pour reconnaître les cas de force majeure.
C'est toujours à la seule question de savoir s'il était possible au voiturier d'éviter l'événement , qu'il faut revenir.
Chaque fois que la réponse sera affirmative , la condamnation doit suivre. Dans l'espèce , le moindre doute ne
pouvait raisonnablement se présenter. S'il en était autrement, on devrait supprimer l'art. 99 , qui *déclare le commissionnaire garant des faits de son agent intermédiaire.*
Il aura son recours contre le voiturier, si celui-ci est coupable de négligence pour avoir complété son chargement
avec des matières inflammables. Si le voiturier est un
homme employé dans la maison de roulage , le commissionnaire est encore responsable par suite du principe général posé par l'art. 1384 du Code civil , qui met à la
charge des maîtres le dommage causé par les préposés
dans les fonctions auxquelles ils sont employés. La responsabilité vis-à-vis de l'expéditeur est le principe général ; il
faut l'appliquer dans toute sa rigueur légale ; on ne peut
pas craindre la surprise ; et le commissionnaire , quand
il se charge de faire parvenir des marchandises à leur
destination , connaît parfaitement toute l'étendue de son
obligation ; il fait sa condition ; plus tard , il ne saurait
donc être admis à se plaindre de la sévérité de la loi.

11. La Cour de cassation a décidé que les voituriers
ne sont pas responsables des paquets remis directement

non à eux-mêmes, mais à leurs domestiques. (Sirey, 11,
1, 178.)

Nous pensons que cet arrêt mérite une explication. Si
le domestique, auquel on a remis le paquet, était seulement pour l'intérieur de la maison du voiturier, s'il n'a-
vait aucun emploi spécial dans la maison de commerce,
rien de mieux; la décision de la Cour de cassation se
trouve conforme aux principes, et doit servir de règle aux
cours et tribunaux.

Mais si le paquet a été remis au préposé dans la maison de roulage pour recevoir les marchandises à transporter, nous pensons alors que l'arrêt de la Cour de cassation n'est plus applicable. C'est encore le cas de faire
usage de l'article 1384 du Code civil. (Voir Sirey, 14,
1, 102.)

12. Le principe que l'impossibilité seule de prévoir et
d'éviter l'événement, constitue la force majeure, par
conséquent la décharge du voiturier, reçoit une application si sévère des tribunaux, qu'ils ne regardent pas comme
un événement de force majeure le vol, s'il n'est accompa-
gné d'agression à main armée. Ainsi, la seconde chambre
de la Cour royale de Paris a, le 5 mars 1831, déclaré le
courrier de Lyon à Marseille responsable de la valeur
d'une caisse volée sur la route, quoique cette caisse eût
été placée dans le coffre de la voiture destiné à serrer les
marchandises transportées, et quoique le vol eût été commis la nuit et à l'aide d'effraction. La Cour a prétendu
qu'il n'y avait pas preuve de force majeure; qu'une plus
grande surveillance eût empêché le vol; enfin qu'il y avait

faute légère, il est vrai, mais pourtant suffisante pour faire condamner le courrier.

Cette décision est bien sévère. Dira-t-on qu'il n'y a pas force majeure, en l'absence de toute agression violente? Si le voiturier a pris toutes les précautions d'usage, dans l'espèce, si le courrier avait bien fermé le coffre, s'il avait mis une serrure de sûreté, et que, malgré toutes ces précautions, le vol eût été commis, dira-t-on qu'il n'y a pas là force majeure? Si le coffre a été forcé pendant le sommeil du courrier, dira-t-on qu'il y a négligence, parce que le courrier aurait dû, au lieu de dormir, surveiller sa voiture? Nous croyons que, dans l'espèce, il y avait lieu d'appliquer l'axiôme, *summum jus, summa injuria.* Il est évident que le courrier avait pris toutes les précautions possibles en fermant son coffre, et que, si le vol a eu lieu, c'est par une surprise qu'il ne lui était pas donné de soupçonner, parce qu'il n'est pas donné à la nature humaine de prévoir tous les accidens.

13. Quelquefois la responsabilité du voiturier cesse avant même que les marchandises soient arrivées à leur destination. Ainsi, lorsque des objets sont confiés à un voiturier pour les transporter jusqu'au point du trajet où s'arrête son service, avec charge de les livrer à un autre conducteur qui les remettra à leur destination, la perte survenue pendant cette dernière partie du voyage ne donne lieu à une condamnation en dommages-intérêts que contre le second voiturier. On comprend sans peine le motif de cette dispense de responsabilité. Les conventions des parties font leur condition respective. Si l'expéditeur se remet au voiturier

du soin de choisir son remplaçant pour conduire les marchandises à leur destination, il doit subir les résultats de sa confiance; et pourvu que le voiturier n'ait pas eu l'intention de tromper l'expéditeur, il sera à l'abri de toute responsabilité pour les événemens arrivés pendant la seconde partie du voyage. Si le second voiturier n'apporte pas tous les soins possibles, s'il ne présente pas la solvabilité désirable, c'est un malheur pour l'expéditeur; mais il n'exercera aucun recours contre le premier voiturier, qui a surveillé les marchandises avec toute l'attention du père de famille le plus diligent.

14. Quand l'auteur du dommage est reconnu et désigné par jugement passé en force de chose jugée, le voiturier, auquel on n'a que de la négligence à reprocher, peut-il forcer l'expéditeur de s'adresser à l'auteur principal du dommage? Non; car le contrat de commission le lie tellement à l'égard de l'expéditeur, qu'il ne peut se débarrasser de la responsabilité que la loi prononce contre lui, qu'autant qu'il justifie qu'il s'est trouvé dans l'impossibilité de prévenir, éviter, atténuer les effets de l'événement qui amena la perte des marchandises. Hors de cette justification absolue, le voiturier est toujours responsable vis-à-vis de l'expéditeur, qui peut en même temps exercer son recours contre l'auteur du dommage.

15. Comment le voiturier sera-t-il contraint de payer le dommage? Sera-t-il tenu de recevoir les marchandises avariées, et de payer la totalité du prix? La Cour royale de Metz a décidé, avec raison, que si les marchandises sont encore susceptibles d'être mises dans le commerce, le propriétaire ne peut refuser de les recevoir et les laisser

au compte du voiturier. Il a seulement droit à une indemnité proportionnée au dommage. Cette décision est juste.
Pourquoi, en effet, forcer le voiturier de prendre des marchandises dont, pour lui, la possession ne présenterait
aucun avantage? Le législateur, en prononçant la responsabilité du voiturier, a voulu indemniser l'expéditeur, et
rien de plus. Une indemnité, proportionnée au dommage,
remplit le but de la loi; et le paiement intégral des marchandises ne sera exigé qu'autant que les marchandises
seront entièrement perdues, ou que les avaries ne per-
mettront plus leur circulation dans le commerce.

16. Celui qui a succombé dans l'action intentée contre le voiturier, pour avaries de marchandises, peut-il ensuite, et pour le même motif, exercer son recours contre
les expéditeurs? Au premier aperçu, cette question semble extraordinaire. On se demande comment elle peut se
présenter. Voici une espèce. — Pierre, négociant, se
trouve en correspondance avec Paul; il lui envoie des
marchandises pour les préparer et les mettre en état d'ê-
tre livrées au public. Paul accomplit sa mission, et pour
les renvoyer à Pierre, il s'adresse à un commissionnaire
de roulage; pour le retour, il devient donc expéditeur.
Les marchandises sont avariées lorsqu'elles arrivent à
leur destination. Pierre refuse de les recevoir; il actionne
le commissionnaire comme auteur des avaries. Celui-ci
prouve qu'elles sont tout à fait indépendantes de lui, et
Pierre succombe dans sa demande. Alors que fait-il? Il
s'adresse à Paul, expéditeur, et lui réclame le montant des
dommages-intérêts. Est-il fondé dans sa demande? N'a-
t-il pas épuisé son droit en s'adressant directement au

voiturier? Non. Le propriétaire a le droit de diriger son action contre qui bon lui semble, sans que la direction première puisse le priver des actions que plus tard il aurait droit d'intenter contre d'autres individus, pour le même motif. Il faut qu'il trouve l'indemnité des avaries souffertes par ses marchandises; elles ne resteront à son compte que dans le cas prouvé de force majeure. Hors ce cas, quelqu'un doit lui payer les dommages et intérêts; il s'adresse à tous ceux qui, à l'occasion des marchandises avariées, ont eu quelque rapport avec lui, les prenant successivement à partie, jusqu'à ce qu'il rencontre l'auteur du dommage éprouvé, et qu'il lui réclame une juste indemnité. Ne serait-il pas permis aussi d'arriver au même résultat par analogie, tirée de l'art. 100, qui permet à l'expéditeur son recours soit contre le commissionnaire, soit contre le voiturier? Les mêmes motifs se présentent pour la solution de l'un et l'autre cas; la proposition seule se trouve renversée.

Art. 104. Si, par l'effet de la force majeure, le transport n'est pas effectué dans le délai convenu, il n'y a pas lieu à indemnité contre le voiturier pour cause de retard.

1. Les explications que nous venons de donner nous dispenseront de nous arrêter long-temps sur cet article. Tous les principes, relatifs à la force majeure ont été développés; c'est comme conséquence de l'art. 103 que la disposition de l'article 104 existe dans le Code. En effet,

puisque le législateur exemptait de toute indemnité le voiturier qui a vu périr ou avarier, par force majeure, les marchandises transportées, il devait aussi, pour être conséquent, le dispenser de toute indemnité quand le transport ne se trouve pas effectué dans le délai convenu, *par l'effet de la force majeure.*

2. Pourtant quelques difficultés peuvent encore se présenter. Le principe général est l'obligation imposée au voiturier de remettre les objets transportés à l'époque fixée par la lettre de voiture. S'il livre les marchandises, partie en temps utile et partie en retard, on se demande s'il est passible de la retenue stipulée en la lettre de voiture sur le tout. M. Horson, dans ses Questions sur le Code de commerce, t. 1, rapporte que le tribunal de commerce de Paris a décidé qu'un commissionnaire de roulage, qui, après s'être chargé de transporter des marchandises dans un délai fixé, en livre une partie dans ce délai, et le reste après son expiration, n'est passible de la retenue du tiers du prix de la voiture que sur la portion tardivement livrée. M. Horson ajoute, sans entrer dans aucune discussion, sans apporter aucune preuve à l'appui de son opinion, qu'il croit ce principe susceptible de controverse, surtout s'il était établi que le destinataire ne pouvait utiliser la partie livrée en temps utile qu'après l'arrivée du reste.

Quant à nous, nous rejetons positivement la décision du tribunal de commerce, et nous adoptons l'opinion seulement indiquée par M. Horson. Nous pensons que le voiturier, qui ne remet qu'une partie des marchandises au temps fixé, doit supporter la retenue stipulée en la lettre de voiture sur le tout. Voici comment nous établissons notre opinion. Nous nous demandons d'abord quelle est la nature de la retenue stipulée en la lettre de voiture? Est-ce une indemnité, est-ce une sanction pénale? Si c'est une indemnité, sans aucun doute, elle ne sera légitimement exigée qu'autant qu'il y aura eu dommage; car indemnité et dommage représentent deux idées corrélatives; la première ne peut jamais exister sans l'autre. Mais cette retenue ne saurait être considérée comme une indemnité, puisqu'elle ne représente pas la valeur du dommage éprouvé, et elle n'est pas faite pour le représenter, puisqu'elle se trouve fixée d'avance au moment de la signature de la lettre de voiture, sans qu'il soit possible de savoir le montant du dommage éprouvé par le retard.

La Cour de cassation n'a-t-elle pas refusé de considérer la retenue comme une indemnité, en décidant, le 6 décembre 1814, que, malgré la fixation de l'indemnité à payer par le voiturier, s'il y a eu retard très-long et très-dommageable, il y a lieu d'augmenter cette indemnité, qui n'avait été fixée que pour les retards et les cas ordinaires. Si la retenue n'est pas considérée comme une indemnité, elle doit être considérée comme une sanction pénale; elle a été stipulée pour forcer le voiturier à remettre les marchandises à leur destination, dans le délai nécessaire pour leur transport. Le voiturier négligent est puni du retard mis à l'expédition des marchandises, par la condamnation à une retenue de... sur sa lettre de voiture. C'est là une espèce d'amende à laquelle il a consenti à être condamné, au cas où il ne remplirait pas sa mission dans un délai déterminé. Si la retenue existe comme sanction pénale, alors elle est toujours due, quand les marchandises ne sont pas arrivées à leur destination dans le temps voulu, que le destinataire ait ou non éprouvé un dommage, par suite du retard mis dans l'expédition. La décision du tribunal de commerce nous paraît tout à fait arbitraire, et entièrement contraire au principe qui a fait admettre la retenue à titre de sanction pénale.

Art. 105. La réception des objets transportés et le paiement du prix de la voiture éteignent toute action contre le voiturier.

1. Nous voyons dans cet article, que la réception des objets transportés contribue à libérer le voiturier de toute action qui aurait pu naître contre lui à l'occasion du transport. Avant de considérer la réception comme mode d'extinction des obligations imposées au voiturier, il sera bon d'expliquer la manière dont la remise des marchandises se fait dans les usages commerciaux. Elle a lieu directement par le voiturier lui-même, ou bien par l'entremise de tiers, nommés commissionnaires des voituriers. Ceux-ci ont un avantage marqué à employer ces commissionnaires; ils font une grande économie de travail et de temps. Quelles sont, au juste, les fonctions de ces commissionnaires? Savary développe, dans un chapitre étendu, et leurs fonctions et les obligations auxquelles ils se trouvent astreints. Nous rapportons ce chapitre en entier, car il sera utile pour nos lecteurs d'avoir sous la main les explications d'un praticien habile sur un usage commercial, dont on ne trouve aucune trace dans notre législation.

« Les commissionnaires des voituriers sont ordinaire-
»ment des hôteliers qui les logent, qui, pour les soulager
»et les laisser reposer d'un long et pénible voyage, quand
»ils sont arrivés, se chargent des lettres de voiture, de
»leur cargaison et des acquits de la douane, ou des bu-
»reaux de traites foraines des lieux où ils ont passé, et
»vont avertir les marchands, à qui les marchandises ap-
»partiennent, de retirer à la douane, où elles doivent être
»ordinairement déchargées par les voituriers, ou de chez
»eux celles qui s'y sont déchargées; ils prennent aussi le
»soin de payer, pour les voituriers, les droits de barrages,
»domaniaux, et autres droits qui se paient à l'entrée des
»villes; d'aller recevoir des marchands le prix de leurs
»voitures à leur loisir, et, cependant, en faire l'avance
»aux voituriers. Ces sortes de commissionnaires doivent
»observer sept choses :

»La première, de ne pas permettre aux voituriers de
»décharger dans leur maison les marchandises qui le doi-
»vent être au bureau de la douane, ou en d'autres bu-
»reaux, où elles doivent être vues et visitées, parce qu'il
»n'y va pas moins que de la confiscation, non-seulement
»des marchandises qui se trouveraient être déchargées en
»leurs maisons, mais encore des charrettes et chevaux,
»ainsi qu'il est ordonné par plusieurs édits, déclarations,
»et arrêts rendus en conséquence;

»La seconde, de se trouver présent à la douane lorsque
»les marchandises se déchargent, pour deux raisons : la
»première, pour voir si les ballots ou caisses sont bien con-
»ditionnés, pour éviter les difficultés qui pourraient sur-
»venir entre les marchands, à qui les marchandises ap-

» partiennent, et les voituriers, s'il s'en rencontrait quel-
» qu'une de mouillée ou gâtée par quelque accident, à
» quoi les voituriers n'auraient pas pris garde ; la seconde,
» afin de faire ranger en quelqu'endroit à couvert les bal-
» lots ou caisses, pour éviter qu'ils ne reçoivent du dom-
» mage depuis les avoir déchargés ;

» La troisième est, à l'instant même que la marchan-
» dise est déchargée à la douane, de porter aux marchands,
» à qui elle appartient, les acquits, afin qu'ils aillent la
» retirer au plus tôt; il serait encore mieux qu'ils eussent
» le soin de la faire porter sur l'heure chez les marchands,
» ainsi que les habiles commissionnaires ont accoutumé.
» Cette peine ne leur est pas inutile, parce qu'en même
» temps ils sauront d'eux s'ils n'ont point de marchandises
» à envoyer dans les lieux où doivent retourner les voi-
» turiers ;

» La quatrième est d'être diligent à visiter souvent les
» marchands, pour apprendre d'eux s'ils n'ont point de
» marchandises à envoyer dans les provinces, ou dans les
» pays étrangers, et dans quel temps ils en peuvent avoir,
» afin qu'il se trouve toujours, s'il se peut, des voitures
» prêtes pour renvoyer les voituriers d'où ils sont venus,
» pour ne les pas retarder et consommer en dépense ;

» La cinquième observation est de ne point favoriser
» les voituriers les uns plus que les autres, lorsqu'il est
» question de leur donner des voitures pour leur re-
» tour, en préférant le dernier venu au premier, pour
» tirer, par ce moyen, quelque petit avantage; car cela
» n'est pas juste; et la raison veut que le premier arrivé
» charge sa charrette avant le dernier venu; outre qu'il y

» va de l'intérêt des commissionnaires d'en user ainsi, parce
» que, si un voiturier s'aperçoit avoir reçu ce mauvais
» traitement de son commissionnaire, cela lui donne lieu
» de le changer et en prendre un autre pour faire ses af-
» faires; et, par les plaintes qu'il en peut faire à tout le
» monde, il lui fait perdre sa réputation, et, par consé-
» quent, son emploi. Il ne faut pas non plus que les hôte-
» liers qui logent les voituriers, et qui font leurs commis-
» sions, négligent de leur faire trouver des marchandises
» pour voiturer pour leur retour, à dessein qu'ils soient
» plus long-temps chez eux, pour gagner davantage avec
» eux en les consommant en dépense.

» La sixième est que les commissionnaires doivent tenir
» des registres pour écrire la marchandise qu'ils reçoivent,
» tant des provinces que des pays étrangers, et celles
» qu'ils chargent sur les charrettes pour le retour des voi-
» turiers, pour deux raisons : la première, parce que bien
» souvent les puissans voituriers, qui ont plusieurs che-
» vaux et charrettes, envoient leurs charretiers pour les
» conduire. Ainsi, il est nécessaire qu'ils tiennent un bon
» ordre, pour leur rendre compte des voitures qu'ils reçoi-
» vent des marchands, et des autres dépenses qu'ils font
» pour eux; la seconde, afin que, s'il arrivait quelque con-
» testation sur le sujet des voitures entre les marchands et
» les voituriers, pour le temps que les marchandises doi-
» vent arriver dans les lieux où elles sont envoyées, ils
» pussent rendre raison de la condition qui a été faite; car
» il arrive quelquefois que les marchands, comme il a déjà
» été dit au chapitre précédent, font quelquefois des con-
» ditions de donner tant pour cent pour la voiture, en cas

» que les voituriers la livrent à jour nommé, ou tant, en
» cas qu'elle ne soit livrée dans ledit temps.

» La septième et dernière observation est d'être secret,
» et ne pas dire à d'autres marchands quelles marchandi-
» ses sont arrivées, à ceux à qui elles appartiennent, ni celles
» qu'ils envoient dans les provinces ou dans les pays étran-
» gers, parce que cela leur est d'une grande conséquence
» que personne sache leurs affaires, ainsi qu'il a été dit
» ci-devant.

» Il s'est fait, depuis l'année 1681, divers règlemens,
» concernant les voitures et voituriers par terre, leurs
» facteurs, courtiers et commissionnaires, qu'il est impor-
» tant que n'ignorent pas les marchands et négocians, ou
» autres personnes qui sont obligées de s'en servir.

» Le règlement du lieutenant civil de Paris, du 18 juin
» 1681, rendu à la réquisition et sur les conclusions des
» gens du roi, ordonne que tous ceux qui chargeront les
» messagers, rouliers, maîtres de coches et carrosses, de
» valises, coffres, et autres choses fermées à clef, et ne
» feront pas, sur le registre, la déclaration des choses qui
» sont en icelles, ne pourront demander pour la valeur
» des choses qui sont dans lesdites valises et coffres, non
» déclarés sur le registre ou feuilles, plus que la somme
» de 150 livres, lorsqu'elles seront perdues par la négli-
» gence des voituriers, et sans fraude, en affirmant néan-
» moins par ceux qui les réclameront, qu'elles valent ladite
» somme de 150 livres ; sauf à ceux qui feront des envois
» de choses de plus grandes valeurs, à les spécifier sur les-
» dits registres et feuilles, auquel cas, les maîtres des co-

»ches, carrosses, etc. , seront tenus de rendre la juste
»valeur des choses qui manqueront.

»Par un autre règlement du lieutenant civil, con-
»cernant les emballages des marchandises, du 17 no-
»vembre 1691 , rendu pareillement à la réquisition
»et sur les conclusions des gens du roi, il est ordonné
»que, conformément aux édits vérifiés de 1679, et le rè-
»glement du conseil du 8 février 1685, les marchands
»ou commissionnaires, qui font des envois de choses pré-
»cieuses , comme brocard et étoffes d'or ou d'argent,
»étoffes de soie , guipures, rubans, dentelles, gants, et
»autres choses qui peuvent facilement se gâter par l'in-
»jure du temps, les feront mettre dans des caisses enve-
»loppées de toile cirée , avec un emballage au-dessus; et à
»l'égard des marchandises grossières, les feront emballer
»avec pailles, serpillières et cordages; quoi faisant, les voi-
»turiers, rouliers, messagers et autres, en seront respon-
»sables , si , par leur faute et manque de soin, les mar-
»chandises se trouvent gâtées. Ordonne en outre que,
»suivant lesdits édits et l'art. 10 du règlement de 1678,
»les messagers, maîtres de coches et carrosses, qui font
»messagerie, auront un registre dûment paraphé, sur
»lequel ils se chargeront de tout ce qui leur sera remis
»entre les mains pour voiturer; auquel registre foi sera
»ajoutée comme à ceux des marchands; et seront tenus
»ceux qui voudront envoyer de l'or, de l'argent, des pier-
»reries, et autres choses précieuses, ou papiers de consé-
»quence, d'en faire un bordereau, et le faire transcrire
»sur le registre; lesquels messagers, maîtres de coches et
»carrosses, suivant l'arrêt du conseil , du 8 février 1683,

14.

» ne seront responsables que de ce qui aura été écrit sur
» ledit registre.

» Les fermiers des messageries et carrosses de Lyon et
» autres villes du royaume, ayant voulu assujétir les mar-
» chands et négocians à se servir d'eux pour leurs voitu-
» res, et les troublant dans la possession où ils avaient
» été de tout temps de se servir, pour le transport de leurs
» marchandises par toutes les villes du royaume où ils les
» envoyaient et les faisaient passer, de tels voituriers, rou-
» liers, et autres commodités que bon leur semblait;
» comme aussi d'avoir des correspondances et commis-
» sionnaires dans toutes les villes et lieux où ils en avaient
» besoin pour recevoir leurs marchandises, les conserver,
» et envoyer par telles voies qu'ils jugeraient à propos, et
» l'affaire ayant été portée au conseil,

» Sa Majesté, par un arrêt de sondit conseil, du 2
» avril 1701, en interprétant un ancien arrêt du 24 janvier
» 1684, rendu en faveur des fermiers des messageries,
» maintient et garde les marchands et négocians dans leur
» ancienne liberté d'adresser leurs caisses et ballots aux
» correspondans, marchands et autres qu'ils peuvent avoir
» dans leur commerce en différentes villes du royaume,
» pour faire passer ensuite lesdites caisses et ballots, du
» poids au-dessus de 50 livres, aux lieux de leur destina-
» tion, par les voituriers que lesdits correspondans esti-
» meront les plus commodes.

» Il avait toujours été libre aux voituriers par terre, arri-
» vant à Paris, de se servir de tels facteurs et commission-
» naires qu'ils le trouvaient à propos; et, comme on l'a
» remarqué au commencement de ce chapitre, c'était or-

»dinairement les hôteliers, chez lesquels ils logeaient,
»qui avaient coutume de leur en servir.

»Les besoins de l'état ayant obligé, pendant la guerre
»pour la succession d'Espagne, de recourir à des secours
»extraordinaires pour la soutenir contre la grande alliance,
»il se fit en 1705, entre autres créations de nouveaux offi-
»ces, une création de courtiers, facteurs et commission-
»naires des rouliers, muletiers, et autres voituriers pour
»la ville, faubourgs et banlieue de Paris, avec attribution
»d'un droit de sol pour livre sur toutes les voitures, bal-
»les, ballots, hardes et équipages, et autres marchandises
»au-dessus du poids de 50 livres, qui se voiturent par
»terre.

»Peu de ces offices ayant été levés, et d'ailleurs les
»marchands et voituriers se trouvant fatigués par cet éta-
»blissement peu convenable à la liberté du commerce,
»quelques riches hôteliers des rouliers, qui avaient cou-
»tume d'être leurs commissionnaires, et un entrepreneur
»de voitures, demandèrent au conseil du roi la suppres-
»sion de ces offices, en remboursant de sa finance celui
»qui était chargé de l'exécution de l'édit, et lui payant les
»deux sols pour livre qui lui avaient été accordés par cet
»édit, à la charge néanmoins que le droit du sol pour livre
»subsisterait en leur faveur, jusqu'à ce qu'eux-mêmes
»eussent été remboursés.

»Leurs offres ayant été acceptées, il fut rendu un arrêt
»du conseil d'état, du 20 mars 1706, portant :

»1° Qu'en payant par eux, en cinq paiemens, la somme
»de cent mille livres et les deux sols pour livre, les offices

» de facteurs et commissionnaires de rouliers et voituriers,
» seraient éteints et supprimés pour toujours;

2° Que le droit du sol pour livre subsisterait pendant
» vingt années, pour être, par eux, reçu jusqu'à leur en-
» tier remboursement, du produit duquel droit ils compte-
» raient annuellement par devant le sieur lieutenant-gé-
» néral de police de Paris, pour être supprimé avant ce
» temps, s'ils étaient remboursés, ou, après ledit temps,
» prorogé, s'ils ne l'étaient pas;

» 3° Qu'après lesdites vingt annnées, le droit cesserait
» absolument, et resterait éteint avec permission et faculté
» à toutes personnes d'être facteurs et commissionnaires
» des rouliers et voituriers, en se conformant aux arrêts
» et règlemens, et sans payer aucun droit;

» 4° Qu'ils pourraient établir des bureaux et commis,
» pour la perception du droit de sol pour livre, et pour
» faire exécuter à leur profit l'arrêt du conseil d'état, du
» 5 mai 1705;

» 5° Enfin que les hôteliers de la ville, faubourgs et ban-
» lieue de Paris, cabaretiers ou autres, qui entreprennent
» des voitures, ne pourront à l'avenir, jusqu'au parfait
» paiement de ladite somme de cent mille livres, s'ingérer
» de faire le courtage des rouliers, ni recevoir chez eux
» aucuns ballots pour composer leurs voitures, sous les
» peines portées par l'édit, s'ils n'en ont eu permission
» par écrit de ceux qui ont avancé ladite somme; et en
» payant à leur acquit et décharge, par forme de prêt ou
» autrement, les sommes dont ils conviendront par l'avis
» du sieur lieutenant-général de police; lesquelles sommes

»serviront d'autant sur ledit remboursement. » (Savary,
tom. 1, liv. 5, chap. 6.)

2. Il est certain que la réception des marchandises
contribue à libérer le voiturier, qu'elle ait été faite directement par le voiturier, ou par les commissionnaires qui
sont ses représentans. Mais la réception seule ne suffit
pas; il faut encore que le prix de la voiture ait été payé
pour éteindre toute action contre le voiturier. Ces deux
conditions sont nécessaires. Ainsi que le remarque M. Locré, il y aurait trop d'inconvénient à ne s'arrêter qu'à la
première. Supposez qu'un négociant, pressé par ses affaires, n'ait pas le temps de vérifier les marchandises, et
qu'il les laisse décharger, conclurez-vous qu'il en a reconnu
le bon état, et tournerez-vous contre lui un acte de pure
tolérance? Non; il y aurait souveraine injustice à le déclarer déchu de toute action contre le voiturier; il ne doit
pas être présumé avoir eu l'intention de le dégager de
toute responsabilité, puisqu'il n'a pas examiné les marchandises. Quand, au contraire, il paie au voiturier le
prix de la lettre de voiture, alors il est présumé reconnaître le bon état des objets transportés, car on ne se libère jamais vis-à-vis d'un créancier lorsqu'on peut lui
opposer soit une compensation, soit une exception. Si on
acquitte ses obligations sans remarque aucune, il est de
toute vraisemblance que l'on en apprécie la légitimité.

3. Une fois que les deux conditions de l'article 105 se
trouvent accomplies, le voiturier est dégagé de toute res
ponsabilité, et est déclaré généralement à l'abri de toute
poursuite intentée par le propriétaire des marchandises.

Cependant les termes de cet article sont-ils tellement absolus qu'ils ne souffrent aucune exception? Mettront-ils
de même en sûreté le voiturier qui plus tard sera con-
vaincu de fraude? Pour l'affirmative, on pourrait tirer
argument de la généralité de l'art. 105, qui, sans exemption aucune, déclare l'extinction de toute action par suite
de la réception des objets transportés et du paiement du
prix de la voiture. On ne saurait admettre, diront toujours les partisans de l'affirmative, que le législateur n'a
pas parlé ici des cas de fraude, parce que le principe
général voulait que l'exception de fraude et d'infidélité
fût de droit, car, plus bas, à l'art. 108, il prononce formellement cette exception. Toutes les fois donc que le
législateur a voulu déclarer l'exception de fraude, il l'a
articulée. Si, à l'art. 105, il garde le silence sur la fraude,
c'est que son intention n'a pas été d'introduire une exception quelconque à la disposition générale de cet article.

La Cour royale de Lyon n'a pas admis ce système. Elle
a reconnu que l'exception de fraude était de droit; qu'elle
n'avait pas besoin, pour être opposée, d'être expressément prononcée par la loi. L'art. 105 ne ferait pas raisonnablement violence à la règle générale. Quelle a été l'intention du législateur en rédigeant cet article? D'éteindre
l'action que le propriétaire des marchandises possédait
contre le voiturier pour avaries. La place que cet article
occupe dans le Code prouve évidemment la volonté formelle du législateur. Le chapitre s'occupe de la responsa
bilité du voiturier, dans tous les cas où il est arrivé des
avaries ou des pertes que celui-ci aurait pu prévoir, prévenir, éviter. Les art. 103 et 104 attestent cette inten-

tion. L'art. 105 prononce l'extinction de toute action née
par suite de la responsabilité prononcée pour cause d'a-
varies. Il ne prévoit pas celles qui naîtront à l'occasion
de la fraude ou de l'infidélité du voiturier, mais seulement celles qui proviendront de sa négligence présumée.
La fraude et l'infidélité se trouvent tout à fait en dehors
de toutes les dispositions de ces articles; elles sont soumises à des règles particulières. « L'action civile, dit le
»rédacteur du Journal du Palais, 1826, 1, 379, fondée
»sur des faits qui ne constituent pas de délit et celle qui a
»pour fondement un délit, ne se déterminent pas tout à
»fait de la même manière ; chacune a son ordre particu-
»lier de prescription. » M. Vazeille, *dans son Traité des
prescriptions*, n° 686, dit : « La fraude et l'infidélité con-
»sistent dans le vol ou l'altération des objets que l'on est
»chargé de transporter. Ce sont des crimes prévus par les
»art. 386 et 387 du Code pénal. L'action à laquelle ils
»donnent ouverture ne se prescrit que par dix ans, selon
»l'art. 637 du Code d'instruction criminelle.

» Les parties privées ont le choix d'agir au civil ou au cri-
»minel; mais, par leur option pour la voie civile, elles ne
»perdent pas l'avantage de n'être sujettes qu'à la prescrip-
»tion établie pour les crimes, parce que leur option ne
»change pas la nature des faits. Les art. 637 et 640 du
»Code d'instruction criminelle disposent formellement
»que l'action publique et l'action civile se prescrivent
»par le même laps de temps ; et ici, quant à la prescrip-
»tion, la loi ne fait pas de différence entre ceux qui ne
»sont que civilement responsables du crime et ceux qui
»l'ont commis. »

La position légale des parties se trouvent bien appré-
ciée par l'auteur des réflexions insérées dans le Journal du
Palais, à l'occasion de l'arrêt rendu par la Cour royale de
Lyon. Il a compris que le Code de commerce, dans l'art.
105, comme dans les art. 103 et 104, ne prévoyait que
le cas des avaries; que l'art. 105 était la conséquence des
deux articles précédens. En effet, on voit dans ces derniers la responsabilité du voiturier pour avaries et perte
des objets transportés, et sa condamnation à une indemnité pour cause de retard, si le transport ne s'effectue pas
dans le délai fixé. Que dit l'art. 105 ? Il s'occupe de la
libération du voiturier; il explique les circonstances qui
l'amènent. Mais pour quels cas cette libération existe-
t-elle ? Quand les conditions, prescrites par la loi, ont été
accomplies; c'est alors évidemment pour les cas prévus par
les art. 103 et 104, pour les cas d'avaries et de retard.
Le législateur qui avait prononcé une peine, devait borner
le temps de sa durée; il ne pouvait pas la laisser peser
éternellement sur le voiturier, qui se serait trouvé en
butte au caprice du propriétaire; aussi, dit-il de suite,
elle cesse après la réception des objets transportés et le
paiement du prix de la voiture. L'art. 105 posait la limite
à une responsabilité prononcée pour un cas spécial, mais
il n'apportait aucun changement aux principes généraux.
L'action à laquelle donnent lieu la fraude et l'infidélité
se prescrit par dix ans, que la fraude et l'infidélité aient
eu lieu à l'occasion de marchandises transportées, ou
bien qu'elles se soient exercées sur tout autre objet. Ce
principe général s'appuie sur la raison la plus simple.
Croit-on qu'un individu qui demandait des draps et qui

reçoit en place des cuirs que l'on a substitués, ait consenti à la substitution, parce qu'il a reçu les caisses et payé le prix de la lettre de voiture? Non; car il ignorait la substance renfermée dans les caisses, et il ne voulait pas consentir à l'échange. En cas d'avaries ou de retard dans le transport, s'il reçoit les marchandises et s'il paie le prix de la lettre de voiture, il n'a plus le droit de réclamer l'indemnité; alors cette extinction de toute action contre le voiturier constitue la peine de sa négligence. En se faisant représenter la lettre de voiture, il prenait connaissance du délai stipulé; et s'il n'a pas opéré la retenue, il est présumé y avoir renoncé de son plein gré. Quant aux avaries, s'il n'examine pas les marchandises, il est présumé s'en remettre à la bonne foi du voiturier, et il subit alors la peine d'une trop grande confiance. Si les mêmes principes étaient admis en cas de fraude ou d'infidélité, la peine ne se trouverait plus en rapport avec la faute commise par le propriétaire auquel les marchandises étaient destinées; il paierait un peu cher une faute très-légère, la négligence pour ses propres intérêts. Telle n'a pas été l'intention du législateur; il n'a pas voulu changer, par l'art. 105, les principes applicables à la poursuite de la fraude ou de l'infidélité : l'action qui naît à leur occasion, dure toujours dix ans, que la fraude ait été commise sur les marchandises transportées, ou qu'elle ait été exercée sur d'autres objets : car, en toute matière, la prescription décennale couvre seule la fraude et l'infidélité.

4. Mais la fraude et l'infidélité, que nous avons déclarées formant une exception à la disposition légale de l'art. 105,

ne s'entendront-elles que du fait personnel du voiturier, de telle sorte qu'on ne puisse lui imputer celles des agens intermédiaires qu'il a employés, ni l'en rendre responsable? Évidemment, le voiturier ne répond que de ses faits personnels de fraude et d'infidélité. Hors de là, il rentre dans la disposition de l'art. 105. Toute action s'éteint contre lui par la réception des marchandises transportées, et par le paiement de la lettre de voiture. Le Code de commerce veut, art. 99, qu'il soit garant des agens intermédiaires qu'il emploie, mais jusqu'à l'accomplissement des conditions cumulatives prescrites par l'art. 105. Que les marchands, victimes de la fraude et de l'infidélité des agens intermédiaires, les poursuivent, rien de mieux; nous avons prouvé, dans le précédent paragraphe, qu'il avait le droit de les poursuivre pendant dix ans; mais il a perdu ce droit contre le voiturier étranger à la fraude, à dater du moment où il a reçu les objets transportés et payé la lettre de voiture. La Cour de cassation a cassé, le 29 mai 1826, un arrêt de la Cour royale de Lyon, qui avait admis l'opinion contraire. (Journal du Palais, 1826, 3, 394.)

5. Cet article 105 ne reçoit pas d'application à l'égard du commissionnaire de roulage, lorsqu'il y a échange volontaire des marchandises. Ainsi, le voiturier charge une caisse de toile pour Bayonne et une caisse de coton pour Bordeaux. Arrivé dans cette dernière ville, le commissionnaire chargé de faire parvenir à sa destination la caisse expédiée pour Bayonne, commet une erreur; il charge la caisse qui devait rester à Bordeaux. Les deux destinataires à qui la marchandise était adressée la reçoivent et paient

la lettre de voiture. Dans ce cas, le commissionnaire ne peut invoquer sa décharge de toute garantie. « Considé-
» rant, dit la Cour royale de Paris, 3ᵉ chambre, 18 dé-
» cembre 1830, que *la réception des objets remis par le*
» *voiturier, et* le paiement du prix de la voiture, *en étei-*
» *gnant toute action contre le voiturier,* ne font pas obs-
» tacle à ce que l'expéditeur ait un recours contre le com-
» missionnaire qui s'est chargé du transport, lorsque les
» marchandises n'ont pas été réellement remises à leur
» destination. » Cet arrêt est conforme à une saine inter-
prétation de la loi. L'art. 105 ne stipule qu'en faveur du voiturier. Elle constitue un bénéfice à son égard. Elle le dégage de toute responsabilité après la justification de deux conditions accomplies. Elle établit pour son compte une prescription toute particulière, qui ne doit pas profiter à d'autres. Aussi, le commissionnaire de roulage doit-il, en dépit de la réception des marchandises et du paiement du prix de la lettre de voiture, être déclaré responsable des erreurs qu'il commet. (Journal du Palais, 1831, 1, 299.)

Art. 106. En cas de refus ou contestation pour la réception des objets transportés, leur état est vérifié et constaté par des experts nommés par le président du tribunal de commerce, ou, à son défaut, par le juge de paix, et par ordonnance au pied d'une requête.

Le dépôt ou séquestre, et ensuite le transport dans un dépôt public peut en être ordonné.

La vente peut en être ordonnée en faveur du voiturier, jusqu'à concurrence du prix de la voiture.

1. Le législateur ne pouvait ordonner de trop grandes précautions pour la conservation des marchandises refusées par le destinataire. L'art. 106 pourvoit à cette première nécessité : il met à l'abri les marchandises. Pourtant, comme il est impossible de prévoir tous les cas qui se présenteront, il laisse encore beaucoup à l'appréciation des tribunaux. Plusieurs difficultés ont été soulevées: les règles qui ont servi à les résoudre, aideront aussi à donner la solution des questions qui naîtront.

2. Il s'agit d'abord de connaître toute la portée de l'art. 106. S'applique-t-il simplement aux voituriers, ou bien à toutes les contestations qui s'élèvent entre le vendeur et l'acheteur ? M. Horson, dans ses Questions sur le Code de commerce, liv. 1, quest. 58, s'exprime ainsi : « Souvent après une vente convenue, et au moment où » la marchandise est livrée à l'acheteur, il s'aperçoit ou » d'une erreur, ou d'une différence dans la qualité, le » poids, la contenance, etc., etc. ; l'acheteur doit sans » doute réclamer, et réclamer sans délai; mais dans quelle » forme? C'est ce que la loi ne dit pas, du moins à l'ar- » ticle des achats et ventes.

» On s'est imaginé de recourir à l'art. 106 du Code de » commerce, et de faire nommer sur requête des experts » pour vérifier sans retard.

» Nous devons dire, afin de ne pas égarer nos lecteurs » dans une fausse route, que cette marche est presque

»toujours la plus sûre, et qu'il faut l'employer, surtout
»lorsqu'il s'agit de constater certains faits que plus tard
»le vendeur pourrait méconnaître, et que des experts
»seuls peuvent utilement vérifier : nous ajouterons même
»qu'il faut avoir soin d'appeler le vendeur à l'expertise,
»s'il est sur les lieux.

»Mais cette manière d'opérer, généralement adoptée,
»a conduit à un résultat bizarre : beaucoup de tribunaux
»de commerce ont voulu voir une règle législative là où
»il n'y en avait pas, et ils ont pensé qu'un acheteur n'é-
»tait recevable dans ses répétitions contre son vendeur,
»qu'autant qu'il s'était servilement assujéti aux règles
»tracées par l'article 106.

»C'est une erreur : on peut bien, on doit même, nous
»le répétons, adopter dans beaucoup de cas la forme
»d'expertise tracée dans l'article 106, parce que souvent
»elle est la seule qui puisse présenter un résultat satisfai-
»sant; mais, en principe, l'article 106 n'est pas applica-
»ble aux achats et ventes : cet article est compris dans la
»section du Code de commerce relative *au voiturier*, et
»ses formes ne sont rigoureusement obligatoires que
»lorsqu'il est question de vérifier les causes d'un fait dont
»ce voiturier pourrait être passible, ou de constater,
»dans l'intérêt de l'envoyeur, l'état d'une marchandise
»que le destinataire refuse de recevoir, avant d'en auto-
»riser la vente.

»Mais s'il s'agit d'une marchandise dont l'identité est
»palpable, si son défaut de qualité est inhérent à la chose
»et ne peut résulter d'une fraude postérieure, si enfin
»l'acheteur a immédiatement manifesté l'intention de la

» laisser pour compte, croira-t-on que, cette identité
» étant constatée par la justice, l'acheteur n'en sera pas
» moins tenu de la garder, par cela seul qu'il ne se sera
» pas conformé aux règles de l'article 106 sur les formes
» de l'expertise ? Assurément non, car ce serait consacrer
» une injustice évidente en s'appuyant sur un article de
» la loi non applicable.

» Nous soutenons donc *qu'entre le vendeur et l'ache-*
» *teur*, dès l'instant qu'il est constant pour la justice que
» la marchandise, objet du litige, est identiquement la
» même, que ses défauts existaient nécessairement avant
» la livraison, et qu'enfin on ne peut induire de la con-
» duite de l'acheteur une réception définitive et sans ré-
» serve, les réclamations de ce dernier sont recevables,
» encore bien qu'il n'ait pas pris pour gouverne, dans son
» expertise, l'article 106 du Code de commerce.

» Une décision de la Cour suprême vient appuyer notre
» opinion.

» Un acheteur reçoit des marchandises défectueuses;
» la défectuosité était étrangère au voiturier et ne pouvait
» être attribuée qu'au vendeur : l'acheteur fait constater
» le fait par un procès-verbal du juge de paix. Un procès
» s'engage entre l'acheteur et le vendeur, et ce dernier
» argue de la nullité du procès-verbal, par la raison que,
» d'après l'article 106 du Code de commerce, le juge de
» paix pouvait bien, à défaut du président du tribunal de
» commerce, nommer des experts, mais qu'il ne pouvait
» expertiser lui-même. L'acheteur gagna son procès en
» Cour royale : le vendeur se pourvut en cassation, et là
» le débat s'engagea notamment sur l'application de l'ar-

»ticle 106; enfin la Cour, par arrêt du 24 juillet 1821,
»adopta en ces termes l'opinion que nous venons de dé-
»velopper.

»Sur les moyens du fond, tirés de contraventions
»aux articles 100, 103 et 106 du Code de commerce,
»attendu qu'il s'agissait dans l'instance sur laquelle a sta-
»tué l'arrêt, d'une demande faite par un marchand à un
»autre marchand, et de la défense de ce dernier tirée de
»la défectuosité des marchandises vendues et livrées;
»*attendu que les articles cités du Code de commerce con-*
»*cernent exclusivement les difficultés relatives aux ava-*
»*ries des pertes de marchandises et effets dans les trans-*
»*ports par terre et par eau, et ne pouvaient régler le sort*
»*de la contestation dont il s'agit, etc., etc.* »

Nous ne pouvons qu'approuver cette décision : les véritables principes nous paraissent posés et développés dans
la discussion de M. Horson. Il est évident, comme nous
l'avons dit plusieurs fois, que les règles tout à fait exceptionnelles du Code de commerce ne doivent s'appliquer
qu'aux cas pour lesquels elles ont été portées, et qu'elles
ne peuvent pas être transportées d'une matière à une
autre. Les usages du commerce admettent souvent pour
un cas toutes les formalités que le législateur a prescrites
pour un autre, parce que les commerçans trouvent plus
de garantie dans l'admission de ces formalités; mais les
juges ne sauraient être contraints, quand un procès s'a-
gite devant eux, de prononcer la nullité d'une stipulation pour violation d'un principe que la loi prescrit pour
une autre matière. Que les parties conviennent de suivre,
pour la vente, les dispositions de l'article 106, qu'elles

fassent de leur exécution une condition du contrat , rien
de mieux ; comme les conventions font la loi des parties ,
celles-ci se trouvent forcées d'accomplir leur engagement
réciproque. Mais, quand le contrat garde le silence sur
l'application des formalités de l'article 106, les parties,
comme le remarque M. Horson, agiront sagement en usant
de cet article, parce que, par l'emploi des formalités
qu'il prescrit, elles éviteront des contestations qui surgi-
raient, sans aucun doute, si elles avaient été omises. On ne
peut pas arguer de leur omission devant les tribunaux.
C'est là toute la thèse que M. Horson a établie, et que
nous voulions approuver, parce qu'elle nous semble conforme aux vrais principes. Nous avons démontré que les
formalités exigées par l'article 106 ne l'ont été par le
législateur que pour le voiturier ; qu'elles figurent dans le
titre relatif au voiturier, et ne sont pas mentionnées dans
le titre qui traite de la vente ; que toutes les règles du
Code de commerce étant exceptionnelles au droit commun, elles doivent s'appliquer aux seuls cas pour lesquels
elles ont été créées.

3. La solution donnée à la question précédente est
basée sur des principes qui nous serviront encore à résoudre une autre question que fait naître l'article 106.
On pense bien que nous n'entrerons pas dans de nouveaux détails, car en partant des principes posés dans le
paragraphe précédent, on arrivera toujours au même
point, et, dans tous les cas spéciaux, les faits seuls se
trouveront changés.

On demande, et la question se trouve encore traitée
par M. Horson, liv. 3, n° 31, on demande si le destina-

taire qui veut laisser les marchandises pour compte de l'envoyeur, doit nécessairement présenter requête et les faire expertiser au moment de l'arrivée, selon les règles tracées en l'article 106 du Code de commerce. Nous répéterons que les formalités prescrites par cet article ne sont rigoureusement exigées que dans deux cas, ou de la part du voiturier pour arriver à la vente des objets transportés, si le destinataire refuse de les recevoir, parce que, selon lui, ils lui sont étrangers; ou de la part du destinataire, s'il veut mettre à la charge du voiturier une avarie ou un déficit de son fait.

La Cour royale d'Aix a rendu, le 5 juillet 1825, un arrêt qui admet complètement notre doctrine. Le jugement du tribunal de commerce d'Antibes, confirmé purement et simplement, était ainsi conçu : « En ce qui »touche les fins de non-recevoir présentées par le défen- »deur, attendu que ces fins de non-recevoir sont établies »sur les dispositions de l'article 106 du Code de com- »merce et sur celles des articles 435 et 436 de la même »loi ; attendu que le premier de ces articles porte, à la »vérité, *qu'en cas de refus ou de contestation pour la* »*réception des objets transportés, leur état est vérifié et* »*constaté par des experts ; que le dépôt ou séquestre peut* »*en être ordonné, et même la vente en faveur du voitu-* »*rier, jusqu'à concurrence du prix de la voiture ;* at- »tendu que ces dispositions de la loi, étant placées dans »le titre et la section des voituriers, ne concernent que »les rapports existant entre ces voituriers et les commer- »çans qui doivent payer la voiture, et ne peuvent, sous »aucun rapport, être applicables au commerçant qui se

» présente comme créancier du prix de la marchandise,
» et à celui qui prétend n'en être pas débiteur, parce
» qu'il ne l'a pas demandée en totalité ou en partie ; at-
» tendu que l'article 108 de la même section n'établit
» aucune prescription qu'après six mois entre le commis-
» sionnaire et le voiturier, et n'en prononce aucune entre
» le commissionnaire et le commettant ; attendu que les
» articles 435 et 436 du Code de commerce prononcent
» des fins de non-recevoir en faveur des capitaines de na-
» vire, des affréteurs, des assureurs, lorsqu'il s'agit de
» dommages ou avaries causés aux marchandises, mais
» seulement en faveur de ces personnes, et dans le cas
» *d'avaries* qui leur sont applicables, et non dans l'espèce
» actuelle, où il ne s'agit ni de transport de marchandises,
» ni d'aucuns dégâts ou avaries qu'elles auraient éprou-
» vés ; attendu, enfin, que tout ce qui tend à éteindre les
» actions résultant du droit naturel et commun doit être
» restreint dans les dispositions textuelles de la loi, et ne
» peut pas être étendu, par analogie, d'un cas à l'autre,
» surtout dans les affaires commerciales, où la qualité des
» parties et les transactions qui ont lieu entre elles sont
» régies par des dispositions différentes ; en ce qui touche
» le fond, etc. , le tribunal ordonne que les marchandises
seront expertisées pour reconnaître, etc. ».

Le 20 décembre 1826, la Cour royale de Lyon a statué en ces termes sur la même question : « Attendu
» qu'en droit, il faut reconnaître que toutes les fois qu'il
» s'agit d'objets dont le transport a été confié à un voitu-
» rier, celui à qui ils se trouvent adressés, et qui peut
» avoir à se plaindre de ce qu'ils sont dénaturés ou ava-

» riés, n'y est plus admis s'il les a reçus sans en faire re-
» connaître et constater l'état par des experts ; mais que
» cette disposition de l'article 106 du Code de commerce
» se réfère uniquement à la responsabilité des voituriers,
» et qu'elle n'est nullement applicable à la garantie dont
» tout vendeur est tenu envers l'acheteur pour les défauts
» cachés de la chose vendue, garantie qui, loin de pou-
» voir être jamais subordonnée à une vérification immé-
» diate de la chose, faite au moment de la réception
» d'icelle, doit toujours se régler suivant les principes
» généraux posés dans les articles 1641, 1643 et 1644 du
» Code civil ;

» Attendu qu'en fait, il est constant, etc. »

Voilà tous les principes posés : il est certain, dans notre opinion, que l'article 106, rédigé pour un cas spécial,
doit être renfermé dans le titre où le législateur l'a placé.
Il est inutile de passer en revue toutes les espèces qui
peuvent souvent se présenter ; l'application des règles dé-
veloppées précédemment se fera facilement, et on arrivera à la solution des questions. S'il s'agit de contestations élevées entre le voiturier et le destinataire, pour la
réception des marchandises, faites usages de l'art. 106.
Le destinataire veut-il faire supporter au voiturier une
avarie ou un déficit ? Servez-vous encore de l'article 106.
Mais hors ces deux cas, les formalités prescrites par cet
article ne sont plus impérativement exigées ; il est loisible
aux parties de les accomplir, parce qu'elles présentent
des garanties certaines ; elles agiront même sagement en
stipulant leur exécution ; mais si elles les passent sous silence, elles ne pourront pas, plus tard, en solliciter

l'accomplissement en justice, ou se créer un moyen de nullité, parce qu'elles n'auront pas été remplies. Voilà la thèse que nous voulions prouver; nous croyons être arrivés à notre but en nous appuyant sur les principes qui veulent que le cercle de la loi ne soit jamais agrandi par le libre arbitre des juges; que les règles exceptionnelles applicables à un cas ne s'étendent jamais au-delà des limites posées par le législateur. Enfin, nous nous sommes basés sur la jurisprudence qui se trouve conforme à notre système, et a rejeté toute extension que les parties intéressées, contrairement à l'intention évidente de la loi, voulaient donner à l'article 106.

4. L'article 106 confère au président, et, à son défaut, au juge de paix, le droit d'ordonner le dépôt ou séquestre, et même le transport dans un dépôt public. Là les marchandises seront conservées jusqu'à la fin de la contestation.

Il ne faut pas croire, parce que l'article 106 ordonne que les marchandises seront vérifiées par des experts que nommera le président ou le juge de paix du lieu où elles se trouvent, que le tribunal de cet arrondissement deviendra compétent pour statuer sur la difficulté dont il s'agit. Non; ces premiers actes de procédure ne sauraient distraire l'instance principale du véritable tribunal où elle doit être portée; les dispositions de l'article 106 se concilient parfaitement avec celles de l'article 420 du Code de procédure civile, puisqu'une fois les opérations des experts faites et les faits constatés, rien n'empêche qu'on revienne devant le tribunal compétent.

5. Le droit du président ou du juge de paix ne s'arrête

pas à cette prérogative. Ils peuvent ordonner la vente en faveur du voiturier jusqu'à concurrence du prix de la voiture. Par exemple, le destinataire refuse de recevoir les marchandises expédiées, parce que l'envoi ne lui paraît pas conforme à sa commande : la difficulté est tout à fait étrangère au voiturier; celui-ci reste en dehors de la contestation. Il a mené à la destination indiquée le ballot dont on l'a chargé, sans s'inquiéter si l'acheteur correspondant serait servi selon son désir; il a accompli sa mission, entièrement indépendante du contrat intervenu entre l'expéditeur et le destinataire. Il faut qu'il reçoive le prix de la voiture : il ne doit pas, selon l'équité, être forcé d'attendre la conclusion du procès. Le destinataire ne veut pas le payer, puisqu'il refuse de recevoir la marchandise : il est dans l'impossibilité souvent de retourner auprès de l'expéditeur pour lui réclamer le prix du voyage; de toute nécessité, il se récupérera de ses avances sur les effets transportés. Aussi, la loi donne pouvoir au président ou au juge de paix d'ordonner la vente des marchandises. En prélevant, sur le prix provenant de la vente, le montant de ses avances, le voiturier fait usage du privilége que lui accorde l'art 2102 du Code civil. Comme le remarque M. Vincens, le voiturier a un privilége très-spécial sur la marchandise transportée.

La Cour royale de Colmar a décidé, le 29 novembre 1816, que le voiturier peut faire ordonner, par requête *non-communiquée*, la vente des marchandises pour s'en appliquer le prix. « On avait soutenu devant la Cour que » le Code de commerce, en attribuant au commissionnaire » un privilége sur les marchandises qui lui sont consignées,

» ne règle par le mode d'exercice de ce privilége; qu'il
» était donc convenable de s'en rapporter sur ce point à la
» jurisprudence; qu'elle avait été fixée par un arrêt de la
» Cour de Paris, en date du 13 mars 1815, qui a décidé
» *que l'autorisation de la vente est valable,* quoique ren-
» due sans parties ouïes ou appelées, s'il y a urgence, et si
» les expéditeurs ont été suffisamment avertis d'*avance*;
» que cette marche était conforme à celle indiquée par
» l'art. 106 du Code de commerce, qui indique les forma-
» lités à suivre pour l'exercice du privilége accordé au voi-
» turier, sur les marchandises voiturées; privilége qui est
» entièrement analogue à celui du commissionnaire con-
» signataire. »

La Cour adopta ses conclusions par un arrêt motivé :

« Considérant que dans le silence du Code de com-
» merce, quant au mode d'exécution du privilége du com-
» missionnaire, et quant aux formalités sur les marchan-
» dises à lui consignées; et quant aux formalités à rem-
» plir pour parvenir à la vente desdites marchandises,
» il convient de se reporter au privilége analogue attribué
» au voiturier et au mode indiqué pour la vente; que sous
» ce rapport, l'art. 106 du Code de commerce indique des
» formalités conformes à celles suivies par l'intimé pour la
» vente des marchandises à lui consignées, etc. »

La doctrine de cet arrêt, quoique conforme à un arrêt
de la Cour royale de Paris, nous paraît un peu extraordinaire. Quel est le principe général pour la décision d'une
contestation soumise aux tribunaux? Evidemment les juges ne peuvent prononcer qu'après avoir entendu les dé-

fenses contradictoires des parties. Cette règle s'appuie sur l'équité : car les juges ne se prononcent en connaissance de cause que lorsqu'ils ont écouté les divers moyens que les contestans ont à faire valoir ; ils pèsent alors dans leur âme et conscience les raisons présentées de part et d'autre, et prononcent après un mûr examen. Pour que cette règle ne reçoive pas une complète exécution, il faut trouver dans la loi une exception formelle, qui ne permette aucun doute sur l'intention du législateur. Cette exception existe-t-elle pour les contestations prévues par l'article 106 ? Non : cet article ne dit rien de pareil. Que signifie cette distinction faite par les intimés entre les matières civiles et les matières commerciales ? Sur quelle disposition légale la Cour s'est-elle appuyée pour autoriser cette distinction qu'aucun texte ne justifie ? Le commissionnaire ne pouvait vendre les marchandises sans avoir au moins communiqué la requête à l'expéditeur. Celui-ci doit être mis à même de se défendre : peut-être possède-t-il des moyens légitimes de repousser la demande du voiturier ; peut-être ce dernier a-t-il perdu son privilége, si l'expéditeur prouve qu'il a perdu tout droit au prix de la lettre de voiture pour inexécution de la convention. Si les marchandises ont été vendues sans qu'il ait présenté sa défense, plus tard il lui sera souvent impossible d'exercer son recours, ou les marchandises ne lui présenteront plus les mêmes avantages... Il y aura donc perte pour lui. Pour éviter ce grave inconvénient, il faut se tenir au principe général qui veut que toute partie, intéressée dans un procès, soit entendue. Le juge ne doit prononcer qu'après un débat contradictoire. Si l'une des parties légalement citée ne comparaît pas, on prendra son silence obstiné pour un aveu, et le tribunal statuera en son absence. C'est là l'exception à une règle absolue, la seule exception. Car, en thèse générale, qu'il s'agisse de l'art. 106 ou de tout autre article, qu'il s'agisse de matières commerciales ou de matières civiles, peu importe ; le principe sacré de la défense doit être respecté. Nous pensons que les Cours de Colmar et de Paris l'ont violé ; aussi combattons-nous leurs arrêts.

6. Le voiturier exercera-t-il son privilége sur les marchandises voiturées, malgré la faillite du destinataire survenue après la délivrance qu'il a faite ? Nous ne concevons pas qu'une pareille question ait jamais été soumise aux tribunaux, et pourtant on trouve sur cette prétendue difficulté, dans le recueil de Sirey, une décision de la Cour royale de Paris. (Sirey, 10, 2, 168.) Comment entre-t-il dans la tête d'un jurisconsulte de prétendre que le privilége du voiturier cesse quand il a opéré la délivrance des marchandises ? Est-ce que l'art. 2102 du Code civil et l'art. 106 du Code de commerce contiennent une disposition semblable, ou laissent supposer que telle a été l'intention du législateur ? Où trouve-t-on dans la loi que le privilége du voiturier cesse avec la délivrance des objets transportés ? Nulle part.

La loi ne fixe aucun délai pour l'exercice du privilége : le voiturier a donc le droit de l'exercer tant que la créance subsistera ; il ne s'éteindra qu'avec elle. Il suffit que l'identité des marchandises soit constatée. La faillite du propriétaire apportera-t-elle une modification à cette décision ? Non : qu'il y ait ou qu'il n'y ait pas atermoiement,

Le concordat est tout à fait indifférent aux créanciers privilégiés, puisqu'il n'existe que pour les créanciers chirographaires. La difficulté suscitée au voiturier devant la Cour de Paris, n'était donc qu'une mauvaise chicane, qui a disparu en présence des termes formels de la loi. C'est toujours à son texte qu'il faut revenir, et quand elle se tait, il faut consulter les principes, tirer les conséquences et voir si elles leur sont contraires, ou bien si elles n'en sont que la plus juste application. Avec un tel système, on n'engagera pas de procès pareils à celui qui, pour cette question, s'est débattu devant la Cour royale de Paris, et que l'on aurait évité, si on avait consulté le texte et l'esprit de la loi. L'erreur est possible et excusable, quand le législateur ne s'explique pas, ou que son explication ne présente pas assez de clarté pour en[t] toute incertitude. Alors il appartient aux magistrats pliquer la loi et de fixer par la jurisprudence le sens faut désormais donner aux dispositions du législat Selon nous, dans ce cas, le procès est permis, car part et d'autre, il y a doute réel. Hors de là, il n'y a p que des contestations basées sur des subtilités, indign d'un bon esprit; et l'on soumet aux tribunaux, dans l'i térêt de son état, des procès aussi futiles et aussi pe fondés que celui relatif à la durée du privilége du voiturier.

7. La Cour de cassation a rendu, le 28 juillet 1819, un arrêt de rejet qui décide que le privilége du voiturier sur la chose transportée s'étend à toutes les sommes qui peuvent lui être dues pour frais de transports précédens. Particulièrement, l'entrepreneur de flottages est privilégié sur

le bois qui lui est confié actuellement, non-seulement
pour le prix de ce flottage, mais encore pour celui non
payé de tous les flottages antérieurs qu'il a conduits pour
le même marchand de bois. (Dalloz, 17, 1, 534.)

Nous sommes forcés d'avouer que ce singulier arrêt
bouleverse toutes nos idées sur le privilége du voiturier.
Nous l'avons cherché dans Denevers, à l'endroit indiqué
par le Sirey annoté de 1830; nous ne l'avons pas trouvé,
et pour croire à son existence, il faut toute l'authenticité
connue du recueil indiqué. Selon toute vraisemblance,
nos recherches ont pris une mauvaise direction. Mais nous
avons rencontré deux autres arrêts qui, selon nous, pro-
fessent une théorie tout aussi extraordinaire, et que nous
citerons, parce qu'ils se rapportent aux commissionnaires,
et que les règles relatives à ces derniers ont une grande
analogie avec celles applicables aux voituriers. Combattons d'abord la doctrine de l'arrêt rendu dans l'espèce du
voiturier.

Jusqu'à présent, nous avions toujours cru que le privilége du voiturier sur la chose voiturée existait pour les
frais faits à l'occasion de son transport, et qu'il n'existait
pas pour les avances antérieures à ce transport, et étrangères à la marchandise voiturée. Tous les articles qui parlent de ce privilége, laissent entendre qu'il n'est accordé
que pour les frais spéciaux à l'objet transporté. Ainsi l'article 106 dit que la vente peut être ordonnée en faveur
du voiturier, *jusqu'à concurrence du prix de la voiture.*
Il ne mentionne pas les frais faits pour les voyages précédens. L'art. 2102 du Code civil, § 6, donne un privilége
pour les frais de voiture et les dépenses accessoires, *sur*

la chose voiturée. Évidemment, tout le monde pensera que le privilége est attribué au voiturier pour les frais faits dans l'intérêt de la chose transportée, et non pas pour ceux faits dans d'autres voyages et dans l'intérêt d'autres marchandises.

Veut-on juger par analogie? Si le texte précis de ces deux articles ne contente pas, recourons à l'art. 93 du Code de commerce. On verra que *le commissionnaire qui a fait des avances sur des marchandises à lui expédiées d'une autre place pour être vendues pour le compte d'un commettant, a privilége, pour son remboursement, sur la valeur des marchandises, si elles sont à sa disposition,* etc. Cet article, que nous voyons aussi étrangement défiguré par la Cour de cassation dans les arrêts dont nous parlerons plus bas, restreint le privilége du commissionnaire au recouvrement des avances faites dans l'intérêt de la marchandise. Il n'y a rien qui puisse faire supposer que le législateur a voulu attribuer, soit au voiturier, soit au commissionnaire, malgré les droits des autres créanciers, une préférence aussi étendue que celle accordée par la Cour de cassation. Nous ne pensons pas que la question soumise de nouveau à l'attention de cette Cour souveraine, si distinguée par ses lumières, reçoive la même solution.

Nous allons rappeler l'espèce dans laquelle l'arrêt a été rendu, les considérans de l'arrêt : notre réfutation viendra après.

Des commissionnaires étaient liés d'affaires avec un commerçant qui leur expédiait des laines et autres marchandises. Le commerçant tombe en faillite.

« À cette époque, les commissionnaires avaient dans
» leur magasin quarante-trois balles de laine appartenant
» au commerçant dont ils étaient créanciers de plus de
» 16,000 fr. , pour diverses avances, et notamment de
» paiement de mandats tirés sur eux par leur commettant.

» Les syndics provisoires écrivent aux commissionnai-
» res pour leur demander leur compte courant. Ceux-ci
» l'envoient en même temps que le bordereau des laines
» consignées dans leur magasin , en avançant qu'ils les
» gardaient en représentation de leurs créances.

» La contestation fut portée devant les tribunaux. Juge-
» ment de première instance qui admet les conclusions
» des syndics. Les principaux motifs de ce jugement sont:
» que dès le moment que la faillite a été déclarée ouverte,
» tous les biens du failli sont devenus le gage commun de
» ses créanciers; que nul n'a pu s'en attribuer une partie
» au préjudice des autres , à moins qu'il n'eût un privilége
» expressément autorisé par la loi; qu'aux termes de l'ar-
» ticle 93 du Code de commerce , un commissionnaire n'a
» privilége, pour le remboursement de ses avances , inté-
» rêts et frais sur la valeur des marchandises qui lui ont
» été expédiées d'une autre place, pour être vendues pour
» le compte de ses commettans, que pour les avances qu'il
» a faites sur ces marchandises ; que de pareils priviléges ,
» qui font exception à la règle générale , doivent être res-
» treints aux cas spécifiés par la loi. »

Appel. Arrêt infirmatif.

Pourvoi en cassation. Rejet.

Voici l'arrêt de la Cour : « Vu l'article 93 du Code de
» commerce; attendu que , d'après les dispositions de cet

» article , tout commissionnaire qui a fait des avances sur
» les marchandises à lui expédiées d'une autre place, pour
» être vendues pour le compte d'un commettant, a privi-
» lége , pour le remboursement de ses avances , intérêts et
» frais , sur la valeur des marchandises , si elles sont à sa
» disposition , dans ses magasins ou dans un dépôt public ;
» attendu que ce privilége , introduit en faveur du com-
» merce , a pour but de donner au commettant un moyen
» facile d'obtenir des fonds du commissionnaire consigna-
» taire, en offrant à celui-ci des sûretés sur les marchandises
» dont il se trouve nanti , et qu'il est chargé de vendre ;
» que, dans l'esprit comme dans la lettre de la loi , ce pri-
» vilége est général et s'applique sans distinction à toutes
» espèces d'avances faites pour les marchandises consignées
» ou pour toute autre cause sous la garantie de ces mêmes
» marchandises ; qu'en effet , l'article cité indique toute
» l'étendue du privilége par ces mots , *avances, intérêts*
» *et frais*, qui excluent évidemment sa restriction aux dé-
» boursés faits à l'occasion des marchandises, tels que
» frais de transport , de déchargement , d'emmagasinage ,
» de conservation, etc. , etc. ; qu'admettre d'ailleurs une
» semblable restriction , ce serait rendre ce même article
» inutile , puisque ces déboursés sont garantis par le pri-
» vilége dont parlent les §§ 5 et 6 de l'art. 2102 du Code
» civil ; attendu que la Cour royale de Montpellier a re-
» connu le fait , 1° que les marchandises expédiées par le
» sieur... aux sieurs... pour être vendues pour le compte
» de L..., étaient, au moment de la faillite de ce dernier,
» en la possession et dans les magasins des commission-
» naires qui les ont ensuite vendues avec l'autorisation des

» syndics; 2° que sur la foi de la consignation, les com-
» missionnaires ont fait diverses avances pour le compte
» de leur commettant, notamment en acquittant ses
» mandats; qu'ainsi, en décidant en droit, dans l'arrêt
» attaqué, que les sieurs .. étaient fondés à se rembourser
» par privilége et préférence du montant desdites avances,
» intérêts et frais, sur le prix des marchandises vendues,
» ladite Cour a fait une juste application de l'art. 93 du
» Code de commerce; rejette. »

Le même jour, arrêt semblable. (Denevers. 17. 420.)

Nous ne voyons pas comment il est possible de trouver dans l'art. 93, cette généralité que l'arrêt précité déclare exister. Nous voyons au contraire que les termes de l'article restreignent le privilége aux marchandises pour lesquelles des avances ont été faites. Examinons toutes les expressions. L'article s'exprime ainsi : *Tout commissionnaire qui a fait des avances sur des marchandises, a privilége, pour le remboursement de ses avances, sur la valeur des marchandises,* etc., etc. Chaque mot n'établit-il pas d'une manière formelle la spécialité du privilége ? Quand le commissionnaire aura-t-il ce privilége ? Quand il aura fait des avances sur des marchandises. Encore faut-il que ces marchandises soient à sa disposition, dans ses magasins ou dans un dépôt public. Dans l'article 93, tout se lie, se coordonne, se suit. Il exige trois conditions pour l'exercice du privilége; que les avances aient été faites pour les marchandises expédiées, et que les marchandises soient à la disposition du commissionnaire, ou qu'il constate par un connaissement ou par une lettre de voiture, l'expédition qui lui a été faite. Les marchan-

dises sur lesquelles les frais antérieurs ont été avancés,
se trouvent-elles à la disposition du commissionnaire ?
Non, puisqu'elles ont été vendues. L'action du voiturier
ne peut donc s'exercer sur elles ; il a une action personnelle contre le commettant pour le remboursement ; il
viendra en concurrence avec tous les autres créanciers sur
le prix provenant de la vente des autres marchandises
qu'il peut déclarer, mais il n'aura pas un privilége, parce
qu'il ne se trouve pas dans les conditions imposées par
l'art. 93. Il ne faut pas, ainsi que l'a fait la Cour de cassation, isoler les mots *avances*, *intérêts* et *frais* : il faut
les expliquer par les autres dispositions de l'article, et on
se convaincra facilement que le privilége est spécial aux
déboursés faits dans l'intérêt des marchandises expédiées.

Le droit et l'équité veulent la spécialité du privilége.
Pourquoi le concéder pour le rembousement des avances
faites pour d'autres marchandises vendues pour le compte
du même commettant ? Il n'y a pas de raison pour accorder au commissionnaire ou au voiturier, cette faveur au
préjudice des autres créanciers. Dans le cas de l'art. 93,
cette préférence a une cause légitime. C'est dans l'intérêt
de la chose elle-même, ou pour faciliter la vente, que
les déboursés ont été faits ; par conséquent, si la marchandise ne s'est pas détériorée, ou si elle s'est vendue plus
facilement et à un meilleur prix, c'est au commissionnaire qu'on doit cet avantage ; aussi, pour récompense,
prélèvera-t-il sur le prix le paiement de toutes ses avances. S'il ne prend pas part aux bénéfices que les marchandises peuvent procurer, il opère du moins sur le prix
le recouvrement de ses déboursés. Mais comment lui as-

surer sur ces mêmes marchandises un privilége pour des frais qui leur sont étrangers ? Le commissionnaire, pour toutes ses avances antérieures, n'est plus qu'un créancier chirographaire, ayant un droit égal aux autres créanciers, il est vrai, mais non supérieur. Il viendra sur le prix des autres marchandises qu'il détient, par concurrence, et il ne prendra que la portion qui lui revient. Voilà comment nous entendons l'art. 93. Nous repoussons l'interprétation de la Cour de cassation, et nous en appelons à elle-même pour réformer sa jurisprudence.

Nous appliquons les mêmes motifs de spécialité au privilége du voiturier. Nous voyons que l'esprit de la loi est de le restreindre aux frais faits pour le transport des marchandises, et non de l'étendre à tous les transports précédens. Nous avons en commençant argumenté du texte précis des art. 2102 du Code civil et 106 du Code de commerce ; nous les invoquons encore, et nous croyons qu'en les lisant attentivement, on se convaincra de la restriction du privilége aux déboursés faits à l'occasion des objets voiturés. Qu'on se souvienne que les priviléges font exception à la règle générale, qui consiste à regarder les biens d'un débiteur comme le gage commun de tous les créanciers, et à distribuer le prix entre eux par contribution. (Art. 2093 du Code civil.) Eh bien ! comme toutes les exceptions, il faut restreindre les priviléges aux cas spécifiés par la loi. Les art. 2102 du Code civil et 106 du Code de commerce spécifient les cas de préférence accordés au voiturier ; les étendre, c'est ajouter aux dispositions légales, c'est violer la loi, et dans son texte, et dans son esprit ; ce que nous ne ferons jamais de plein

gré. Aussi rejetons-nous de toutes nos forces la doctrine
qui voudrait étendre le privilége du voiturier à toutes les
sommes qui lui seraient dues pour les transports précédens, tandis que de toute évidence, le législateur n'a
concédé ce privilége sur les marchandises transportées
que pour les frais faits à l'occasion du transport de ces
mêmes marchandises.

Art. 107. Les dispositions contenues dans
le présent titre sont communes aux maîtres de
bateaux, entrepreneurs de diligences et voitures publiques.

1. Cet article, dont la rédaction paraît bien simple,
et semble, par sa simplicité même, éloigner toute difficulté, fait naître beaucoup de questions qui sont embar-
rassantes. Plusieurs lois, qu'il faut coordonner avec les
principes exprimés dans le présent titre, ont été promul-
guées. La loi du 29 août 1790 a apporté de grandes ré-
formes dans la législation. Un règlement de 1725 avait
défendu d'effectuer le transport des voyageurs sans une
permission préalable des fermiers de messageries. La loi
de 1790 abolit *ce droit de permis.* «Mais, dit M. Lafargue,
»dans son introduction au Code voiturin, si cette loi fit
»cesser le monopole, elle consacra encore le privilége.
»Une ferme générale des messageries fut établie par l'ar-
»ticle 4, et les fermiers généraux avaient seuls, aux ter-
»mes de cet article, le droit des départs à jours et heures
»fixes, celui de l'annonce de ces départs, ainsi que le droit
»d'établir des relais à des points fixes et déterminés.

16.

» Quelques autres avantages particuliers leur furent en
» outre accordés. »

Le 25 vendémiaire an 3 (16 octobre 1794), parut une
loi qui permit la concurrence et assura aux entrepreneurs
de voitures le libre exercice de leur industrie. Mais la régie nationale ruina bientôt les entreprises particulières :
aussi fut-elle abolie par une loi du 9 vendémiaire an 6,
(30 septembre 1797).

Diverses lois réglèrent le mode d'exercice imposé aux
entrepreneurs de transports des voyageurs, dans l'intérêt
du public. La sûreté exigeait que la charge ne passât pas
une certaine limite, parce qu'un excès de poids compro-
mettrait la vie des voyageurs. Des règlemens fixèrent aussi
les conditions indispensables pour établir des messageries,
et pour les faire voyager. Toutes ces lois, tous ces règlemens ne doivent pas trouver place dans notre commentaire ; nous ne devons nous occuper ici que de la responsabilité des entrepreneurs de voitures vis-à-vis des voyageurs. L'art. 107, que nous expliquons maintenant, figure
dans le titre qui parle de la responsabilité du commissionnaire et du voiturier. L'art. 107, qui déclare toutes dispositions contenues dans le présent titre, communes aux
maîtres de bateaux, entrepreneurs de diligences et voitures publiques, ne parle par conséquent que des dispositions relatives à la garantie imposée au voiturier à l'égard
de l'expéditeur et du commissionnaire, et à ce dernier à
l'égard de l'expéditeur. Nous renfermerons toute notre
discussion dans ce cercle : toutes les lois qui imposent
d'autres obligations à l'entrepreneur de voitures publiques
se trouvent étrangères à notre travail. Seulement nous

nous contenterons de rappeler un passage de M. Locré,
qui pourra être utile à ceux qui, daignant nous consulter,
voudraient des renseignemens sur la police des messageries.
A l'art. 107, M. Locré rapporte d'abord l'art. 1786 du
Code civil, article ainsi conçu : « *Les entrepreneurs et*
» *directeurs de voitures et roulages publics, les maîtres de*
» *barques et navires, sont en outre assujétis à des règle-*
» *mens particuliers qui font la loi entre eux et les autres*
» *citoyens.* »

Les dispositions dont parle ici le Code civil, concernent :

« Les unes, le contrat qui se forme entre les entrepre-
» neurs et les personnes qui les emploient;

» Les autres, la police, l'ordre public, et règlent ce qui
» touche les droits du domaine et l'administration. »

Les premières sont l'objet du présent titre;

Les secondes sont établies par les lois des 24 août 1790,
30 septembre 1797 (9 vendémiaire an 6); 23 décembre
1797 (3 nivôse an 6); l'arrêté du directoire exécutif du
23 décembre 1800 (2 nivôse an 9); les lois des 19 mai
1802 (29 floréal an 10), 25 et 27 février 1804 (5 et 7
ventôse an 12), 1er septembre 1804 (14 fructidor an 12);
l'avis du Conseil d'état du 25 septembre 1804 (3 vendémiaire an 13); la loi du 6 mars 1805 (15 ventôse an 13),
et les décrets des 1er septembre 1805 (13 fructidor an 13),
3 et 13 novembre 1805 (12 et 22 brumaire an 14), 23
juin et 6 juillet 1806.

Nous ne voulons, quant à nous, ne nous occuper que
de la responsabilité des maîtres de bateaux, des entrepreneurs des diligences et voitures publiques.

2. La responsabilité des entrepreneurs de messageries

est établie par l'art. 1384 du Code civil, qui déclare tout individu responsable non-seulement du dommage qu'il cause par son propre fait, mais encore de celui qui est causé par le fait des personnes dont il doit répondre, ou des choses qu'il a sous sa garde. Ainsi, voilà une division indiquée par la loi. Voilà une double responsabilité prononcée contre l'entrepreneur de messageries pour une double série d'actes.

3. Quant à la responsabilité prononcée pour des faits personnels, elle dérive de l'art. 1382, qui veut que tout individu reste obligé à réparer le dommage causé par sa faute, et de l'art. 1383, qui met aussi à sa charge la réparation du dommage causé par sa négligence ou par son imprudence. Quand un paquet, confié à une diligence, vient à se perdre, le conducteur ne se trouve pas engagé par un acte personnel, mais on lui reproche une imprudence ou de la négligence. Quand y a-t-il négligence, imprudence de sa part ? En d'autres termes, quand se trouve-t-il responsable de la perte des effets confiés à sa voiture ? Pour la solution de cette question, il est difficile de poser des bases absolues, fixes, invariables. Les règles se modifient avec des circonstances qui atténuent la rigueur du principe.

4. M. Merlin (*Répertoire de jurisprudence*, tom. 8, p. 177), en se fondant sur un arrêt du parlement de Paris, soutient que les entrepreneurs répondent seulement des objets inscrits sur leurs registres. « Les motifs » de cette jurisprudence, dit-il, sont aussi justes que » sages. Si vous remettez un dépôt à un cocher, sans en » faire charger sa feuille, et sans vous en assurer, à quel

»titre le maître en serait-il garant? Il peut dire n'avoir
»rien eu à garder, et, dans le vrai, il n'a contracté aucun
»engagement avec vous. Il peut, d'ailleurs, opposer qu'il
»y a fraude de votre part, et que vous n'avez omis l'enre-
»gistrement que pour avoir du cocher meilleur compte,
»et frustrer le maître de ses droits. Aussi n'admet-on pas
»la preuve par témoins contre les voituriers publics qui
»ont des registres. »

M. Lafargue, dans son introduction au Code voiturin,
réfute cette doctrine du savant jurisconsulte, par des
motifs qui nous paraissent bien forts... car ils s'appuient
sur le texte du Code civil.

Si l'art. 1785 impose aux entrepreneurs de voitures
l'obligation d'inscrire sur leurs registres, l'argent, les effets
et paquets dont ils se chargent, l'art. 1782 les soumet
aussi pour la garde et la conservation des choses qui leur
sont confiées, aux mêmes obligations que les aubergistes.
Et l'art. 1952 du Code civil déclare les aubergistes dépo
sitaires nécessaires des effets apportés par le voyageur.
Plus haut, l'art. 1950 admet la preuve par témoins pour
le dépôt nécessaire, quand il s'agit d'une valeur excédant
150 fr. Que résulte-t-il du rapprochement de ces divers
articles? Evidemment, la certitude que les registres tenus
par les conducteurs ne constituent pas la seule preuve
qu'il soit permis d'invoquer contre eux. Soumis aux règles
du dépôt nécessaire, ils ne peuvent pas décliner la preuve
testimoniale; ils sont forcés de la subir. Remarquons d'ailleurs que les registres émanent des conducteurs; qu'avec
eux, ils se créaient des titres sans contestation possible;
qu'ils pourraient omettre sans mauvaise foi de mentionner

des effets dont ils ne se rappelleraient pas la réception. Il fallait laisser aux voyageurs un moyen de réparer cette omission des registres, et leur accorder la preuve testimoniale, pour balancer auprès des juges le silence des registres sur les effets confiés au conducteur. Voici comment s'explique M. Malleville à cet égard, dans son analyse du Code civil, tom. 3, art. 1786 :

« Les voituriers employés par un entrepreneur, répon- » dent-ils des paquets non enregistrés qui leur sont con- » fiés ? L'entrepreneur en est-il responsable dans le même » cas ? Beaucoup de divagations à ce sujet. Cependant, » de la discussion, il paraît résulter que le voiturier qui a » reçu les effets non enregistrés, en est toujours tenu, mais » que l'entrepreneur ne l'est pas, à moins qu'il ne tînt » pas de registres; auquel cas, il serait déjà en faute, et » demeurerait responsable avec le voiturier. Que si l'en- » trepreneur avait des registres, et qu'il eût omis d'y ins- » crire les effets qu'on prouverait avoir été remis à l'entre- » pôt, il en serait encore tenu : s'il avait donné un reçu, » la chose serait bien certaine; mais, quoiqu'il n'y ait ni » reçu, ni enregistrement, on dit (au Conseil d'état) que » les juges pouvaient, suivant les circonstances et l'état » des personnes, admettre la preuve, comme il est décidé » au titre du dépôt (*nécessaire* s'entend). »

5. Il ne faudrait pourtant pas conclure que la disposition de l'art. 1785, qui ordonne aux conducteurs de voitures publiques la tenue des registres, est inutile, puisque la loi permet la preuve testimoniale contre eux. Ce serait là une grave erreur. Tout le monde doit savoir que la preuve testimoniale présente souvent de grandes difficul-

tés; que les témoins de la remise des paquets ne sont pas nombreux, parce qu'elle constitue un acte indifférent pour l'individu qui n'est point propriétaire des effets ; et qu'elle n'excite pas l'attention des tiers entièrement désintéressés. Aussi diverses ordonnances ont-elles été publiées pour assurer l'exécution de cet article 1785. L'ordonnance du 4 février 1820 dit dans son art. 5 : « Les » propriétaires et entrepreneurs de voitures publiques tien- » dront registre du nom des voyageurs qu'ils transporte- » ront. Ils enregistreront les ballots, malles et paquets » dont le transport leur sera confié ; ils donneront extrait » de cet enregistrement aux voyageurs, avec le numéro » de leur place. Les registres seront sur papier timbré, » coté et paraphé ».

L'art. 3 du décret du 14 fructidor an 12 (1ᵉʳ septembre 1804), s'exprime ainsi : « Les entrepreneurs de voi- » tures publiques... enregistreront, jour par jour, toutes » les personnes et marchandises dont ils entreprendront le » transport, ainsi que le prix des places, *la nature*, le » poids et le prix du port des paquets et marchandises ».

6. M. Lafargue (Introduction au Code voiturin) , rapprochant l'art. 1785 de l'art. 1786, qui porte que les règlemens auxquels sont assujétis les entrepreneurs *font la loi entre eux et les autres citoyens,* conclut que l'obligation d'enregistrer demeure subordonnée à la déclaration des voyageurs. Nous sommes de l'avis de cet auteur. Nous pensons pourtant que la déclaration doit être sollicitée par le conducteur. Nous nous expliquons : lorsqu'un voyageur se présente aux bureaux avec ses bagages , selon nous, le directeur doit lui demander une indication des objets con-

tenus dans ses malles. Si le voyageur répond à sa question, le directeur mentionne sur le registre l'indication donnée. Alors le contrat se trouve formé ; le conducteur engage sa responsabilité, il promet de remettre les effets *à bon port*. Si, au contraire, le conducteur ne demande rien au voyageur, s'il ne l'interroge pas sur la nature, la valeur des effets qu'il présente, il est censé se fier à sa bonne foi.

A l'appui de notre opinion, nous ne ferons pas valoir d'autres raisons que celles que présente M. Lafargue pour imposer la déclaration au voyageur, sans qu'elle ait été demandée par le conducteur. Que dit cet auteur ? « Il est » donc juste de mettre le voiturier, dont on engage la res- » ponsabilité, à même de percevoir une commission plus » ou moins élevée, suivant *la nature* des objets transpor- » tés, d'autant mieux qu'il est lui-même comptable envers » le gouvernement d'une portion du prix de la voiture, » conformément aux lois de finances. N'est-il pas égale- » ment évident que la surveillance des entrepreneurs est » ordinairement proportionnée à l'importance des objets » qui leur sont confiés ? Ainsi donc, l'intérêt du voyageur, » celui du voiturier, celui de l'état, se réunissent pour » imposer aux voyageurs l'obligation de faire une déclara- » tion de *la nature* des objets par eux confiés aux voitures » publiques. »

L'entrepreneur se trouve évidemment le plus intéressé à connaître la nature et la valeur des effets. C'est donc lui qui interrogera le voyageur. Car celui-ci a toujours, aux termes de l'art. 1950, la ressource de la preuve tes- timoniale. L'intérêt du conducteur lui impose l'obliga- tion de réclamer une indication détaillée des objets qu'il s'oblige à transporter. Cette obligation ne saurait être imposée au voyageur. Seulement, s'il fait une déclaration mensongère, en cas de sinistre ou d'avaries, le conducteur pourra toujours prouver qu'il réclame des valeurs supérieures aux valeurs réellement confiées à la voiture. Nous sommes de l'avis de M. Lafargue, et nous avions raison de l'annoncer en commençant, c'est-à-dire, nous croyons que le voyageur doit déclarer l'importance et la nature des effets transportés, quand le conducteur demande cette indication. Mais nous pensons que le voyageur agira sagement, il est vrai, en faisant cette déclaration, malgré le silence du conducteur, et que pourtant il en est légalement dispensé, si celui-ci ne la sollicite pas. Ici notre opinion diffère de celle de M. Lafargue : nous avons expliqué les motifs de cette différence.

7. La solution ne sera plus la même s'il s'agit de sommes d'or ou d'argent, de bijoux et d'autres objets précieux. Il faut que le voyageur les déclare, quand bien même le conducteur ne lui demanderait pas la nature des objets confiés à la voiture. Le transport d'effets précieux par la voie des voitures publiques est exceptionnel; quand il a lieu, il est nécessaire qu'il soit déclaré, pour engager la responsabilité du conducteur. Denizart disait, en parlant des *aubergistes* : « On n'est pas libre de rendre » les aubergistes responsables de sommes indéfinies, en » supposant dans des malles des effets précieux, tels que » des diamans et des bijoux qui ne soient pas présumés y » être. En pareil cas, il faut déclarer à l'aubergiste que » l'on est porteur d'effets précieux dont on le charge nom- » mément ».

La Cour de Paris appliqua ces principes pour un vol d'argent et de bijoux, dont on voulait rendre un aubergiste responsable. L'arrêt est du 2 avril 1811.

La même doctrine avait été adoptée par la Cour de Bruxelles, le 28 avril 1810, dans l'affaire Depinois. Nous rappelons le texte de cet arrêt remarquable, qui fixe, d'une manière certaine, la règle à suivre pour la solution de cette question importante. Voici l'arrêt :

« Attendu que l'injonction faite aux entrepreneurs de » voitures publiques, par l'art. 1785 du Code civil, de te- » nir registre de l'argent, des effets et paquets dont ils se » chargent, doit former contre eux la preuve écrite, au » profit des voyageurs ; d'où il suit qu'il est du devoir de » ceux-ci de faire une déclaration distincte, dans le sens » de l'article précité, pour pouvoir engager la respon· » sabilité de l'entrepreneur ou voiturier ; que cette dési- » gnation au moins générique des objets à transporter, est » d'autant plus indispensable , lorsqu'il s'agit d'espèces » d'or ou d'argent, que ces objets exigent un soin plus » particulier et immédiat de la part du conducteur pour » leur conservation, et que c'est à raison de cette surveil- » lance et du péril, qu'il est dû une indemnité proportion- » nelle à l'entreprise ; que, dans l'espèce, l'appelant est » en aveu que le registre de l'entrepreneur contient sa » déclaration, qu'il n'a indiqué aucune somme en or ou en » argent qui aurait pu être renfermée dans son porte- » manteau qu'il a laissé placer sur l'impériale de la voiture ; » qu'il n'a pas non plus acquitté le trentième usité pour le » transport d'argent, mais qu'il s'est borné à payer le seul » salaire , sur le poids d'un porte-manteau et d'un ballotin

»ou paquet, à la somme de 1 franc 50 centimes; attendu
»qu'ayant ainsi négligé de donner connaissance à l'entre-
»preneur de la somme qu'il réclame, et de satisfaire ce
»qui avait été dû de ce chef, les parties ne peuvent être
»censées avoir voulu contracter aucun engagement relatif
»au transport d'argent; qu'ainsi il n'y a point de formes
»habiles à une action en restitution de l'argent, dont le
»registre ne contient point la déclaration, ni la preuve
»du chargement, etc... »

8. Cependant il a été jugé par la Cour de cassation,
dans l'affaire Legris, le 16 avril 1828, qu'en cas de perte
d'une malle déposée au bureau d'une diligence, les tribunaux ont le pouvoir, sur la demande intentée par le voyageur en paiement non-seulement des effets de corps, mais
aussi de sommes d'argent qu'il prétend y avoir déposées,
s'il est avéré que ces divers objets s'y trouvaient réellement contenus, quoiqu'il n'existe pas de déclaration préalable, de condamner les entrepreneurs au paiement envers
le propriétaire, à la charge par celui-ci d'affirmation par
serment. (Rolland de Villagues, v° *voiturier.*)

Tout principe général, quelle que soit son étendue,
reçoit toujours une exception, et l'axiôme de droit est que
l'exception prouve la règle. La restriction posée dans l'espèce est juste, et mérite l'approbation. Aussi, nous ratta-
chons-nous à l'arrêt de la Cour de cassation. On ne pourrait, sans injustice, refuser un recours au propriétaire de
la malle, pour l'argent qu'elle contenait, quand il résulte
de toutes les circonstances de la cause qu'il s'y trouvait
réellement renfermé.

9. Les entrepreneurs des messageries sont non-seule-

ment responsables du dommage qu'ils causent par eux-mêmes, mais encore de celui causé par leurs agens dans les fonctions auxquelles ils les emploient. (Art. 1382 du Code civil, et 74 du Code pénal.) Mais l'art. 1382 donne lieu à une difficulté qui ne laisse pas d'avoir son importance. Il décharge les pères et mères, instituteurs et artisans de cette responsabilité, quand ils prouvent n'avoir pu empêcher le fait qui y donne lieu. Il passe sous silence les maîtres et les commettans, pour la responsabilité desquels il contient un paragraphe distinct. L'intention du législateur a-t-elle été de ne pas leur appliquer l'exception qu'il établit en faveur des pères et mères, instituteurs ou artisans ? ou bien le dernier paragraphe de l'art. 1382 est-il simplement *indicatif*, et non *limitatif?* La volonté du législateur est claire; son évidence résulte de la disposition des divers paragraphes de l'article 1382. En effet, celui qui établit la responsabilité des maîtres et commettans, se trouve placé entre celui qui s'applique aux pères et mères et celui qui regarde les instituteurs et artisans. Quand le législateur écrit dans la loi une exception, il énumère tous les cas auxquels elle s'applique, toutes les personnes qui jouissent de son bénéfice... Ici il passe sous silence les maîtres et les commettans; il n'a donc pas voulu les mettre à l'abri de la responsabilité. S'il avait eu l'intention de rédiger un article indicatif, et non de limiter le nombre de ceux auxquels s'appliquait l'exception, il aurait naturellement rappelé les diverses personnes dans l'ordre où il les avait d'abord placées, pour énoncer la responsabilité. Il n'agit pas ainsi; il parle des pères et mères, instituteurs et artisans; il a eu un motif pour rédiger ainsi ce dernier paragraphe. Il a refusé avec raison aux maîtres et aux commettans le bénéfice de l'exception. Le maître et le commettant ne se trouvent pas dans la même position que le père ou l'instituteur : d'abord ils profitent presque toujours de l'action qui a occasionné le dommage ; ensuite c'est lui qui commande ou qui est censé avoir commandé l'acte qui l'a causé. Tandis que le père, l'instituteur sont tout à fait étrangers au fait qui produit le dommage ; c'est souvent sans leur participation, après avoir pris toutes les précautions nécessaires pour éviter l'acte qui amène l'événement. Il était juste alors que le législateur les exemptât de la responsabilité prononcée par l'art. 1382, quand il y avait force majeure, impossibilité pour eux d'empêcher le fait qui donne lieu à cette responsabilité. (Toullier, t. 11, p. 412.)

10. Quelle est la nature de cette responsabilité ? Est-elle toujours purement civile ? Nous ne craignons pas de répondre affirmativement. Pourtant la jurisprudence a, pendant un temps, réputé les entrepreneurs de messageries complices, ou, pour mieux dire, seuls auteurs des contraventions commises par leurs préposés. (Arrêts des 7 février 1822 et 30 juillet 1825.) La cause de cette jurisprudence fut l'art. 8 du décret du 28 août 1808, reproduit par l'art. 10 de l'ordonnance du 4 février 1820. Cet article, d'abord mal compris, est ainsi rédigé :

« Les propriétaires et les entrepreneurs sont *garans* de » tous les accidens qui pourraient arriver par leur négli-» gence ».

Le tribunal de police municipale avait condamné plusieurs entrepreneurs de messageries à la peine de 10 fr.

d'amende, et à trois jours d'emprisonnement pour récidive, et aux frais, parce que leurs conducteurs avaient
violé les règlemens.

Le tribunal de première instance de Paris réforma le
jugement et statua en ces termes :

« Attendu que dans aucun cas et sous aucun prétexte,
» les dispositions pénales ne peuvent être étendues et ne
» doivent être appliquées à d'autres qu'à ceux que la loi
» désigne littéralement et spécialement; attendu que, dans
» l'espèce dont il s'agit au procès, et aux termes du § 4
» de l'art. 475 du Code pénal, sont déclarés coupables de
» contraventions ceux-là seulement qui ont violé les règle-
» mens contre le chargement, la rapidité ou la mauvaise
» direction des voitures; d'où il résulte évidemment que
» les entrepreneurs des massageries ne peuvent être dé-
» clarés coupables des contraventions relatives au charge-
» ment, à la rapidité ou à la mauvaise direction de leurs
» voitures, et comme tels punis d'amende et de prison,
» en cas de récidive, que comme auteurs desdites contra-
» ventions, s'ils les ont commises eux-mêmes, ou comme
» complices, s'ils ont engagé ou autorisé leurs commis
» et préposés à les commettre; attendu que rien ne prouve
» qu'Arnoux et Monier aient donné l'ordre aux conduc-
» teurs de leurs voitures de les surélever en charge, en-
» core moins qu'ils aient fait eux-mêmes cette surcharge,
» puisqu'il paraît constant qu'à l'époque où la contraven-
» tion a été commise, ils étaient absens de Paris et demeu-
» raient à Cambray; attendu que, d'ailleurs, ils déclarent
» avoir donné connaissance des disposition des règlemens
» à cet égard, avec ordre de s'y conformer, à leurs con-

» ducteurs qui sont exclusivement chargés de placer les
» paquets sur leurs voitures; par ces motifs, le tribunal
» dit qu'il a été mal jugé. »

La question fut portée devant la Cour de cassation.
Elle fut débattue avec tout le soin possible. M. Lafargue
publia un mémoire qu'il a inséré dans l'introduction au
Code voiturin : il démontre que tous les principes s'opposent à la cassation du jugement. M. de Vatisménil, alors
avocat-général, adopta les conclusions du mémoire. La
Cour rendit un arrêt de rejet ainsi motivé :

« Considérant qu'il résulte de l'art. 74 du Code pénal,
» combiné avec l'art. 1384 du Code civil, qu'en principe
» général, la responsabilité des maîtres et commettans à
» raison des crimes, délits et contraventions commis par
» leurs préposés, est essentiellement civile; qu'elle ne peut
» donc, hors les cas formellement exceptés par des lois
» spéciales, être étendue aux peines que leurs préposés
» auraient encourues;

» Considérant qu'il est établi et reconnu au procès que
» le sieur Jailloux est personnellement étranger aux con-
» traventions à l'ordonnance du 4 février 1820, qui ont
» donné lieu aux poursuites intentées contre lui; que ces
» contraventions ont été commises par ses préposés à la
» conduite des voitures publiques dont il est le proprié-
» taire et l'entrepreneur;

» Que sa responsabilité à cet égard n'a point été éten-
» due, soit par ladite ordonnance, soit par une loi spéciale
» quelconque, au-delà des limites d'une responsabilité pu-
» rement civile;

» Qu'il s'ensuit donc qu'aucune des peines d'amende et

» d'emprisonnement encourues par ses préposés ne pou-
» vait, dans l'état des faits du procès, lui être appliquée;
» et qu'en le décidant ainsi par le jugement dénoncé, le
» tribunal correctionnel du département de la Seine n'a
» violé aucune loi; la Cour rejette le pourvoi du procureur
» du roi. »

Nous ne concevons vraiment pas comment il a pu exister une jurisprudence contraire à celle que développe
ce dernier arrêt. De tout temps, il a été de principe que
les peines sont personnelles; que celui-là seul qui a commis la faute est responsable devant les tribunaux crimi-
nels. On conçoit la responsabilité civile des maîtres à
l'égard des tiers pour les faits des commis ou préposés,
parce qu'il est toujours loisible aux maîtres d'avoir un
recours, une garantie contre le préposé qui les a engagés.
Mais quelle garantie pourrait être offerte au maître qui
irait en prison pour un fait de son commis! L'axiôme
de droit pénal, qui veut que les peines soient personnelles, c'est-à-dire, qu'elles soient subies par les seuls
auteurs des fautes, est de toute justice. *Le châtiment à
celui-là seul qui a péché.*

11. L'usage, adopté en matière de douanes, semble,
au premier abord, opposé au principe que nous venons
de développer sur la *personnalité* des peines. La loi du 22
août 1791, titre 13, article 20, contient cette disposition, littéralement reproduite par l'art. 35 du décret du
1er germinal an 13 :

« Les propriétaires des marchandises seront *responsa-
» bles civilement* des faits de leurs facteurs, agens, servi-

» leurs et domestiques, en ce qui concerne les droits,
» confiscations, AMENDES et dépens. »

L'art. 29 de la même loi porte aussi :

« Les messagers et conducteurs de voitures publiques
» seront soumis, pour les objets dont leurs voitures seront
» chargées, aux formalités ordonnées par ce titre ; en cas
» de contravention ou de fraude, la confiscation des mar-
» chandises sera prononcée contre eux, ainsi que l'AMENDE,
» *dont les propriétaires, fermiers ou régisseurs desdites*
» *voitures seront responsables*, etc. »

Si on veut réfléchir au but des lois fiscales, on verra
qu'elles confirment les principes adoptés pour le droit
pénal. En matière de douanes, l'amende constitue la
réparation du préjudice causé à l'état. Elle ne saurait alors
être comparée à une peine ordinaire qui ne frappe et ne
doit frapper que l'auteur du délit.

12. Il existe encore pour les entrepreneurs de diligences
et voitures publiques, et pour les maîtres de bateaux, des
obligations particulières qu'il est utile de mentionner.
Ainsi, toute entreprise de voitures partant à jour fixe, est
soumise à une déclaration et à un impôt du dixième du
prix des places (loi du 25 ventôse an 12, art. 75), mais
seulement pour les voitures qui portent des voyageurs.
(Décret du 14 fructidor an 12, art. 2 ; et avis du Conseil
d'état, du 1er jour complémentaire an 13, 5, 7, 2, 1259.)

13. M. Vincens, t. 1, p. 629, énumère ces diverses
obligations. Qu'il nous soit permis de citer cet article
remarquable, où il explique toute la législation. « On a
» donné aux maîtres de poste, par l'art. 1er de la loi du
» 15 ventôse an 13, une sorte de privilége pour la conduite

» des voitures publiques et messageries. Ils perçoivent
» sur celles qui emploient d'autres chevaux, une indem-
» nité de 25 centimes par poste et par cheval. Les voitures
» qui voyagent à *petites journées* en sont exemptes; mais
» la petite journée n'avait pas été définie; elle a été fixée
» par une ordonnance du 15 août 1817, à dix lieues de
» poste. Cette règle uniforme a eu quelques inconvéniens,
» particulièrement dans le midi, où les couchées des voya-
» geurs sont de tout temps déterminées par la rencontre
» de villes, dont les distances ne sont pas exactement
» égales; en sorte que, dans le même voyage, du jour au
» lendemain, la même voiture fait tantôt grande et tantôt
» petite journée.

» Les voitures publiques acquittent aussi un droit annuel,
» compris parmi les contributions indirectes.

» 14. Les voyages sur les rivières et canaux sont soumis
» à un droit dit de *navigation*, qui se paie de distance en
» distance. (Loi du 30 floréal an 10, et arrêté du 8 prai-
» rial an 11.) Il a été imposé différemment, suivant les lo-
» calités dans lesquelles chacun a présenté pour base ses
» seuls usages ; en conséquence, les tarifs n'ont rien d'uni-
» forme. Dans quelques-uns, on paie sur les dimensions du
» bateau ; dans d'autres, sur le poids du chargement; quel-
» quefois le vide paie pour plein. Sur tel canal, le bateau
» dont la forme est celle qui comporte le moindre droit au
» point du départ, est passible du plus fort quand il est
» parvenu à un autre point. On s'occupe à ramener cette
» perception à des formes moins capricieuses. Les commu-
» nications par les eaux intérieures sont au nombre des
» plus grands bienfaits que les gouvernemens puissent ac-

» corder aux provinces d'un pays ; mais cette intention si
» excellente serait vaine, si l'usage des canaux était rendu
» plus coûteux que celui des routes de terre ; ce qui serait
» inévitable, si l'on voulait se faire un revenu considérable
» des droits qu'on y perçoit. On se souvient qu'il a fallu
» renoncer à ce système, essayé sur les routes de terre. Il
» est pareillement évident que, si les taxes perçues sur des
» canaux devaient rembourser en peu d'années la dépense
» faite pour les ouvriers, il n'y aurait aucune de ces entre-
» prises qui fût possible, ou celles dont on aurait fait l'a-
» vance, chômeraient à cause du péage excessif qu'on aurait
» dû imposer. Il ne faut pas convertir en charges ou en
» dépenses inutiles ce qui peut être une source féconde de
» prospérités. Ce n'est pas pour étaler sans fruits un luxe
» de beaux et savans travaux qu'on doit y mettre la main.
» Un système de long amortissement par un péage modique,
» dont la modicité même grossirait bientôt la perception et
» le revenu, est le seul convenable ; mais il faut pour l'éta-
» blir que les capitalistes, dont les fonds suppléraient ceux
» du trésor, ne se livrent pas à l'impatience de les reprendre,
» et que l'état lui-même ne se hâte pas de se porter pour
» héritier des concessionnaires. Au reste, quand les ca-
» naux sont à lui, il doit à peine les distinguer de ceux que
» la nature a creusés sans frais : qu'importe que les uns
» aient été dispendieusement construits, et que les fleuves
» n'aient rien coûté à creuser ? si l'intérêt public est que ces
» communications servent au commerce intérieur, ce
» grand mobile de la prospérité publique, il n'y a point
» de motif d'attacher un impôt plus fort à l'une des deux
» navigations, par souvenir de ce qu'elle a pu coûter. S

» l'on voulait d'une telle spécialité , pour être consé-
» quent, il faudrait, en laissant les rivières libres, remettre
» la taxe des barrières sur les grands chemins. »

Nous avons rapporté en entier ce passage remarquable
de M. Vincens , parce qu'il expose des principes que nous
approuvons complètement. Le gouvernement doit employer tous ses soins pour multiplier les communications
par eau : elles économisent le temps et diminuent les frais
de transport. Puis il serait d'un avantage immense pour
l'entretien des routes de rendre moins fréquens les passa-
ges des voitures pesamment chargées , en augmentant les
transports par eau. Rien ne détériore une route comme les
voitures de rouliers qui tracent d'abord un sillon , creusé
ensuite par les voitures qui suivent , et finissent pas rendre
le chemin impraticable. Il faut donc que le gouvernement
favorise la canalisation , et il la favorisera en établissant ,
ainsi que le demande M. Vincens , *un système de long
amortissement par un péage modique, dont la modicité
même grossirait bientôt la perception et le revenu.*

Art. 108. Toutes actions contre le commissionnaire et le voiturier, à raison de la perte
ou de l'avarie des marchandises, sont prescrites, après six mois, pour les expéditions
faites dans l'intérieur de la France, et après un
an, pour celles faites à l'étranger ; le tout à
compter, pour les cas de perte, du jour où
le transport des marchandises aurait dû être
effectué, et pour les cas d'avarie, du jour où la

remise des marchandises aura été faite ; sans préjudice des cas de fraude ou d'infidélité.

1. Il fallait, dans l'intérêt du commerce, fixer un délai plus court que le délai ordinaire, pour l'extinction des actions accordées par la loi à l'expéditeur contre le commissionnaire et le voiturier. Il était pourtant nécessaire de ne pas sacrifier entièrement les intérêts de l'expéditeur à ceux du commissionnaire; aussi a-t-on voulu lui concéder tout le temps utile pour être averti. Le législateur fait courir le délai de six mois pour les expéditions dans l'intérieur de la France, et le délai d'un an pour les expéditions à l'étranger, à compter, pour les cas de perte, du jour où le transport des marchandises aurait dû être effectué, et pour les cas d'avarie, du jour où la remise des marchandises aura été faite.

2. Cet art. 108 doit être entendu dans un sens absolu, de manière que le même délai existe et pour le commissionnaire primitivement chargé, les agens intermédiaires, à l'égard du commissionnaire primitif, et pour les recours qu'ils peuvent exercer entre eux.

Devant la Cour de cassation, pour accorder une prorogation de délai aux agens intermédiaires, on soutenait que, si on leur refusait cette prorogation, il y aurait pour eux impossibilité d'exercer leur action. « Supposons, di- » sait-on, le cas où le commissionnaire chargé n'est ac- » tionné que le dernier jour du sixième mois : tout moyen » de recours sera perdu pour lui, car le délai pour l'exer- » cer utilement lui aura manqué; la prescription de six

» mois que ses correspondans ne manqueront pas de lui
» opposer fera que la responsabilité sera pour lui seul. »

M. le rapporteur avait répondu par avance à cette argumentation.

C'est là un malheur; il l'admettait; mais la loi est faite, ajoutait-il, et il faut l'exécuter telle qu'elle est. Au surplus, ce malheur ne vient-il pas de la faute du commissionnaire chargé? Avait-il besoin d'attendre qu'il fût actionné lui-même? N'a-t-il pas dû, pour son propre compte et dans son intérêt personnel, s'assurer de l'exécution à terme du mandat qu'il avait donné? Il en avait le droit, puisqu'il y allait de sa propre responsabilité pour le mandat qu'il avait lui-même reçu. Rien de plus juste que les observations de M. le rapporteur. Il y a faute de la part du commissionnaire chargé : il doit en supporter les conséquences.

D'ailleurs, si l'art. 108 ne fixe pas une règle absolue pour la prescription, quel sera le délai accordé au premier commissionnaire chargé pour avoir son garant? Ici la loi garde le silence : on serait forcé, si on admettait le système de prorogation de délai, de créer des distinctions tout à fait arbitraires, puisqu'elles ne se trouvent pas dans le Code. Ce n'est pas sans intention que le législateur ne s'explique pas à cet égard... Il a voulu établir, par l'article 108, une règle absolue, qui s'appliquât tout aussi bien aux commissionnaires intermédiaires qu'au commissionnaire chargé.

La Cour de cassation a jugé ainsi le 6 décembre 1830 :

« Attendu, dit l'arrêt de rejet, que l'art. 108 dispose
» généralement que toutes actions contre le commission-

» naire et le voiturier à raison de la perte ou de l'avarie
» des marchandises sont prescrites après six mois pour les
» expéditions faites dans l'intérieur de la France, que ce
» délai, en cas de perte, court à compter du jour où le
» transport aurait dû être effectué; que ces dispositions
» prises dans l'intérêt du commerce, n'admettent pas que
» ce délai soit prorogé pour le cas où des agens intermé-
» diaires, qui se seraient substitués au premier commis-
» sionnaire, ne seraient plus à temps d'exercer de recours
» entre eux;

» Que cette modification, qui n'a pas été faite par la
» loi, ne peut être suppléée par les juges; rejette. » (Journal du Palais, 1831, 1, 251.)

3. Les commissionnaires jouissent du bénéfice de l'article 108, sans avoir besoin de constater la perte des marchandises. Pourvu qu'ils n'aient plus en leur possession
les objets réclamés, la perte se trouve suffisamment justifiée, et la prescription peut être invoquée. Sans doute
le propriétaire des marchandises aurait le droit de prouver
que le commissionnaire cherche à se les approprier frauduleusement; et, s'il parvenait à démontrer cette ma-
nœuvre honteuse, il pourrait faire écarter la prescription
aux termes mêmes de l'art. 108, qui excepte formellement
les cas de fraude ou *d'infidélité.*

La Cour de cassation a statué en ce sens. On prétendait, pour les expéditeurs, que, d'après le texte de l'article 108, la prescription ne saurait être opposée que lorsqu'il y a *perte* ou *avarie* de marchandises. On s'appuyait
de l'opinion de M. Locré. Ce jurisconsulte pense que la
prescription établie par cet art. 108 *ne fait pas cesser la*

responsabilité pour défaut d'envoi, mais seulement la responsabilité pour pertes et pour avaries.

On ne s'apercevait pas de la faiblesse de cette argumentation. Elle se réfutait par la seule exposition de principes vulgaires. Que doit faire celui qui réclame le bénéfice de la prescription? Prouver seulement que le temps fixé par la loi pour la prescription est expiré. Si l'adversaire a quelque exception à présenter, il faut qu'il la prouve ; il devient demandeur *quant à l'exception.* Même en se conformant à l'opinion de M. Locré, l'expéditeur devait prouver ou le défaut d'envoi, la fraude ou l'infidélité. Jusque-là, le commissionnaire pouvait réclamer le bénéfice de la prescription, en se contentant de prouver que le délai de six mois était expiré.

Aussi la Cour de cassation a-t-elle rejeté la doctrine de l'expéditeur par ces considérans :

« Attendu que cet article a eu évidemment pour objet » d'abréger la durée de la responsabilité des commission- » naires et voituriers, et de les soustraire à la prescription » trentenaire, qui aurait les plus funestes résultats pour un » genre de commerce où les envois journaliers sont aussi » multipliés ;

» Attendu que cet article n'exige pas que la perte soit » constatée, puisqu'il fait au contraire courir la prescrip- » tion du jour où le transport des marchandises aurait dû » être effectué ; que toute autre interprétation de cet ar- » ticle rendrait illusoire la faveur que le législateur a voulu » accorder à une branche de commerce aussi importante; » casse. » (Sirey, 19, 1, 333.)

4. L'art. 108 du Code de commerce peut-il être opposé

par les commissionnaires ou par les voituriers à un individu non commerçant qui réclame des effets remis pour
être transportés?

La Cour de cassation a décidé, le 4 juillet 1816, que
l'art. 108 ne s'appliquait pas au transport d'une malle
qu'un particulier confie à un commissionnaire de roulage
pour la faire parvenir à sa destination.

Malgré le respect que nous inspirent ordinairement les
décisions de la Cour de cassation, nous sommes obligés
de contredire cette opinion. Nous pensons que l'art. 108
du Code de commerce profite aux commissionnaires,
qu'ils aient à traiter avec des commerçans ou avec de
simples particuliers. Dans quel but cet article a-t-il été
créé? Évidemment dans le but de décharger les commissionnaires d'une trop longue responsabilité, qui les gêne-
rait dans leurs relations commerciales. La prescription de
six mois n'existe pas du tout en faveur des expéditeurs,
mais en faveur des commissionnaires ou des voituriers.
Que les expéditeurs soient négocians, qu'ils soient simples particuliers, peu importe : les commissionnaires ou
les voituriers doivent jouir du bénéfice de l'art. 108. Il
ne distingue pas entre les actions accordées contre ces
derniers, pour les cas de perte ou d'avarie : dès lors, il
doit recevoir son application pour des actions intentées
par de simples particuliers, comme pour celles intentées
par des négocians.

Si on n'applique pas l'article 108 à toutes les actions
intentées contre le commissionnaire ou le voiturier, quel
sera le délai pour la prescription? Le Code civil, au titre
des prescriptions, n'en établit pas une particulière à leur

égard. Sera-ce le délai ordinaire de trente ans ? Mais alors c'est empêcher le commissionnaire et le voiturier d'effectuer le transport des effets appartenant à un individu non commerçant ; car jamais ils ne consentiront à laisser peser sur eux une responsabilité trentenaire. Tout prouve que l'intention du législateur a été de créer, en rédigeant l'article 108, une disposition favorable aux commissionnaires et aux voituriers, qu'ils aient traité avec un commerçant ou avec un simple particulier. Nous pensons que la question, soumise de nouveau à la Cour de cassation, recevrait une solution différente de celle qu'elle a reçue. Quant à nous, nous fondons notre opinion sur le texte de l'article 108, qui ne distingue pas ; sur l'intention vraisemblable du législateur, qui, en restreignant le délai de six mois aux actions intentées par des expéditeurs commerçans, aurait restreint le transport aux marchandises des négocians, parce que, encore une fois, les commissionnaires ou les voituriers n'auraient pas voulu effectuer le transport des effets appartenant à un simple particulier, aux risques d'une garantie d'aussi longue durée.

DES ACHATS ET VENTES.

Art. 109. Les achats et ventes se constatent :
Par actes publics,
Par actes sous signature privée,
Par le bordereau ou arrêté d'un agent de change ou courtier, dûment signé par les parties,
Par une facture acceptée,
Par la correspondance,
Par les livres des parties,
Par la preuve testimoniale, dans le cas où le tribunal croira devoir l'admettre.

1. Le titre des achats et ventes devait occuper une grande place dans le Code de commerce, car il traite de la matière qui, sans contredit, renferme tout l'intérêt des relations commerciales. Les fonctions du négociant consistent à acheter pour revendre, et à se procurer un

bénéfice par la seconde opération. Presque toutes les autres parties du Code de commerce ne sont que des moyens
pour arriver à l'achat ou à la vente. Ainsi, les commissionnaires facilitent ces deux opérations ; les lettres de
change, les billets à ordre, représentent les valeurs qu'on
s'oblige à verser, soit en échange d'argent prêté, soit en
échange de marchandises reçues. Que sont les faillites ?
Elles arrivent à la suite d'un commerce malheureux,
parce que le négociant n'a pas pu revendre ses marchandises au prix qu'il les avait achetées. En un mot, tout,
dans le commerce, se lie aux achats et ventes... Par conséquent, le législateur aurait dû donner toute son attention à la rédaction du titre qui les concerne. Il n'a pas
agi ainsi....; il n'a développé aucun principe ; il a laissé
aux juges la faculté d'appliquer les divers usages de chaque
place de commerce. Cette réserve de la loi paraît inexpli-
cable : on se demande comment le législateur a passé sous
silence une partie dont toute l'importance ne pouvait pas
échapper à son esprit, quand il a songé à rédiger un Code
de toutes les règles commerciales. Certes, nous sommes
loin de désirer que le législateur ne laisse pas un peu de
libre arbitre aux juges pour l'application des usages de
commerce, si nombreux et si variés dans les divers pays ;
mais nous aurions voulu que, tout en ménageant la liberté des tribunaux, il eût établi un système plus complet pour les guider en certains cas ; qu'il eût posé quelques principes généraux ; qu'il eût converti en lois quelques
coutumes commerciales, dont les avantages auraient été
appréciés par une application constante dans plusieurs
places de commerce. Au lieu de ces règles générales, que

présente le titre relatif aux achats et ventes ? Un seul article divisé en quelques paragraphes , ayant tous pour but
la constatation des achats et ventes. Cet article ne dit pas
quand ce contrat est parfait; il se tait sur la livraison; il
ne parle pas du prix; enfin, il garde le silence le plus
complet sur toutes les formalités essentielles à l'achat ou à
la vente. Faut-il se référer aux règles établies par le Code
civil ? Quelques distinctions sont-elles nécessaires ? Ou
bien , tous les principes établis pour les ventes civiles s'ap-
pliquent-ils nécessairement aux ventes commerciales ? Disons un mot sur cette question : posons quelques règles
générales qui serviront à résoudre les difficultés qui se
présenteront dans des cas qu'il nous est impossible de
prévoir. Nous reviendrons ensuite à l'explication de l'article 109.

2. Le Code civil, art. 1582 , définit la vente une convention par laquelle l'un s'oblige à livrer une chose, l'autre à la payer. On voit là de suite que le contrat est
synallagmatique , puisqu'il renferme deux obligations corrélatives; on voit aussi qu'il est commutatif, puisqu'il
consiste dans l'échange de la chose contre le prix.

L'art. 1583 déclare la vente parfaite entre les parties ,
et la propriété acquise de droit à l'acheteur à l'égard du
vendeur , dès qu'il y a convention sur la chose et le prix ,
quoiquoi la chose n'ait pas encore été livrée, ni le prix
payé.

Le prix de la vente doit être déterminé et désigné par
les parties. (Art. 1591.)

Lorsqu'il y a consentement réciproque des deux parties

sur la chose et sur le prix, la promesse de vente vaut
vente. (Art. 1589.)

3. La vente, d'après les principes que nous venons de
rapporter, n'est parfaite que par l'assentiment des parties
contractantes. Jusque-là, il n'y a pas contrat; il n'y a
qu'une intention, manifestée par l'une des parties, de
s'engager vis-à-vis de l'autre, sous la condition de la réciprocité de la part de celle-ci. L'offre est révocable, tant
qu'elle n'a pas été acceptée. Quand l'acceptation existe-
t-elle? Lorsqu'elle est prouvée par un acte ou même par
une lettre portant consentement de vendre ou d'acheter,
ou bien quand elle résulte de circonstances qui démontrent nécessairement le consentement. Ainsi, par exemple, si les marchandises envoyées au domicile de l'individu, qui a offert de les acheter, ne sont pas renvoyées,
la vente, suivant toutes les présomptions, a été consentie...; elle doit être déclarée parfaite.

L'acceptation existe-t-elle quand une lettre portant consentement a été envoyée...? Celui qui l'a écrite peut-il la
contredire par une nouvelle lettre, annuler son consentement, tant que la première n'est pas arrivée? Nous admettons dans toute leur étendue les principes développés
par un magistrat dans des notes publiées sur l'ouvrage de
M. Vincens. Elles se trouvent dans le dernier volume de
cet estimable auteur, p. 51. « Dans un contrat synallag-
» matique, il est de l'essence de l'obligation qu'elle soit
» réciproque; en sorte que tant que l'un des contractans
» n'est pas lié envers l'autre, l'obligation de celui-ci est
» également imparfaite : mais où sera cette réciprocité,
» tant qu'un seul des contractans est muni de son titre, et

» que son adversaire n'en a point encore à faire valoir
» contre lui ? C'est l'échange effectué de la demande et de
» la réponse qui donne à chacun son titre, et qui forme la
» réciprocité ; jusque-là, il n'y a qu'une pensée, qu'une
» intention de la part de celui dont le consentement n'est
» point parvenu ; mais ce n'est point *nudâ cogitatione* que
» l'on peut être obligé envers quelqu'un à qui cette pensée
» n'est pas manifestée, et pour ainsi dire livrée ; on est donc,
» jusqu'à ce que le consentement soit arrivé à l'autre con-
» tractant, toujours libre de le rétracter.

» On a parlé plus haut d'un consentement matériel ma-
» nifesté par l'expédition des marchandises demandées ;
» Eh bien ! avant l'arrivée de ces marchandises, ou de
» l'avis de leur expédition, il n'y a point encore de lien
» réciproque, ni par conséquent de vente. Ne pourrait-il
» pas se faire que le vendeur, qui a mis ses marchandises en
» route, vînt à se raviser, ou parce qu'il lui serait offert
» un meilleur prix, ou pour toute autre cause, et qu'il fît
» courir après pour leur donner une autre direction et
» destination ? Où serait, en ce cas, le titre de l'acheteur
» contre le prétendu vendeur ? Comment le taxer d'infidé-
» lité, tant qu'il n'a rien promis, tant que sa foi n'a été
» ni donnée, ni reçue ; tant que les deux contractans sont
» restés sans contact ; tant qu'on ne peut opposer au pré-
» tendu vendeur que des signes isolés d'une intention dont
» l'acheteur n'a pas même connaissance ? Il est clair que
» cette théorie, sur le consentement des parties, ne repose
» pas sur les subtilités du droit, mais qu'elle a sa racine
» dans la nature des choses, que l'on ne peut méconnaître
» ou négliger sans des inconvéniens graves, et sans se jeter

» quelquefois dans des difficultés inextricables. » (Note de
M. L. G.)

Voilà les vrais principes. Il n'y a pas de distinction à
faire. Quand la réponse d'acceptation est arrivée à celui
qui avait offert d'acheter, le contrat se trouve formé ; le
lien est réciproque ; aucune des parties ne peut se désister
et rompre la convention sans le consentement de l'autre
contractant. Tant que la réponse n'est pas arrivée, on a
le droit de révoquer l'engagement pris dans une lettre,
pourvu que la révocation arrive avant, ou au moins en
même temps que l'acceptation. Plus tard, la réciprocité
du lien existerait ; il y aurait un contrat que les deux parties devraient exécuter dans toute son étendue, à moins
qu'elles ne s'entendissent pour l'annuler.

4. La vente, comme tous les autres contrats, peut se
faire sous une condition suspensive. Si elle est faite à l'es-
sai, elle est toujours présumée faite sous une condition
suspensive. (Art. 1588 du Code civil.) La condition d'es-
sai se trouve sous-entendue dans les ventes de vins,
d'huiles et de toutes choses que l'on est dans l'usage
de goûter avant de les acheter. Il n'y a point de vente
tant que l'acheteur ne les a point goûtées et agréées.
(Art. 1587.)

5. Outre l'obligation de livrer la marchandise, le vendeur se trouve encore tenu de la garantir. (Art. 1603.)

Pour la délivrance, elle doit être faite au temps convenu : si le vendeur manque à cette obligation, l'acquéreur
pourra, à son choix, demander la résolution de la vente,
ou sa mise en possession, si le retard ne vient que du fait

du vendeur. (Art. 1610.) On demande si cette dernière
partie de l'article se rapporte au dernier des deux cas prévus dans l'article ; ou s'il s'applique indifféremment aux
deux hypothèses posées. En d'autres termes, il s'agit de
savoir si, pour demander soit la résiliation, soit l'exécution, il faut que le retard n'ait dépendu que du vendeur.

M. Merlin pense que les deux facultés laissées à l'acheteur sont admissibles seulement quand le retard est imputable au vendeur. Selon ce savant jurisconsulte, le
contrat doit avoir toute sa force, quand l'inexécution
provient d'un cas fortuit; alors il n'y a pas plus lieu à la
résiliation qu'à des dommages-intérêts. Il argumente de
l'art. 1611, qui accorde des dommages-intérêts toutes les
fois qu'il résulte un préjudice pour l'acquéreur du défaut
de livraison. Or, la force majeure ne donne pas lieu à des
dommages-interêts ; le vendeur se trouve à l'abri de tout
reproche, parce qu'il y a eu impossibilité pour lui d'exécuter l'obligation à l'époque convenue.

M. Vincens, t. 2, p. 71, réfute ainsi la doctrine de
M. Merlin : « On peut répondre, en général, à cet argu-
» ment, qu'il n'est pas défendu et sans exemple que le dé-
» biteur se charge des cas fortuits ; que promettre non-
» seulement de livrer, mais de prendre un délai et choisir
» un terme, semble renfermer cet engagement, puisque
» cette précaution a dû être prise précisément d'après la
» chance prévue des difficultés; qu'ainsi, par exemple,
» le cas fortuit qui empêche l'accepteur d'une lettre de
» change de la payer au jour convenu, ne le dispense point
» de subir les dommages d'un retard dont c'était à lui de

» calculer la possibilité, quand il est tombé d'accord de
» l'échéance.

　» On peut dire encore, dans l'intérêt du commerce, que
» l'acheteur qui aura fondé une expédition maritime, ou
» toute autre spéculation sur une livraison à jour fixe,
» dûment convenu, doit, en équité, être dédommagé par
» l'imprudent vendeur, qui s'est engagé mal à propos sans
» prévoir les empêchemens.

　» Enfin, je remarque que, pour contraindre le vendeur
» à la livraison, il faut supposer que la marchandise existe,
» et que la livraison ne dépend que de lui; or, le sens de
» la loi ne devrait pas être d'établir une alternative illu-
» soire. Si l'explication de M. Merlin, sur le texte du Code,
» était seule admissible, la disposition serait à mes yeux
» une des règles qu'on croyait, en rédigeant le Code, ne
» pas s'appliquer aux ventes de commerce, et ce serait,
» par conséquent, une des lacunes qu'on a mal à propos
» laissées sans les remplir.

　» L'arrêt de la Cour de cassation, rendu sur le plaidoyer
» dans lequel M. Merlin a soutenu qu'il n'y a ni résiliation,
» ni dommages quand la vente à livrer est retardée par cas
» fortuit, n'a pas éclairci mon doute; mais il n'a pas ab-
» solument consacré l'opinion du procureur-général. On
» s'est contenté d'y déclarer que, dans le cas dont il s'agis-
» sait, l'acheteur ayant stipulé qu'il recevrait la marchan-
» dise sur le bord d'une rivière, il en résultait, *en fait,*
» qu'il avait consenti à ce qu'elle voyageât par eau, et que
» dès lors il s'était soumis au risque des retards de force
» majeure que la navigation suppose toujours. Au reste,
» la résolution de la vente devant être demandée en jus-

» tice, et le juge pouvant accorder un délai, suivant les
» circonstances du cas, je ne doute point que celles de la
» destination, et le préjudice que l'acheteur pourrait éprou-
» ver par le retard fortuit, ne dussent influer sur le juge-
» ment du tribunal. »

L'opinion de M. Merlin nous paraît plus conforme aux principes ; aussi, nous empressons-nous de l'adopter. L'exemption des dommages pour des accidens causés par force majeure est de règle générale. L'exemple choisi par M. Vincens est malheureux. Quand le débiteur se charge des cas fortuits, il subit les conséquences de sa convention ; il ne peut se plaindre de la position qu'il s'est créée. Prendre un délai et choisir un terme, ce n'est pas prendre à son compte les *cas de force majeure ;* c'est simplement s'engager à mettre toute la diligence possible, pour exécuter l'obligation au terme fixé. Il se trouve toujours sous-entendu que les événemens extraordinaires que la prudence humaine ne saurait prévoir, ni empêcher, ne sont pas à la charge de celui qui s'oblige : ils font exception à la rigueur du délai stipulé, car l'exécution de l'engagement n'a pas dépendu de la bonne volonté de l'obligé, arrêté par une force supérieure qu'il ne lui était pas donné de vaincre. Pour qu'il réponde des cas de force majeure, il faut que, par une disposition claire, expresse, il les prenne à sa charge. En l'absence de cette convention, il invoquera avec raison le principe général, c'est-à-dire, l'irresponsabilité des événemens de force majeure. L'intérêt du commerce n'apportera pas une exception à cette règle générale : quelque rapidité qu'exigent les relations commerciales, elle se trouve toujours limitée par les bornes du possible. Ainsi, un commerçant de Bordeaux, qui aura promis à un commerçant de Lyon de lui livrer dans un mois cent ballots de marchandises, ne sera pas responsable de l'inexécution de la convention, si la voiture qui porte les marchandises est attaquée par une bande de brigands qui s'emparent du chargement. Aucune faute n'est à reprocher au négociant de Bordeaux : si la livraison n'a pas été faite à l'époque fixée, c'est par suite d'un événement de force majeure qu'il ne pouvait pas détourner. Il a fait tout ce qui dépendait de lui pour expédier les marchandises, et il doit être dégagé de toute responsabilité, aussi bien que s'il s'agissait d'une vente civile.

6. Les principes relatifs à la garantie ne sont applicables qu'autant que la vente est parfaite. Une fois que la convention existe sur la chose et sur le prix, l'acquéreur se trouve propriétaire de la chose vendue. Dès ce moment, le vendeur doit la garantie à l'acheteur : celui-ci supporte la perte éventuelle de la chose vendue. Si elle périt par cas fortuit, on applique la maxime *res perit domino;* l'acheteur, devenu propriétaire, voit mettre la perte à sa charge. Mais si, dans l'intervalle qui sépare le contrat de la livraison, un tiers se présente et prouve que la chose lui appartient, le vendeur devra à l'acquéreur la garantie pour éviction. Si, dans le même intervalle ou plus tard, la chose périt par suite de défauts cachés, le vendeur doit encore la garantie à l'acquéreur. (Art. 1583, 1626, 1641 du Code civil.) L'action résultant des vices rédhibitoires est intentée par l'acquéreur, dans un bref délai, suivant la

nature des vices rédhibitoires, et l'usage du lieu où la vente a été faite. (Art. 1648.)

7. Il existe pourtant une différence entre la vente faite en bloc et la vente faite au poids, au compte ou à la mesure. Dans ce dernier cas, la vente n'est point parfaite par le consentement : c'est-à-dire, que les choses vendues sont aux risques du vendeur, jusqu'à ce qu'elles soient pesées, comptées ou mesurées.

8. Pour l'acheteur, il est tenu de payer le prix stipulé au jour et au lieu fixés par la vente. Si le contrat ne porte rien de particulier, l'acheteur versera le prix au lieu et dans le temps où doit se faire la délivrance. Il se présente des cas où le paiement peut être retardé. Si, par exemple, l'acquéreur est troublé ou a juste sujet de crainte d'être troublé par une action, soit hypothécaire, soit en revendication, il peut suspendre le paiement jusqu'à ce que le vendeur ait fait cesser le trouble, si mieux n'aime celui-ci donner caution, ou à moins qu'il n'ait été stipulé que, nonobstant le trouble, l'acquéreur paiera. (Art. 1650, 1651, 1653.)

9. Nous avons énuméré les formalités essentielles, constitutives de la vente. Nous n'avons pas la prétention de rappeler toutes les dispositions contenues dans le chapitre relatif à ce contrat. Mais au moins avons-nous mentionné les principales dispositions; les avons-nous rapportées comme le préliminaire indispensable des explications que nous devions donner sur l'art. 109 du Code de commerce. Nous pensons qu'il serait entièrement superflu d'élever la question de savoir si toutes les formalités prescrites par le Code civil sont applicables aux ventes com-

merciales. Il est de principe que, toutes les fois que la loi commerciale, tout à fait exceptionnelle, garde le silence, il faut se référer au Code civil, qui constitue la règle générale. Toutes les dispositions prescrites au titre de la vente ne sont pas certes applicables d'une manière absolue ; elles doivent nécessairement se trouver modifiées par les usages commerciaux ; mais toutes les formalités essentielles à la vente existent aussi pour les ventes de commerce. Ainsi, qu'une vente ait lieu entre négocians, ou entre simples particuliers, les règles relatives à la livraison sont également applicables. S'agit-il d'une vente en bloc, l'acquéreur sera propriétaire des marchandises à dater du contrat. S'agit-il d'une vente au mesurage, l'acquéreur ne prendra les marchandises à ses risques qu'après l'opération du mesurage. Dans toutes ventes, le vendeur doit la garantie de ce qu'il vend : dans toute vente, l'acheteur doit payer le prix au temps fixé par le contrat ou au moment de la livraison. Ainsi, toutes les règles prescrites par le Code civil, pour la livraison, pour la garantie, pour le paiement, s'appliquent aux achats et ventes entre commerçans. Pourtant, il ne faut pas conclure de cette assimilation faite par tous les auteurs, que le silence du législateur sur les ventes commerciales soit approuvé. Non ; il existait encore forcément une différence assez grande, différence que les besoins du commerce avaient introduite, pour que le législateur rédigeât quelques dispositions, prises dans les usages commerciaux, et applicables seulement aux ventes commerciales. Les tribunaux se trouvent souvent sans guide aucun pour la solution des questions difficiles : ils sont obligés de consulter les coutumes des diverses places; par suite, ils n'arrivent pas à une jurisprudence fixe, invariable. Le législateur doit, de toute nécessité, dans la révision future du Code de commerce, porter toute son attention sur les achats et ventes. Il faut qu'il répare ce malheureux oubli, et qu'il consacre un titre développé aux dispositions que sollicitent tous les tribunaux.

Nous donnons de suite, entre mille, un exemple qui fera sentir la nécessité pour le législateur d'expliquer clairement son intention sur les formalités particulières aux ventes commerciales. Nous avons vu que le vendeur doit à l'acheteur la garantie des défauts de la chose vendue. (Art. 1641 du Code civil.) L'art. 1648 ordonne que l'action résultant des vices rédhibitoires soit intentée dans un bref délai. On se demande si ce dernier article s'applique aux ventes de commerce. Sans aucun doute, l'intérêt du commerce exige la promptitude dans toutes les relations; il veut qu'une affaire consommée ne se trouve pas remise en question après un long intervalle. Pour toutes les marchandises vendues avec garantie, rien de mieux; l'action sera exercée dans le temps fixé par les usages locaux. Mais, pour les marchandises que l'on a, dans le commerce, l'habitude de vendre sans garantie, la difficulté devient sérieuse. L'art. 1643 dit que, dans le cas de vente sans garantie, le vendeur n'est pas tenu du recours, à moins qu'il n'ait connu le vice. Quel sera le délai dans ce dernier cas? Les usages commerciaux ne fixent pas de délai, puisque la marchandise se vend ordinairement sans garantie. Il faudra consulter tous les recueils de jurisprudence pour connaître l'époque fixée par les arrêts, dans des espèces pareilles, pour l'exercice de l'action en garantie contre le vendeur qui connaissait le vice de la chose vendue. N'aurait-il pas mieux valu que le législateur fixât une époque pour le recours contre le vendeur qui a trompé l'acheteur en lui vendant comme bonnes des marchandises dont il connaissait la défectuosité ?

Que dirons-nous encore des ventes de marchandises à livrer ? Bien des Cours ont flétri par leurs arrêts le jeu sur la hausse ou la baisse des marchandises : la Cour royale de Bordeaux, entr'autres, a rendu, le 28 août 1826, un arrêt remarquable pour proscrire un pareil trafique. Mais la jurisprudence ne suffit pas. Il faudrait que le législateur s'expliquât clairement sur un négoce semblable ; il serait honorable pour le pays que nos Codes déclarassent la honte de pareil jeu et condamnassent les joueurs à des peines sévères. Sans cette réprobation légale, il peut arriver que certaines Cours tolèrent des actes que d'autres ont réprouvés, sans que la Cour souveraine ait le pouvoir de les ramener toutes à une jurisprudence uniforme. Car il serait très-aisé, dans cette matière, d'éluder la cassation, en jugeant en fait, sans parler de la légalité ou de l'illégalité du jeu sur la hausse ou la baisse des marchandises.

Il est encore une vente qui devrait attirer l'attention du législateur d'une manière toute spéciale. La vente d'effets publics à terme a depuis long-temps occupé toutes les Cours et les divers tribunaux. Il serait utile que le Code de commerce contînt à ce sujet une dispostion formelle. Quelles seront les conditions exigées pour la validité de cette espèce de vente ? Telle est la question que le législateur doit résoudre. Nous savons bien qu'on ne manquera pas de nous opposer l'art. 421 du Code pénal, qui répute pari sur la hausse ou la baisse des effets publics, toute convention de vendre ou de livrer des effets publics que le vendeur ne prouvera pas avoir existé à sa disposition au temps de la convention, ou devoir s'y trouver au temps de la livraison. Mais la disposition pénale de cet article 421 ne suffit pas. Il faudrait qu'elle se trouvât dans le Code de commerce avec toute la série des articles qui établiraient une législation complète sur la vente des effets publics à terme.

En attendant, l'art. 109, qui à lui seul constitue tout le titre 7 du Code de commerce, ne s'occupe que de la preuve des achats et ventes. Il présente encore des difficultés dont la solution partage et les auteurs et les tribunaux. Nous prendrons, les unes après les autres, les preuves que cet article admet, et nous discuterons les questions qui s'élèvent à leur occasion.

10. Au premier rang de tous les actes constatant les achats et ventes, devaient se trouver et se trouvent *les actes authentiques.* La preuve tirée de pareils actes est sans contredit la meilleure; elle ne permet point le doute, tant qu'ils ne sont pas attaqués par une plainte en faux. L'exécution de l'obligation doit être ordonnée sur la simple présentation de l'acte authentique qui ratifie son existence. Aussi, ne nous étendrons-nous pas sur cette preuve irrécusable jusqu'à l'inscription de faux.... Nous passons à l'acte sous signature privée, qui demande quelques explications.

11. *Par acte sous signature privée.* Faut-il exiger, pour la validité de l'acte sous signature privée, toutes les for-

malités prescrites par le Code civil? Exigera-t-on, par exemple, qu'il y ait date certaine pour produire effet à l'égard des tiers? (Art. 1328 du Code civil.) Cette question se présenta devant la troisième chambre de la Cour royale de Paris, le 12 avril 1811. Le tribunal de première instance de Paris avait décidé que la date certaine était indispensable aussi bien dans les matières commerciales, que dans les matières civiles, pour que l'acte pût être opposé aux tiers. Devant la Cour, un avocat distingué parmi ces célèbres jurisconsultes qui illustrèrent le barreau de Paris, M. Gautier, se présenta pour l'appelant. « Il » est bien vrai, disait-il, que dans les matières civiles, un » acte sous seing privé, qui n'a point acquis date certaine » par les moyens que la loi détermine, ne peut avoir d'effet » vis-à-vis les tiers; et à cet égard, l'art. 1328 du Code » civil n'a fait que consacrer en principe la jurisprudence » ancienne. S'il en était ainsi dans l'espèce, la vente n'é- » tant aucunement prouvée par écrit, il deviendrait im- » possible de la constater par la preuve testimoniale, que » l'art. 1341 du Code civil et nos anciennes ordonnances » repousseraient en ce cas. Mais on soutient, en point de » droit, que les principes de la législation civile, sur la foi » due aux actes privés, ne sauraient s'appliquer aux matiè- » res commerciales, qui se régissent par des règles diffé- » rentes. On a bien pu assujétir les simples citoyens à re- » courir à un officier public, toutes les fois qu'ils auraient » à régler des intérêts un peu importans, parce qu'ils ont » toujours le temps suffisant, et que d'ailleurs, pour l'or- » dinaire, leurs transactions ne sont pas multipliées. On a » pu aussi refuser aux actes privés des citoyens l'effet de

»nuire aux tiers. La crainte de la fraude sollicitait une
»semblable précaution ; mais, parmi les commerçans, les
»transactions sont très-nombreuses et journalières. Chez
»eux, la bonne foi se présume toujours, et la loi a établi
»mille moyens différens pour découvrir les fraudes qu'ils
»pourraient commettre, et les menace d'une peine parti-
»culière qui n'atteindrait pas les autres citoyens. Ce serait
»entraver le commerce que de faire dépendre ses opéra-
»tions de l'intervention d'un notaire. Aussi, les transac-
»tions commerciales ont-elles toujours leur effet, lors-
»qu'elles sont sous seing privé, comme si elles étaient
»contenues dans un acte public; et même ces actes privés
»sont dispensés de plusieurs formes nécessaires dans les
»matières civiles; par exemple, on n'exige pas qu'ils
»soient faits doubles, ni que cela soit exprimé.

»L'art. 12 du Code de commerce admet les livres de
»commerce à faire preuve entre commerçans de toutes
»opérations commerciales, en sorte qu'ils lient à la fois et
»les parties contractantes et les tiers. Et cependant ce ne
»sont que de véritables actes privés, et, qui plus est, des
»actes synallagmatiques.

»Les art. 93 et 101 du même code donnent aux lettres
»de voiture, qui sont des actes privés sans date certaine,
»l'effet de prouver envers et contre tous.

»Enfin, l'art. 109 veut que les achats et ventes, en ma-
»tière commerciale, soient constatés par les actes sous
»seing privé, ou par les livres des parties...., ou même,
»si le cas y échéait, par la preuve testimoniale, comme
»ils pourraient l'être par des actes publics. En mettant
»donc sur la même ligne la preuve résultant des actes pu-

» blics, et celle résultant d'actes privés et de déclarations
» de témoins, le législateur indique d'une manière assez
» manifeste que les actes privés prouveront entre les par-
» ties et contre les tiers, comme pourrait le faire l'acte
» public lui-même. C'est une dérogation à l'art. 1328 du
» Code civil.

» D'ailleurs, dans l'espèce où l'on se trouve, la vente
» faite par.... à.... est établie, non-seulement par l'acte
» sous seing privé, mais encore par une foule de faits
» constans qui démontrent que cette négociation est anté-
» rieure de long-temps à la faillite. On peut citer la cor-
» respondance de.... avec son voiturier par eau, et l'exé-
» cution libre du marché, par le transport d'une grande
» partie des tuiles sur le port de Gisy.

» Ainsi, les créanciers ne sauraient se plaindre, puis-
» qu'il est incontestable que long-temps avant la faillite, les
» objets réclamés étaient sortis de la possession du failli.

» Les intimés prétendaient que le principe, que les ac-
» tes privés sans date certaine ne font pas foi contre les
» tiers, ne devait souffrir aucune exception en matière
» commerciale; qu'aucun texte du Code de commerce
» n'autorisait une pareille doctrine, et que, suivant une
» bonne interprétation, les articles du Code de commerce
» précités ne devaient s'appliquer qu'aux contestations qui
» s'élèvent entre les parties contractantes, mais ne pou-
» vaient être opposés à des tiers. »

La Cour, sur cette question importante, n'a malheu-
reusement pas rendu un arrêt de doctrine. Elle a infirmé,
il est vrai, mais par des considérations étrangères au point
de droit.

Quant à nous, nous adoptons complètement le système développé par M. Gautier, si distingué par ses connaissances commerciales, résumées dans un livre que l'on ne connaît pas assez au Palais. Nous croyons fermement que tous les principes commerciaux s'opposent à l'application des règles prescrites par l'art. 1328. L'intention du législateur à cet égard nous paraît évidente. En effet, il veut que la vente se constate par toutes les preuves relatées dans l'art. 109. Il adopte la preuve testimoniale, qu'il s'agisse ou non de marchandises dont le prix excéderait 150 fr. Il admet aussi la correspondance, les livres des parties : il annonce par là clairement sa volonté de faire exception au droit commun, posé par le Code civil. Ces preuves doivent avoir force aussi bien quand elles sont destinées à couper court à toute contestation entre les parties contractantes, que lorsqu'elles sont dirigées contre des tiers. Le législateur n'établit aucune distinction; et il n'est pas permis de distinguer là où il ne distingue pas. L'intérêt du commerce nécessite cette dérogation à l'art. 1328. Dans le commerce, on est exposé à revendre de suite ce que l'on vient d'acheter : où en serait-on si les tiers pouvaient contester la vente, parce qu'elle n'aurait pas acquis date certaine, conformément aux dispositions prescrites par le Code civil? Comme le soutenait l'appelant, on conçoit, en matière civile, l'emploi des formalités de l'art. 1328; c'est un surcroît de garantie que prennent le vendeur et l'acheteur; ils ont tout le temps nécessaire pour rédiger des conventions, d'ailleurs peu multipliées. Les transactions commerciales, au contraire, exigent de la rapidité; et elles ne manqueraient pas d'être entravées, si la crainte de la fraude exigeait toutes les précautions prescrites pour les transactions civiles. Aussi, le Code de commerce porte-t-il à chaque instant des preuves certaines de l'exception que le législateur a voulu prononcer en faveur des transactions commerciales. Si l'on consulte l'art. 12, on verra qu'il admet les livres des négocians à faire preuve entre eux pour faits de commerce. Ce sont là pourtant des actes privés faisant foi entre les parties contractantes et les tiers. Si l'on se rejette sur les art. 93 et 101 du même code, on verra que les lettres de voiture prouvent envers et contre tous. Et pourtant ce sont encore des actes privés. La lettre de la loi et son esprit sont d'accord pour établir d'une manière certaine que l'art. 1328 ne s'applique pas aux opérations commerciales.

12. Certains auteurs prétendent que les actes sous signature privée, constatant les ventes commerciales, ne doivent pas être faits en autant de double qu'il y a de parties ayant un intérêt distinct. Nous n'allons pas aussi loin. Qu'on ne nous accuse pourtant pas d'inconséquence; qu'on ne nous reproche pas de reculer devant toute l'étendue de la maxime admise dans la discussion précé‑ dente. Ici, il s'agit d'un principe tout à fait différent. La loi exige le double de l'acte sous signature privée, parce qu'elle veut que la position de tous les contractans soit égale. Elle veut que l'une des parties ne se trouve pas à la discrétion de l'autre. Eh bien! si l'un des contrac‑ tans détenait seul l'acte qui constate l'engagement ré‑ ciproque, il aurait le pouvoir de le détruire ou d'y don‑ ner suite, selon qu'il le jugerait convenable à ses intérêts. L'autre partie réclamerait en vain l'exécution de la con-

vention, il lui serait souvent impossible de prouver la mauvaise foi de celui qui détient l'acte.

Dira-t-on que la rapidité essentielle aux matières commerciales empêche la rédaction du double ? Ce serait là une pitoyable raison ; car il n'est pas bien difficile de rédiger de suite deux actes, quand l'un est la répétition exacte de l'autre. On conçoit que l'intérêt du commerce prohibe l'application de l'art. 1328 aux transactions commerciales, parce que l'enregistrement d'un acte demande un certain délai.... et le temps est précieux pour le commerce. Mais cette raison n'a plus aucune valeur, quand il s'agit du double original d'un acte sous signature privée. Le temps nécessaire pour le recopier est de si courte durée, que les opérations commerciales ne souffrent pas un retard préjudiciable.

13. *Par un bordereau ou arrêté d'un agent de change ou courtier, dûment signé par les parties.* Il semble extraordinaire au premier abord que le bordereau ait besoin de la signature des parties. Mais la réflexion vous rend bien vite compte de cette disposition. On se rappelle que la loi, en rétablissant les agens de change et les courtiers, ne leur a pas rendu la foi en justice. M. Locré, à l'article 109, s'exprime ainsi sur la signature des parties : « Dans » l'ancienne législation, les agens de change avait foi et » serment en justice, et leurs livres faisaient preuve des » négociations dont ils s'étaient mêlés.

» La législation intermédiaire a maintenu cet usage.

» La commission l'avait aussi conservé. Son projet por- » tait que les achats et ventes se constateraient *par le borde-*

» *reau ou arrêté d'un agent de change ou courtier, et par*
» *son livre authentique.*

» Presque toutes les villes de commerce se réunirent
» contre le danger de cette disposition. En effet, il dépen-
» drait de la volonté d'un agent de change ou d'un courtier
» de ruiner un commerçant, s'il voulait abuser du pouvoir
» que la loi lui donne ; il pourrait s'entendre avec un pré-
» tendu acheteur, et consacrer les marchés les plus rui-
» neux, si son témoignage était admis comme preuve irré-
» cusable.

» Outre qu'il est dangereux, il est encore injuste que le
» temoignage d'un intermédiaire puisse devenir une preuve
» juridique ; il ne peut être admis s'il y a dénégation du
» marché ; il peut l'être seulement lorsque la contestation
» ne porte que sur la condition du marché.

» La commission, déférant à ces réclamations, s'em-
» pressa de rectifier son article, en déclarant que le bor-
» dereau ou arrêté de l'agent de change ne constate un
» marché que lorsqu'il est signé par les parties.

» Au Conseil d'état, cette condition de la signature des
» parties fut combattue,

» 1° Comme impossible là où il y a un grand mouve-
» ment d'affaires ;

» 2° Comme dénaturant le ministère des courtiers ; les
» marchés ne se consommeraient plus par eux, puisque
» les parties auraient la facilité de se rétracter ;

» 3° Comme inutile : l'obligation imposée aux agens de
» change de tenir leur livre de suite et sans aucun blanc,
» suffit pour déjouer les fraudes.

» Mais le Conseil d'état, comme la commission, se ren-

» dit aux raisons alléguées par le commerce. Il fut per-
» suadé qu'il n'eût pas été sans inconvénient de donner à
» l'attestation des courtiers l'effet d'obliger les parties,
» lorsqu'il n'y a pas eu de livraison.

» Un agent de mauvaise foi pourrait constituer vendeur
» et acheteur qui lui plairait; inscrire sur son carnet le
» prix qu'il voudrait; et le prétendu vendeur serait obligé
» de livrer ses marchandises à vil prix, ou le prétendu
» acheteur serait forcé de les prendre à un prix exorbi-
» tant. Nul officier public n'a un tel pouvoir sur la fortune
» des parties.

» Voici donc le système que le Conseil d'état a adopté.
» Il n'a pas cru devoir établir une règle absolue qui lie
» tellement les juges, qu'il ne leur soit plus permis de
» suivre l'équité, sous peine de voir annuler leurs juge-
» mens. En conséquence :

» D'un côté, l'agent intermédiaire ne remplit, relative-
» ment aux parties, que le ministère de notaire; et les
» tribunaux ne sont pas forcés de s'en rapporter à sa dé-
» claration, lorsqu'elle est isolée;

» De l'autre, il ne leur est pas défendu d'y avoir égard,
» même pour constater l'existence du marché, puisqu'ils
» ont le droit d'admettre la preuve testimoniale, et que
» l'agent peut être entendu comme témoin :

» A plus forte raison, peuvent-ils puiser, dans sa décla-
» ration et dans ses livres, des lumières sur les conditions
» d'un marché dont l'existence est d'ailleurs certaine.

» En un mot, la loi remet à l'autorité discrétionnaire
» du tribunal la faculté de chercher la vérité dans la cor-
» respondance, dans les livres des parties, et même dans

» tous les cas , et quelle que soit la somme , dans l'admis -
» sion de la preuve testimoniale.

» On avait proposé de ne pas exiger la signature des
» parties quand il y aurait livraison , afin que le bordereau
» ne pût détruire la vente.

» Mais il a été observé que les ventes par courtiers se
» font sur parole. C'est à cette manière de contracter que
» l'article se rapporte. Il ne préjudicie pas d'ailleurs à la
» vente faite avec livraison et sans bordereau signé ; car si
» le bordereau , revêtu de la signature des parties , cons-
» tate la vente , l'omission de cette forme n'empêche pas
» de la prouver par d'autres moyens. Elle est surtout jus-
» tifiée lorsque la facture a été acceptée : ce qui arrive
» nécessairement dans le cas de la livraison. »

14. *Factures acceptées.* Les factures sont une preuve
certaine, soit de la livraison, soit du paiement, lorsqu'elles
sont acquittées. Quand la facture retourne entre les mains
du vendeur , certifiée par l'acheteur, il y a certitude alors
que les marchandises ont été livrées ; l'engagement n'est
plus qu'unilatéral de la part de l'acheteur, obligé de verser le prix promis. Quand l'acheteur se trouve porteur
d'une facture *acquittée ,* alors l'obligation est éteinte.... ;
tous les contractans sont dégagés de l'obligation accomplie.... ; la preuve de son extinction devient certaine par
la représentation *des factures acceptées.*

15. *Par la correspondance.* Il n'y a pas de preuve
plus sûre que celle tirée de la correspondance qui a eu lieu
autre les deux contestans. C'est là que l'on doit retrouver
la vérité , parce que, selon toute vraisemblance , elle renferme l'explication de tous les faits. En la parcourant, on

ne manquera pas d'arriver à la solution de la difficulté.

16. Il est nécessaire, en écrivant, de prendre ses précautions pour ne pas se compromettre. Un mot, un seul mot souvent pourrait entraîner les juges à interpréter les conventions dans un sens bien différent de leur sens naturel.

« Il faut que celui qui écrit, dit M. Vincens, t. 2, »p. 92, se dépouillant de l'habitude, des usages du lieu »d'où il date sa lettre, et se souvenant qu'il peut en exis-»ter ailleurs de contraires, suivant lesquels ses expres-»sions seront peut-être interprétées, se mette à la place »de celui qui lira, pour savoir si la teneur est suffisam-»ment précise. Il faut que celui qui propose sache bien ce »qu'il veut, et s'il entend faire une offre par laquelle il »consente à être lié. Celui qui répond doit bien savoir à »son tour s'il a voulu accepter purement et simplement, »ou faire lui-même une proposition modifiée. Avec de la »décision sur ce que l'on veut, et de la bonne foi après »avoir voulu, on écrira toujours ce qu'il faut, et l'on ne »craindra pas d'être compromis. Si les lettres avaient be-»sion d'être interprétées, nous avons indiqué les règles »que le juge aurait à suivre en sa conscience. »

17. La Cour de cassation a décidé, le 24 juillet 1821, section des requêtes, qu'un tribunal peut, sans violer aucune loi, exciper d'une correspondance avec un tiers comme d'un élément de preuve contre celui qui en est l'auteur, pour déclarer que les marchandises litigieuses doivent être reprises par le vendeur, ou payées par l'acheteur, suivant l'espèce. (Sircy, 22, 1, 541.)

On trouve dans le même arrêtiste, à la date du 4 décembre 1810, un arrêt de la Cour de Rome qui décide positivement le contraire. Cet arrêt pose en principe que les lettres missives écrites à des tiers, ou par des tiers, ne sauraient être produites en jugement, *même en matière commerciale.*

« Considérant, dit la Cour, que c'est abuser de la con-
» fiance et de la bonne foi que de publier et de produire
» en jugement des lettres adressées à des tierces person-
» nes; qu'en donnant poids à ces lettres, les tribunaux
» concourraient à fomenter un inconvénient des plus
» graves et des plus opposés aux liens sacrés qui doivent
» unir les hommes entre eux; ordonne que la lettre dont il
» s'agit sera rejetée et mise hors du procès. » (Sirey, 15,
2, 87.)

Que penser en présence de ces deux arrêts, dont l'un émane de la Cour souveraine, appelée à régulariser sans appel la jurisprudence des diverses Cours, et l'autre sort d'une Cour qui n'appartient plus à la juridiction française? Cherchons quelle a été l'intention du législateur, et quelle est l'opinion qui se rapproche le plus de cette intention présumée. Nous croyons que, si l'on considère attentivement l'art. 109, on acquerra la conviction que le législateur a voulu donner foi à la correspondance émanée d'une des parties, sans distinguer entre les lettres adressées à des tiers, et celles adressées à la partie contractante. En effet, l'art. 109 dit que les ventes et achats se constatent par la correspondance, sans rien ajouter de plus; il admet cette preuve d'une manière absolue. Si le législateur avait voulu la restreindre à la correspondance particulière aux deux parties, il aurait expliqué nettement sa pensée.... C'est ainsi que, pour la preuve à tirer des registres, il la restreint aux registres des parties. Tout indique qu'il s'est montré plus facile pour l'admission des preuves en matière commerciale, dans l'intérêt du commerce. N'admet-il pas la preuve testimoniale, qu'il s'agisse d'une affaire excédant, ou non, 150 fr.? N'admet-il pas aussi à l'art. 12 la preuve tirée des registres pour faits passés entre négocians? Le commerce exigeait cette facilité.... La Cour de cassation a bien compris la pensée du législateur en décidant que la preuve peut se tirer d'une lettre écrite à un tiers.

18. *Par les livres des parties.* Souvent les livres des parties renferment la preuve la plus certaine des achats et ventes. Ainsi, si le livre d'un marchand constate qu'il a vendu telle chose, il y a tout lieu de croire que le registre contient la vérité, car il est impossible de présumer que le marchand ait pris le futile plaisir d'écrire sur son livre des ventes qui n'auraient pas eu lieu. Mais pourtant il ne doit pas se créer un titre à lui-même : ainsi, s'il réclame le prix de la vente, et que l'individu, auquel il le réclame, conteste avoir reçu, il ne peut pas s'appuyer sur son registre pour demander le paiement : seulement, il ne sera pas reçu à refuser l'exécution des marchés relatés sur son registre.

19. Nous pensons aussi que les livres des parties prouvent, en matière commerciale, les actes et ventes d'une manière complète. Ainsi, quand les livres d'un marchand portent qu'il a réellement vendu un objet au jour fixé, l'individu désigné comme acquéreur est propriétaire de la chose vendue à l'égard de tout le monde. La Cour royale de Paris a décidé, le 8 décembre 1808, que les registres

d'un commissionnaire font foi, vis-à-vis des tiers, d'une vente de marchandises entreposées, faite sans déplacement, c'est-à-dire, sans tradition apparente (Sirey, 9, 2, 27.)

20. *Par la preuve testimoniale, dans le cas où le tribunal croira devoir l'admettre.* Cette facilité donnée aux juges d'user de la preuve testimoniale, quand ils la croiront utile à l'éclaircissement de la cause, sans limite aucune qui restreigne ce droit, semble au premier abord extraordinaire. On se demande pourquoi le législateur a établi une exception si large au principe général, qui ne permet la preuve testimoniale au-dessus de 150 fr. que lorsqu'il existe un commencement de preuve par écrit. Cette exception passa difficilement au sein de la commission : des discussions nombreuses eurent lieu. M. Locré rend ainsi compte et des premières intentions de la commission, et des motifs qui la déterminèrent à admettre la preuve testimoniale quand elle semblerait utile aux juges. « La commission, rentrant dans la disposition du » droit commun, voulait que la preuve testimoniale ne fût » admise, en matière de commerce, que lorsqu'il y aurait » un commencement de preuve par écrit. Elle avait été » frappée de l'abus qu'on peut facilement faire de ce genre » de preuve quand la loi le permet sans restriction. Les dé- » positions sont trop souvent incertaines; elles ont rare- » ment un caractère de vérité bien constant : les témoins » qu'on invoque peuvent s'être mépris sur le sens de ce » qu'ils ont entendu; leur mémoire peut n'être pas assez » fidèle; ils peuvent omettre des circonstances qui sou- » vent changent et dénaturent les faits qu'ils sont appelés

» à justifier ; ils peuvent être de mauvaise foi... ; ils peu-
» vent s'entendre avec les parties.

» Mais un grand nombre de villes de commerce récla-
» mèrent contre ce changement ; elles invoquèrent les
» usages et la jurisprudence des tribunaux de commerce.
» Elles observèrent que la plupart des transactions qui
» s'opèrent dans les foires et marchés, ne peuvent être
» prouvées que par des témoins ; qu'on détruirait tout
» moyen de réclamation, en n'admettant la preuve testi-
» moniale que lorsqu'il y aurait un commencement de
» preuve par écrit.

» La commission se rendit à ces observations ; cepen-
» dant, afin de prévenir, autant que possible, les inconvé-
» niens de la preuve testimoniale, elle laissa au juge le droit
» de l'admettre ou de la rejeter. »

21. On discute beaucoup pour savoir si les principes
émis à l'art. 109 sont restreints aux achats et ventes, ou
si, au contraire, ils s'appliquent à toute matière de commerce. La Cour de cassation a rendu deux arrêts qui admettent l'application générale de la preuve testimoniale.
(Sirey, 13, 1, 453 ; 15, 1, 197.)

Rapportons les raisons données par le demandeur en
cassation : il faut qu'elles soient loyalement rapportées,
puisque nous devons les combattre.

« Aux termes de l'art. 1341 du Code civil, disait le
» demandeur, il doit être passé acte devant notaire ou
» sous signature privée, de toutes choses excédant 150 fr.
» Telle est la règle générale ; elle s'applique à la preuve de
» la libération comme à celle des contrats ; elle embrasse
» tous les cas que la loi n'en a pas formellement exceptés.

» Le législateur ajoute : *Le tout sans préjudice de ce
» qui est prescrit par les lois relatives au commerce.* Il
» suppose ici qu'il existe dans les lois commerciales des
» exceptions à la règle qu'il vient de poser ; il se réfère aux
» dispositions qui les contiennent.

» Quelles sont ces dispositions ? Nous n'en trouvons que
» deux dans tout le Code de commerce : ce sont celles
» des art. 49 et 109. On peut prouver par témoins, sui-
» vant le premier, les sociétés en participation ; suivant le
» second, les achats et ventes. Voilà les seuls cas aux-
» quels s'applique l'exception supposée par l'art. 1341 du
» Code civil ; voilà tout *ce qui est prescrit,* sur l'admission
» de la preuve testimoniale, *dans les lois relatives au
» commerce.* On y chercherait vainement une disposition
» qui l'autorisât dans d'autres circonstances.

» Et l'on n'a pas même la ressource de dire que c'est
» là une omission involontaire de la part du législateur ; il
» est certain, au contraire, qu'il n'a pas voulu accorder
» aux tribunaux de commerce la faculté d'ordonner la
» preuve testimoniale dans toutes les matières de leur
» compétence. D'abord, s'il l'eût considérée comme tou-
» jours admissible dans ces juridictions, il eût été bien
» inutile qu'il la permît relativement aux sociétés en par-
» ticipation et aux achats et ventes ; et de ce qu'il a cru
» nécessaire de l'autoriser spécialement dans ces deux cas,
» on doit en conclure qu'il a entendu la proscrire dans les
» autres.

» On allègue, en faveur du système contraire, l'inter-
» prétation donnée par la jurisprudence et l'usage aux an-
» ciennes lois, et la conformité de celle-ci avec les nou-

» velles. On dit : l'art. 2 du titre 20 de l'ordonnance de
» 1667, en prononçant, comme l'art. 1341 du Code ci-
» vil, la prohibition de la preuve testimoniale pour toutes
» choses excédant la somme qu'il déterminait, ne faisait,
» comme l'art. 1341, que réserver l'observation des règles
» établies en matière commerciale ; l'ordonnance de 1673,
» de même que le Code de commerce, n'offrait aucune
» disposition qui permît de recevoir, dans tous les cas, la
» preuve testimoniale. Il est néanmoins constant que, sui-
» vant l'ancienne jurisprudence, cette preuve était géné-
» ralement admise dans les juridictions consulaires. Il faut
» donc l'admettre aussi sous la législation actuelle, puis-
» qu'elle reproduit fidèlement les dispositions de celle sous
» laquelle s'est maintenu cet usage, qui remonte à l'insti-
» tution des juges-consuls ; *optima enim est legum inter-*
» *pres consuetudo.* L. 37, ff. *de legibus.*

» Une première réponse à cette objection, c'est que l'ex-
» ception portée dans l'art. 2 de l'ordonnance, relative-
» ment aux matières commerciales, est tout autrement
» conçue que celle qu'on trouve dans l'art. 1341 du Code
» civil. L'ordonnance dit : « *Sans toutefois rien innover*
» *pour ce regard en ce qui s'observe en la justice des juges*
» *et consuls des marchands.* Ces mots *en ce qui s'observe*
» indiquent l'existence d'un usage plutôt que celle d'une
» loi dérogative, Et, en effet, il n'existait aucune loi qui
» dérogeât, à l'égard des affaires de commerce, à la pro-
» hibition de la preuve testimoniale contenue dans l'or-
» donnance de Moulins. Cependant les juges-consuls s'é-
» taient maintenus dans l'usage d'admettre cette preuve à
» quelques sommes que l'objet de la contestation pût mon-

» ter, et c'est cet usage que les rédacteurs de l'ordon-
» nance avaient voulu respecter, comme nous l'apprend
» le procès-verbal des conférences sur l'article cité.

» L'exception que l'on trouve dans l'art. 1341 du Code
» civil, est énoncée en termes très-différens de ceux de
» l'ordonnance : *Le tout sans préjudice*, dit cet article,
» *de ce qui est prescrit dans les lois relatives* au commerce.
Ici, le législateur ne consacre pas, comme dans l'ordon-
» nance, un usage établi dans les juridictions consulaires ;
» il se réfère à des dispositions qu'il suppose exister *dans*
» *les lois commerciales.* On ne pourrait donc soutenir que
» la preuve par témoins est généralement admissible en
» matière de commerce, qu'autant que l'on citerait *un*
» *texte de loi* qui le décidât formellement. Mais, comme
» nous l'avons dit, on ne trouve point cette règle générale
» dans le Code de commerce; on y voit au contraire que
» des dispositions spéciales ont été jugées nécessaires pour
» autoriser la preuve testimoniale en deux cas particuliers,
» celui des achats et ventes, et celui de la société en par-
» ticipation.

» Au surplus, lors même qu'il y aurait sur le point qui
» nous occupe, conformité parfaite entre l'ancienne et la
» nouvelle législation, on ne pourrait interpréter les dis-
» positions de celle-ci par l'usage établi sous la première ;
» il n'y aurait rien à conclure de ce qui s'observait autre-
» fois pour ce qui doit s'observer aujourd'hui. On sait que
» l'usage avait pris un grand empire en matière de com-
» merce ; il avait fait tomber plusieurs dispositions de l'or-
» donnance de 1673, notamment celles qui concernaient
» la tenue des livres et l'affiche des actes de société. D'un

»autre côté, il avait consacré des règles qui n'étaient
» fondées sur aucune loi. Il faut aujourd'hui se dépouiller
» de ces vieilles habitudes. Nos lois nouvelles sont dans
» toute leur force; on ne peut ni les enfreindre, ni ajouter
» à leur texte, et c'est cependant ce qu'il faudrait faire
» pour soutenir que la preuve purement testimoniale est
» permise dans toutes les matières de commerce. »

Dans l'intérêt du commerce, il nous semble que la coutume a eu raison d'admettre la preuve testimoniale même
pour les cas où l'obligation excédait 15o fr. On sait comme
les opérations commerciales exigent de la rapidité : bien
souvent le temps manque pour la rédaction d'un acte soit
authentique, soit sous signature privée. Le législateur a
fort bien compris l'importance de la preuve testimoniale
en matière de commerce, puisqu'en posant dans l'article
1341 du Code civil les règles pour la preuve testimoniale,
il n'a pas voulu astreindre le commerce aux formalités
prescrites pour les obligations civiles. Aussi, l'art. 1341
porte-t-il une exception formelle pour les obligations commerciales, puisqu'il se termine par ce paragraphe : *Le
tout sans préjudice de ce qui est prescrit dans les lois
relatives au commerce.* Ainsi, en matière de commerce,
pour la preuve testimoniale, on ne se trouve plus lié par
la règle générale. Il faut consulter les principes commerciaux. Où les puiserons-nous ? Dans le Code de commerce
simplement ? Alors on dira que les art. 49 et 109 seuls
parlent de la preuve testimoniale, et que seuls ils contiennent une exception à l'art. 1341 de Code civil. On répond
à cette argumentation, que le Code de commerce ne renferme pas tous les principes relatifs au commerce; que la

coutume a consacré des règles dont le Code ne parle pas; que ce dernier, quand il énonce une formalité, fait la loi; mais que s'il se tait, l'usage doit être consulté. Eh bien! dans l'espèce, quel est l'usage? L'usage, depuis un temps immémorial, permet dans les juridictions consulaires la preuve testimoniale, quel que soit le montant de l'obligation. Voyez l'art. 2 du titre 20 de l'ordonnance de 1667; il réserve, comme l'art. 1341 du Code civil, l'obligation des règles établies en matière commerciale. L'ordonnance de 1673, de même que le Code de commerce, se tait sur l'admissibilité de la preuve testimoniale. Malgré ce silence, la jurisprudence ancienne l'admettait dans les juridictions consulaires. Une loi positive a-t-elle depuis arrêté cette jurisprudence? Non : rien ne motiverait un changement apporté à cet usage; les raisons qui l'ont introduit militent encore pour son maintien. C'est toujours la rapidité des relations commerciales qui demande une tolérance refusée aux obligations civiles, que l'on a toujours le temps de rédiger par écrit. Si l'intérêt se trouve toujours le même, si les motifs d'admettre la preuve testimoniale en matière commerciale, malgré le montant de l'obligation, subsistent avec autant de force que sous l'ancienne jurisprudence, pourquoi ne pas l'admettre aussi sous la législation actuelle? Faisons surtout attention qu'elle reproduit fidèlement les dispositions de celle sous laquelle s'est maintenu cet usage, qui remonte à l'institution des juges-consuls.... Disons, sans crainte de nous tromper, disons avec le droit romain : *Optima est legum interpres consuetudo.* (L. 37, ff. *de legibus.*)

22. Remarquons qu'il ne faudrait pas pousser trop loin

ce principe. Aussi, la Cour de cassation a-t-elle senti que
la preuve testimoniale n'était pas admissible pour établir
le paiement d'une somme due par lettre de change et
condamnation. (Sircy, 12, 1, 228.) En un mot, la preuve
testimoniale de libération, en matière commerciale, est
admissible contre *le titre conventionnel....* Elle est inadmissible contre *le titre judiciaire.*

« Danty, Traité de la preuve par témoins, disait M. Da-
» niels, avocat-général, professe ce principe, que de-
» vant les tribunaux de commerce, et de marchand à mar-
» chand, la preuve testimoniale peut être admise, *lors*
» *même qu'il s'agit de compensation et de paiement.* Tous
» les jours, dit-il, les marchands se libèrent verbalement,
» ou par la seule rature faite sur leur livre de raison. L'au-
» teur des additions sur Danty, chap. 24, § 10, admet
» le même principe. Il exige une preuve par écrit, si ce
» n'est entre marchands entre lesquels l'usage est de faire
» ces sortes de décharges et de compensations verbale-
» ment, ou en rayant sur leurs registres réciproquement
» ce qu'ils se doivent après avoir compté ensemble. »

Mais il faut, pour que la preuve testimoniale soit admise, qu'il s'agisse d'une affaire qui, par sa nature, soit
de la compétence des tribunaux de commerce. S'il n'en
est pas ainsi, le principe général reprend force et vigueur;
l'art. 1341 du Code civil doit recevoir son application.
S'agit-il d'une dette reconnue par jugement commercial
ou autre, la libération ne se prouvera que par les moyens
ordinaires, admis par le Code civil. Car les tribunaux de
commerce ne jugent jamais de l'exécution de leur jugement : les tribunaux civils ont seuls ce droit. Les contesta-

tions qui s'élèvent sur l'exécution d'un jugement sont purement *civiles*. S'agit-il de savoir si la partie condamnée a
satisfait au jugement, la contestation sera portée devant le
tribunal civil, et la preuve testimoniale des paiemens
qu'on prétend avoir été faits *depuis* le jugement d'un tribunal de commerce, n'est plus admissible que dans les
termes de la loi civile.

23. Nous avons décidé que la preuve testimoniale ne
peut pas établir la libération d'une dette établie par une
lettre de change et par une condamnation. Mais que di-
rions-nous à l'égard d'une dette de commerce, justifiée par
facture, même par un billet ou une lettre de change ? Les
tribunaux de commerce peuvent-ils, sur de simples présomptions ou sur des témoignages, déclarer que la dette
a été acquittée ? M. Horson avoue avoir hésité long-temps
avant de prendre un parti sur cette question. Il exprime
ainsi ses doutes : « Pourtant, nous l'avouerons, cette rè-
» gle, ou plutôt cette absence de règles, prête tellement
» à l'arbitraire ; elle peut avoir dans certains cas des con-
» séquences tellement fâcheuses, que, malgré notre désir
» d'appuyer autant que possible la doctrine qui tend à
» laisser agir les juges de commerce selon ce que leur
» dictent leur conscience et la bonne foi, nous avons jus-
» qu'à présent hésité à nous prononcer à cet égard. » (Horson, t. 1, question 46.)

Nous apprenons, par le même auteur, que la question a
été décidée affirmativement par MM. Roger et Garnier
dans leur recueil de jurisprudence commerciale, que, pour
le moment, nous ne possédons pas.

Un arrêt de cassation a statué ainsi sur cette question

difficile : « Attendu qu'il est de principe que la preuve tes-
» timoniale , et par conséquent les présomptions , sont ad-
» mises en matière commerciale lorsque la loi n'a pas exigé
» expressément un écrit et exclus la preuve testimoniale ;
» attendu que , dans la cause , il s'agissait d'une opération
» de banque placée , par l'art. 632 du Code de commerce,
» au rang des opérations commerciales , etc. , etc. »

Le 15 mars 1825 , la Cour royale de Bordeaux a rendu
un arrêt plus explicite qui développe mieux cette doctrine.
Voici l'arrêt :

« La Cour, attendu , sur le moyen pris du prétendu
» usage illégal de la preuve vocale dans la cause actuelle,
» que la réserve établie dans l'art. 1341 du Code civil ,
» par rapport à ce qui est prescrit dans les lois relatives
» au commerce , embrasse en général toutes les matières
» qui sont réglées par cette classe de lois ;

» Attendu que, dans les matières commerciales, le
» droit, pour un tribunal de commerce, d'admettre la
» preuve testimoniale , constitue le droit commun , et que
» la défense d'y recourir ne porte que sur des cas spé-
» ciaux ; qu'on peut citer , par exemple, les actes de so-
» ciété et de police d'assurance comme étant rangés parmi
» ceux dont la preuve par témoins est interdite ; mais que,
» pour les cas qui ne sont pas l'objet de dispositions ex-
» ceptionnelles, le principe général doit exercer son in -
» fluence ;

» Attendu qu'on ne peut argumenter de l'art. 49 du
» Code de commerce, portant que les associations en par-
» ticipation peuvent être constatées par la preuve testimo-
» niale, pour en induire que cette preuve est repoussée

» relativement à d'autres actes, parce que le législateur,
» ayant commencé par ordonner que les diverses sociétés
» dont il s'était occupé seraient constatées par écrit, a pu
» croire utile d'énoncer formellement l'exception qu'il a
» voulu établir pour la société en participation;

» Attendu qu'on ne peut argumenter avec plus d'avan-
» tage de la teneur de l'art. 109 du même code, où le lé-
» gislateur, ayant annoncé tous les genres de preuves à
» l'aide desquels les achats et les ventes se constatent, a
» dû, pour compléter l'énumération, ne pas omettre le
» mode de la preuve testimoniale;

» Attendu qu'à l'appui du système prohibitif de la preuve
» testimoniale, on ne peut invoquer non plus l'arrêt de la
» Cour de cassation, du 5 février 1812, intervenu sur une
» espèce où l'on prétendait éteindre une créance reconnue
» par un jugement passé en force de chose jugée, par des
» paiemens postérieurs qu'on articulait sans en fournir la
» preuve écrite; qu'une pareille espèce diffère essentielle-
» ment de celle où il s'agit de fixer la position respective
» de deux commerçans, en appréciant les divers actes et
» faits nés de leurs rapports commerciaux, avant que, par
» son intervention, la justice n'ait consacré aucun résul-
» tat définitif et irrévocable entre eux;

» Attendu enfin que, pour la détermination des circons-
» tances qui peuvent motiver l'admission ou le rejet de la
» preuve testimoniale, la loi a investi le juge d'un pouvoir
» discrétionnaire, et s'en est rapportée à ses lumières et à
» sa conscience;

» Attendu, sur le fond, etc., etc. »

Voilà la question bien tranchée par ces deux arrêts, la

jurisprudence bien fixée. Nous nous empressons d'adopter cette solution, qui nous paraît conforme à toutes les règles reçues en matière de commerce. Le principe général, en matière commerciale, est le droit accordé aux tribunaux de commerce d'admettre la preuve testimoniale; pour qu'il ne leur soit pas permis d'user de ce droit, il faut que la loi exprime clairement son intention dans des cas spéciaux. On ne peut, pour établir le système contraire, s'appuyer sur l'art. 109 et dire : *La preuve testimoniale ne constitue pas le droit commun en matières commerciales, puisque le législateur s'est cru obligé de l'insérer dans l'art.* 109. On répond que l'art. 109 contient l'énumération de toutes les preuves relatives aux achats et ventes. Il a bien fallu parler de la preuve testimoniale, car ne pas la comprendre dans l'énumération, c'eût été annoncer clairement l'intention de la proscrire. L'argument aurait eu de la force, aurait pu causer la restriction de la preuve testimoniale aux cas prévus par l'article 1341 du Code civil. Mais l'article 109, avec sa longue énumération, ne peut servir à restreindre la preuve testimoniale aux achats et ventes; il ne fait qu'énumérer toutes les preuves admises, sans donner à penser que le législateur a voulu les resserrer toutes dans son unique disposition, divisée en plusieurs paragraphes. La preuve testimoniale, encore une fois, constitue et doit constituer, en matières commerciales, le droit commun pour les tribunaux de commerce.

Nous rejetons de toutes nos forces l'arrêt rendu par la Cour royale de Paris, le 11 juillet 1812, où, d'après l'art. 109, on limite la preuve testimoniale à la constatation

des achats et ventes, malgré une consultation délibérée
par plusieurs jurisconsultes distingués, et malgré la plaidoirie de Me Tripier.

24. Mais la preuve testimoniale du dol et de la fraude
sera-t-elle admissible contre un écrit, en matière de vente
commerciale, s'il n'existe pas un commencement de
preuve par écrit, ou des présomptions graves résultant de
faits déjà constans?

La consultation, dont nous parlions au précédent paragraphe, traite cette question à fond.... Elle est importante; il est utile de la rapporter. (Sirey, 13, 2, 25.)

La preuve est admissible, disaient les jurisconsultes (1);

« En effet, l'art. 1341 du Code civil, qui défend d'ad-
» mettre la preuve par témoins *contre et outre le contenu*
» *aux actes,* ni sur ce *qui serait allégué avoir été dit,*
» *avant, lors ou depuis,* est un principe général qui,
» quelle qu'en soit la sagesse, est néanmoins sujet à cer-
» taines exceptions. — Une de ces exceptions est la fraude
» dont un acte peut être l'ouvrage. Exclure la preuve tes-
» timoniale en matière de dol, c'est renoncer à frapper à
» jamais la fraude la plus éclatante. Les Romains ont tou-
» jours regardé le dol comme une exception à tous les
» principes. *Quæ dolo malo facta esse dicuntur, si de his*
» *rebus alia actio non erit, et justa causa videbitur, ju-*
» *dicium dabo.* » « S'il était défendu d'admettre ce genre
» de preuve, dit le chancelier d'Aguesseau, *la loi se désar-*
» *merait elle-même,* et se mettrait dans l'impuissance de

_____

(1) MM. Desèze, Porchet, Bonnet, Delvincourt, Pigeau, Tripier et Chauveau-Lagarde.

» connaître le crime qu'elle veut réprimer; aussi (conti-
» nue ce grand magistrat), tous les auteurs unanimement,
» et surtout ceux qui ont commenté les ordonnances de
» Moulins, et de 1667, comme Briceau de la Theveneau,
» Bornier et tous les autres jurisconsultes, tels que Du-
» moulin, Louet, Mornac, Charondas, *tous admettent la
» preuve par témoins dans le cas de fraude*. En effet, la
» fraude est un genre de crime, et le crime se prouve par
» témoins. La fraude cherche à se cacher, et il serait
» impossible de la découvrir sans prendre cette voie. »
» (*OEuvres du chancelier d'Aguesseau*, t. 4 de l'édition
» de 1764, p. 9.) Telle est aussi la doctrine de Rodier,
» sur l'ordonnance de 1667, de Serpillon, de Sollé, de
» Boutaric et de Jousse. Danty, sur Briceau, qui traite
» cette question à fond, développe aussi la même opinion.
» D'Argentré, Henrys, Bretonnier, et de nos jours Po-
» thier (*Traité des obligations*, part. 4, ch. 2, art. 3),
» l'ont également soutenue.

» Ces principes ont été de nouveau consacrés par le Code
» civil, art. 1116. Selon cet article, le dol est une cause
» absolue de nullité de toute convention. Dès que le dol
» est articulé, il n'est plus besoin d'aucune autre circons-
» tance pour que la preuve testimoniale soit admissible. Il
» n'est besoin ni de faits, dès lors constans, ni de com-
» mencement de preuve écrite. Dès que la nature des faits
» articulés est telle qu'il est manifeste que sans eux la
» partie n'aurait pas contracté, toute espèce de preuve est
» admissible, parce que la loi ne distingue pas; elle dit
» seulement : *Le dol doit être prouvé.*

» Qu'on ne vienne pas dire qu'avant de prouver le dol,

» on doit commencer par établir la convention à la place
» de laquelle a été mise celle qu'on a été artificieusement
» induit à souscrire. Ce n'est pas là le sens de la loi ; l'in-
» tention du Code est plus simple. Voilà., dit le législa-
» teur, une convention. Cette convention , vous l'avez sous-
» crite , vous deviez l'exécuter, si elle était sincère, et
» vous n'auriez pas alors le droit d'en attaquer la teneur
» par la preuve testimoniale. Mais vous prétendez que c'est
» par des machinations frauduleuses que vous avez été in-
» duit à la souscrire. Eh bien ! articulez ces machinations ;
» et si je vois qu'en effet elles sont telles , qu'en les sup-
» posant vraies , vous n'eussiez pas contracté cet engage-
» ment , je vous permettrai de les établir par la preuve
» testimoniale ; et suivant qu'elles me paraîtront plus ou
» moins prouvées , j'annullerai votre engagement ou je le
» maintiendrai. Tel est le sens aussi de la doctrine du nou-
» veau Répertoire ; et les auteurs de la consultation citent
» un arrêt de la Cour de cassation. »

Enfin , on tirait encore une exception à la prohibition
de la preuve testimoniale contre les actes , de la nature de
la contestation qui était commerciale.

Ici , nous sommes obligés d'avouer que nous ne nous
trouvons pas d'accord avec les auteurs de la consultation.
Nous croyons que s'il est un principe général qui mérite
tout respect, *c'est celui qui défend la preuve par témoins
contre et outre le contenu aux actes, ni sur ce qui serait
allégué avoir été dit, avant, lors ou depuis.* Qu'il s'a-
gisse de matières civiles , de matières commerciales , peu
importe, le principe reste le même ; il reste pour protéger
la sûreté des obligations écrites , dans l'intérêt même de

la société. Un acte ne saurait être invalidé par une preuve testimoniale : s'il est entaché de nullité, parce qu'il aura été surpris par dol; que le dol se prouve par des actes. Mais la preuve testimoniale ne pourra pas l'infirmer, à moins qu'il n'existe un commencement de preuve par écrit. (Art. 1347 du Code civil.)

Toute la science des auteurs de la consultation a été inutile contre le principe protecteur posé par l'art. 1341, principe qui s'étend à tous les actes, quel que soit leur objet. Il faudrait, pour qu'il reçût une exception, que cette exception fût littéralement écrite dans la loi; elle ne s'y trouve pas; le principe doit recevoir sa pleine et entière exécution. Aussi, adoptons-nous l'arrêt de la Cour de Paris, qui, sur la plaidoirie de Me Bonnet, a proscrit, le 11 juillet 1812, la doctrine funeste émise par les auteurs de la consultation. (Sirey, 13, 2, 26.)

25. On ne saurait pas non plus, même en matière commerciale, admettre de simples conjectures contre et outre le contenu aux actes. Notre principe est toujours le même; il est rigoureux; nous l'appliquons avec rigueur. C'est dans l'intérêt des citoyens qu'il faut proscrire tout relâchement dans la sévère exécution de la loi : on ne saurait la violer une fois sans craindre de grandes perturbations.

26. *Quid*, à l'égard d'une stipulation d'intérêts? Peut-elle être prouvée par témoins? La difficulté vient de l'art. 1907 du Code civil, qui déclare formellement que le taux de l'intérêt conventionnel doit être fixé par écrit. Cette règle existe-t-elle aussi bien en matière de commerce qu'en matière civile? Voilà toute la question. On pourrait

dire pour la négative que le pressant intérêt qui a fait admettre la preuve testimoniale pour les obligations commerciales, existe aussi pour les stipulations d'intérêts; que, si celles-ci existent comme conséquences des obligations principales, elles doivent jouir des mêmes priviléges. Au premier abord, cette argumentation ne paraît pas dépourvue de justesse. Cependant, si on réfléchit un peu, on ne s'y arrête pas long-temps. Remarquons que la preuve testimoniale saisit bien plus sûrement les obligations principales, dont l'existence peut être démontrée par des faits nombreux, tandis que la stipulation d'inté·rêts est un acte tout particulier aux deux contractans..... Il est rare que des tiers en aient connaissance certaine. Remarquons ensuite que l'art. 1907 consacre un principe général, sans établir aucune distinction entre les matières civiles et les matières commerciales, tandis que l'art. 1341 pose, à l'égard des obligations principales, une règle pour l'admissibilité de la preuve testimoniale, ajoutant : « *Le tout sans préjudice de ce qui est prescrit dans les lois relatives au commerce* ». Tous les articles du Code de commerce, qui parlent de la preuve testimoniale, ne s'occupent pas des stipulations d'intérêts. Enfin, la coutume consacre la preuve testimoniale comme le droit commun dans les opérations commerciales, et elle ne la mentionne pas pour les stipulations d'intérêts. Que faire alors? De toute nécessité, il faut recourir au Code civil, et se référer au principe posé par l'article 1907.

FIN.

TABLE DES MATIÈRES.

TABLE DES MATIÈRES.

D.

E.

F.

R.

FIN DE LA TABLE.